D1753372

DER BERG RUFT

GASOMETER OBERHAUSEN   HERAUSGEGEBEN VON PETER PACHNICKE

KLARTEXT

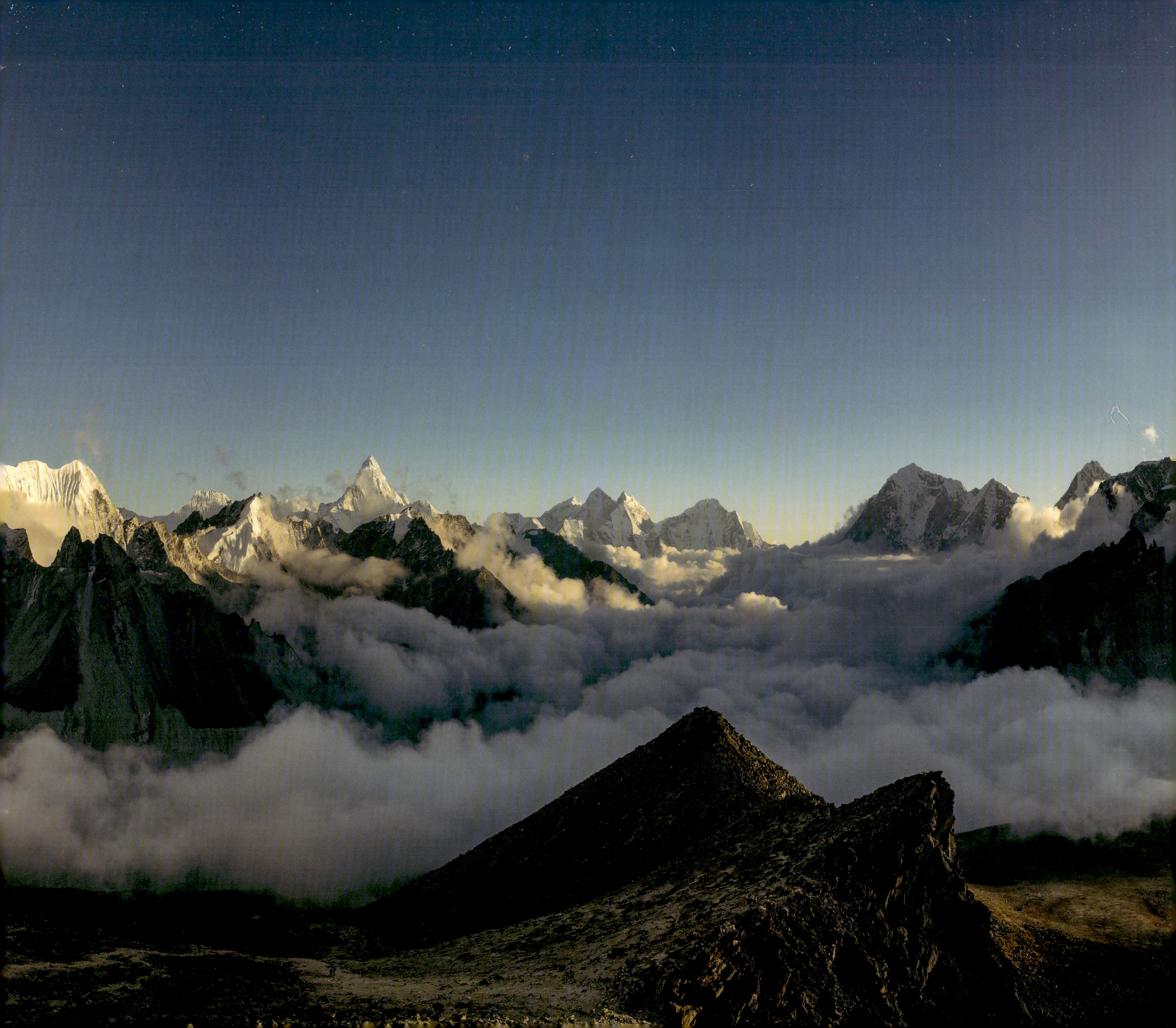

INHALT

5	GRUßWORT / VORWORT
6	DER BERG RUFT
10	DER WEITE BLICK
22	LEBEN AM LIMIT
47	HEILIGE BERGE
70	DER EWIGE KREISLAUF DES GESTEINS
97	EIN LEBENDER ORGANISMUS
132	BILDER AUS DER AUSSTELLUNG
142	DIE MATTERHORN-SKULPTUR
152	DIE MAGIE DER BERGE
154	BILDBESCHREIBUNGEN
176	IMPRESSUM

TITELFOTO
„Hiker top of the mount at night".
Grigna Meridionale „Grignetta" over the city of Lecco,
Lombardy, nord Italy near Switzerland.
Massimo Colombo/De Imagine/getty images

LEIHGEBER
Sammlung Reinhold Messner, Messner Mountain Museum
„Haus der Berge", Berchtesgaden
Matterhorn Museum - Zermatlantis
Museum Schloss Adelsheim, Berchtesgaden
Florian Blaimberger, Berchtesgaden

GRUSSWORT

Grußwort des Ministerpräsidenten des Landes Nordrhein-Westfalen

Dass ausgerechnet im Ruhrgebiet „der Berg ruft", mag auf den ersten Blick ungewöhnlich sein, erhoben sich hier doch in der Vergangenheit weit und breit ausschließlich riesige Kohlehalden in einer weitgehend industriell geprägten Landschaft. Das Ruhrgebiet ist heute viel grüner und die Kohlehalden sind verschwunden. Doch ist die Faszination der Berge den Menschen natürlich auch hierzulande, auch in Nordrhein-Westfalen mit dem Langenberg, dem Kahlen Asten oder dem Rothaargebirge, keineswegs nur aus Heimatfilmen bekannt. Und gerade in einer Industrieregion wie dem Ruhrgebiet sehnten sich viele Menschen bei aller Heimatliebe nach der Idylle der Bergwelt. Schon deshalb passt die neue Ausstellung im Gasometer ganz wunderbar hierhin.

Die höchste Ausstellungs- und Veranstaltungshalle in Europa steht seit langem für spektakulär inszenierte, überaus erfolgreiche Ausstellungsprojekte wie zuletzt „Wunder der Natur" mit fast 1,4 Millionen Besucherinnen und Besuchern. Und aus einem weiteren Grund passt „Der Berg ruft" sehr gut hierhin: Nicht auf, sondern in den Berg zu gehen, um Kohle aus ihm zu schlagen, hat hier eine jahrhundertelange Tradition. Und dass die Geschichte des Bergbaus bei uns mit der Schließung von Prosper Haniel vor den Toren Oberhausens in diesem Jahr endgültig zu Ende geht, verleiht der neuen Ausstellung im Gasometer eine fast sentimentale Note.

Freuen Sie sich also auf eine Ausstellung, die die Faszination und die Schönheit, den Mythos und die Magie der Bergwelt in monumentalen Fotografien und Exponaten erlebbar macht. Wohl niemand wird sich ihrem Bann und der Erkenntnis entziehen können, wie gewaltig und mächtig doch die Natur ist und um wie Vieles demütiger sich wir Menschen ihr gegenüber verhalten müssten, anstatt ihr Tag für Tag Schaden zuzufügen.

Die Ausstellungsmacher haben das Kunststück fertiggebracht, die Faszination der Berge in einem Turm aus Stahl und Eisen einzufangen. Dazu gratuliere ich herzlich und wünsche Ihnen, liebe Besucherinnen und Besucher, viele spannende Einblicke in eine Welt, die uns in Nordrhein-Westfalen näher ist, als man denken mag.

Armin Laschet

VORWORT

Die Vermessung der Welt

Die Vermessung der Welt – sie scheint abgeschlossen. Einige Hundert Satelliten umkreisen die Erde und liefern kontinuierlich einen Strom hochgenauer Messungen ihrer Oberfläche. Aus ihren Daten leiten Wissenschaftler am Deutschen Zentrum für Luft- und Raumfahrt (DLR) millimetergenau Bewegungen ab, vermessen Hebungen und Senkungen von Bergbaugebieten, Brücken und Vulkanfeldern, bestimmen Zustand und Qualität von Wasser, Luft und Vegetation, beobachten das Wuchern von Megastädten oder quantifizieren Gletschermassen.

Und doch ist dies erst der Anfang. Zwar sind längst alle weißen Flecken von unseren Karten verschwunden, doch vieles bleibt weiter unscharf. So existiert erst seit wenigen Jahren ein homogenes, hochaufgelöstes Geländemodell der Erde, das am Earth Observation Center des DLR entstanden ist. Die deutsche Radarmission TanDEM-X hat die Daten dazu geliefert. Das Modell bietet erstmals ein globales Netz von akkuraten Messwerten in einem Abstand von nur zwölf Metern. Doch Bergsteigern oder Krisenhelfern genügt auch diese Auflösung kaum. Hier schafft ein am DLR entwickeltes Verfahren Abhilfe, das ursprünglich Robotern das dreidimensionale Sehen ermöglichen sollte. Mit der daraus abgeleiteten Technik lassen sich heute noch genauere Geländemodelle aus hochauflösenden optischen Aufnahmen gewinnen. Aus Satellitendaten, oder minutenschnell aus dem Flugzeug heraus. So helfen DLR-Techniken bei der schnellen Kartierung etwa von Erdbebengebieten. Das Matterhorn hat nur Modell gestanden, um die Techniken zu testen und zu evaluieren. Umso schöner, dass die Wissenschaft – ganz nebenbei – einmal mehr zu Kunst und Kultur beitragen kann.

Prof. Dr. Pascale Ehrenfreund
Vorstandsvorsitzende des Deutschen Zentrums
für Luft- und Raumfahrt (DLR)

DER BERG RUFT

Die Ausstellung „Der Berg ruft" erzählt in ergreifenden Bildern und bewegenden Naturfilmszenen von der Faszination, die die Welt der Berge für uns Menschen hat. Sie erinnert an die Dramatik der legendären Erstbesteigungen der gefährlichsten Berge der Erde – an ihre Triumphe und Tragödien. Die Geschichte des alpinen Bergsteigens begann vor 200 Jahren.

Seit Menschengedenken sind für die Gläubigen vieler Religionen die Berge der Sitz ihrer Götter – die sie anbeten, von denen sie Fruchtbarkeit und Seelenheil erhoffen und deren Zorn und Gewalt sie fürchten. Bilder des Kailash, des Sinai, des Jabal al-Nour, des Fuji und des Kilimandscharo zeigen Gläubige auf beschwerlichen Pilgerreisen zu ihren heiligen Bergen.

Die Geschichte der Entstehung der Berge unserer Erde ist Milliarden Jahre alt. Durch gigantische Kollisionen von Erdplatten wurden sie emporgehoben und durch die Kräfte der Erosion wieder zerstört. Fotografien und Filmszenen zeigen diesen ewigen Kreislauf des Gesteins, und wie sich in den Gebirgen in Jahrtausenden unter extremen klimatischen Bedingungen Lebenswelten mit einzigartigen Pflanzen und Tieren entwickeln konnten.

Der Rundgang durch die Ausstellung beginnt mit einem originalen Gesteinsbrocken vom Gipfel des Matterhorns. Höhepunkt ist im 100 Meter hohen Luftraum des Gasometers eine monumentale Skulptur des Matterhorns, auf die bewegte dreidimensionale Bilder projiziert werden, die das Matterhorn im Wechsel der Tages- und Jahreszeiten zeigen.

Die Ausstellung „Der Berg ruft" entstand in Zusammenarbeit mit dem Earth Observation Center des DLR. Das Ergebnis ist eine Ausstellung, in der sich erneut wissenschaftliche und künstlerische Sicht- und Darstellungsweisen durchdringen. Die Museen „Sammlung Reinhold Messner, Messner Mountain Museum", „Haus der Berge" in Berchtesgaden und „Matterhorn Museum – Zermatlantis" haben die Ausstellung nicht nur durch Leihgaben bereichert, sondern auch durch wertvolle Anregungen.

Peter Pachnicke

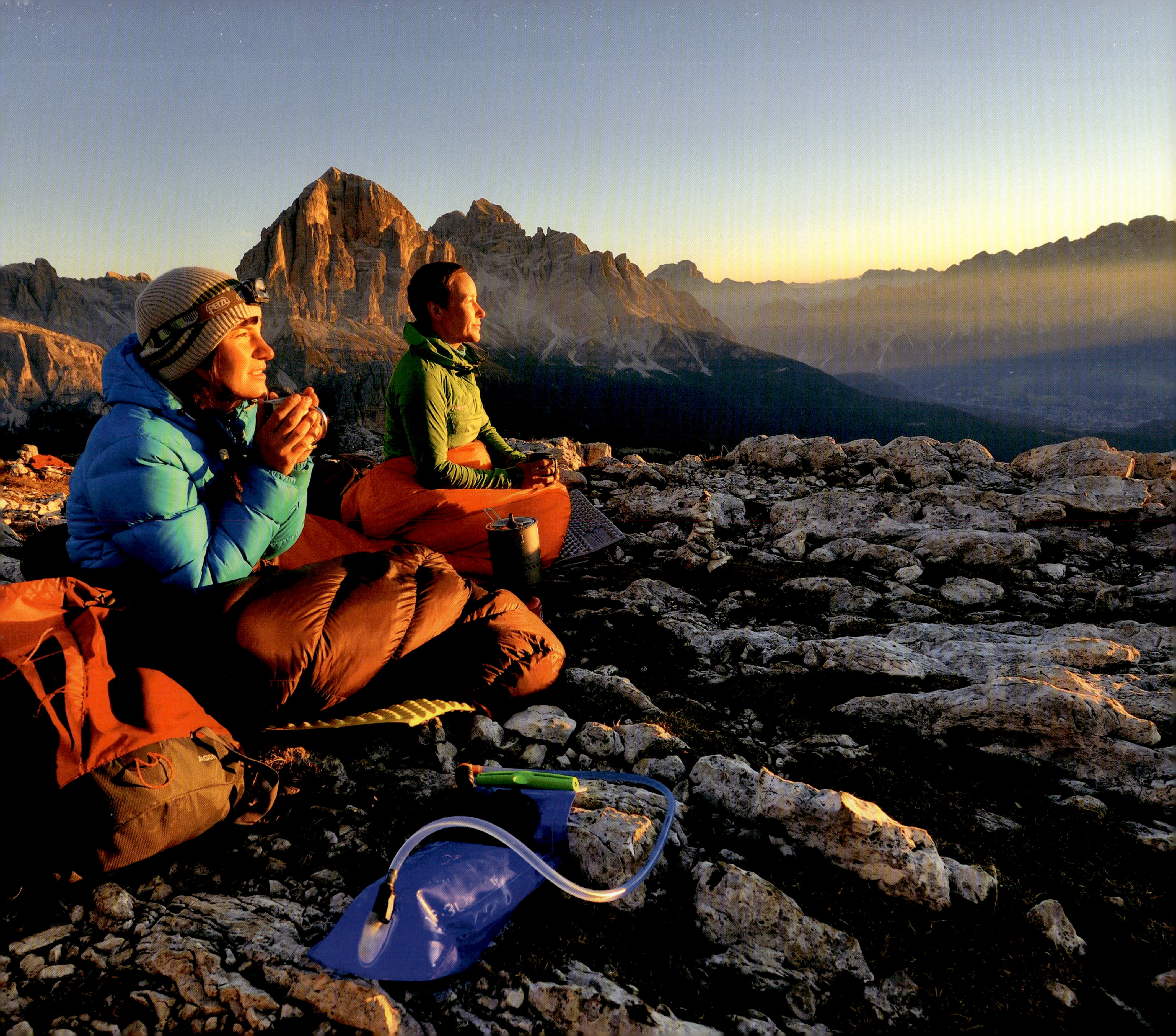
PETZL

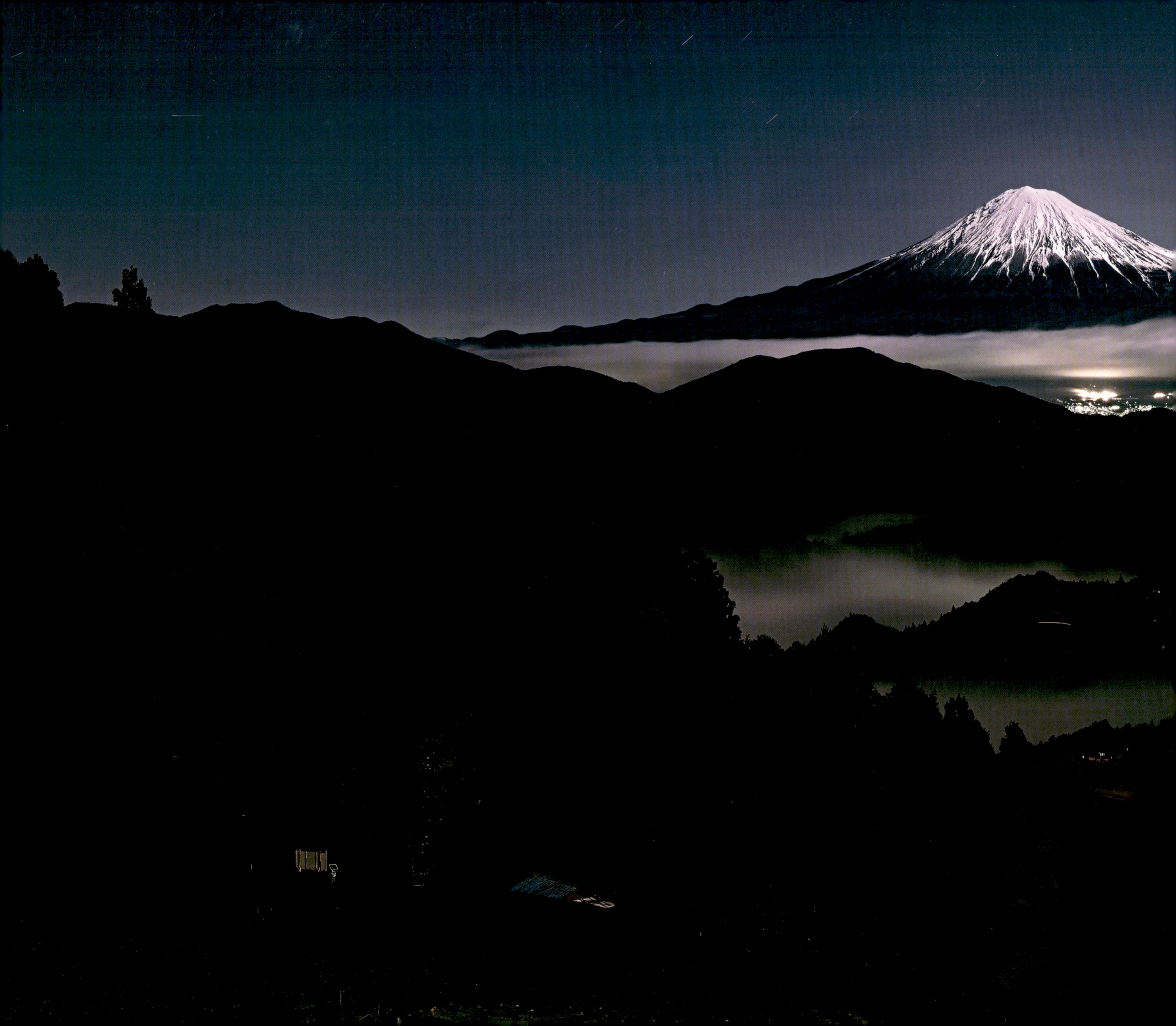

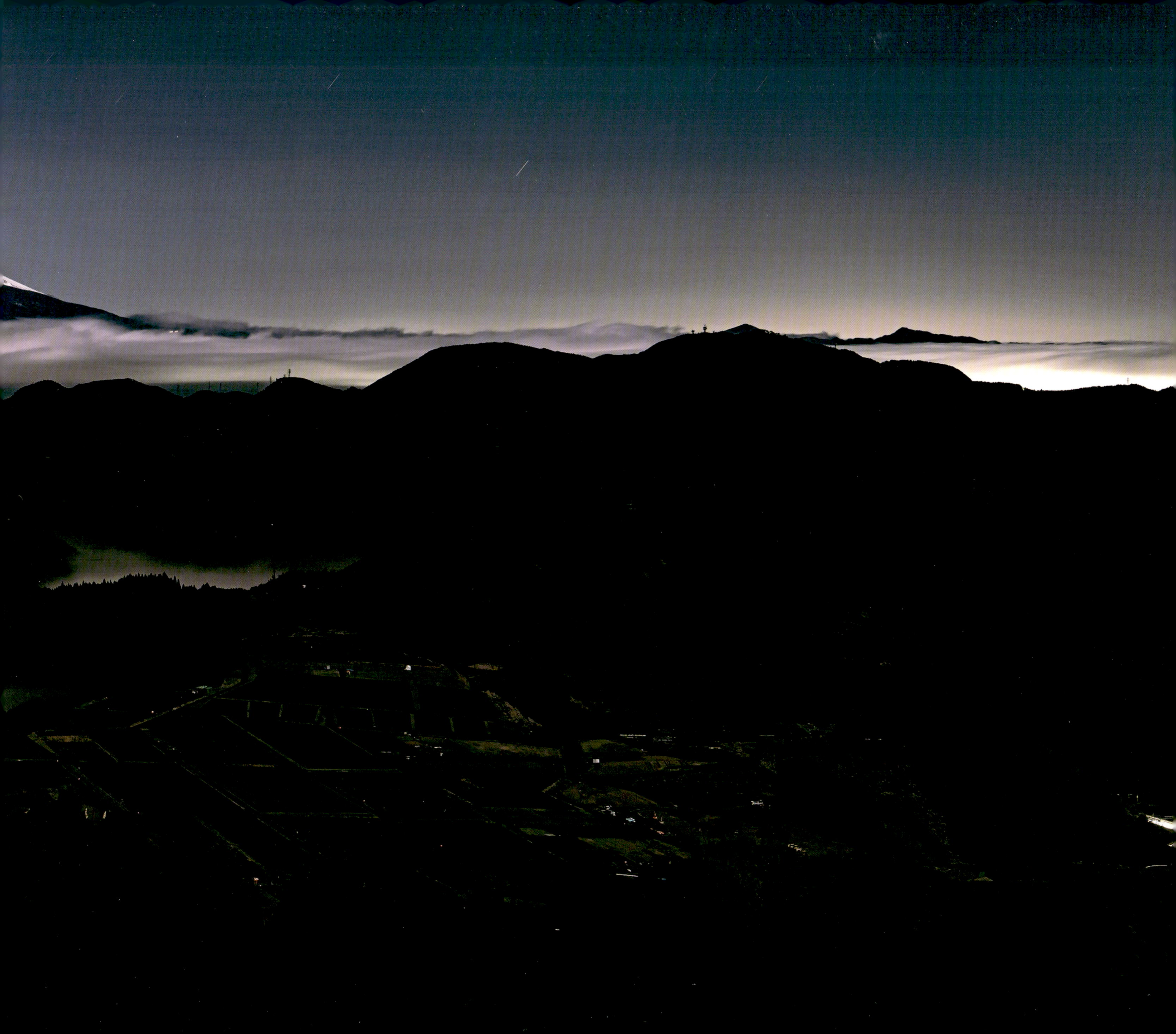

DER WEITE BLICK

„Erklimme die Berge und spüre die gute Energie. Der Friede der Natur wird in dich fließen wie der Sonnenschein, der die Bäume nährt. Der Wind wird dich erfrischen, der Sturm dich mit Kraft erfüllen und all deine Sorgen werden abfallen von dir wie Herbstblätter."
(John Muir)

Die Ausstellung beginnt mit Bildern, die uns die gewaltigen Gebirgsmassive der Erde zeigen: Himalaya, Anden, Rocky Mountains und die Alpen. Es sind Landschaften, die uns magisch anziehen, die nach uns „rufen". Sehnsuchtsorte, weil wir glauben, wir können - wenn wir der Enge und dem Getriebe des Alltags entfliehen - da oben freier atmen und weiter sehen.

„Alle Menschen werden die Wahrnehmung machen", schrieb Jean-Jacques Rousseau im 18. Jahrhundert, *„dass man auf hohen Bergen, wo die Luft rein und dünn ist, freier atmet und sich körperlich leichter und heiterer fühlt."*

Seit Jahrhunderten empfinden Menschen diese Sehnsucht nach den Bergen, auch wenn sich die Formen, die Berge zu erleben, verändern. Wir finden sie heute nicht nur bei Bergsteigern und Wanderern, sondern auch bei Mountainbikern, Trail Runnern, Extremskifahrern, Drachenfliegern - und den vielen Millionen, die sich von Seilbahnen bequem auf die Gipfel tragen lassen.

Von den sonnenverklärten Bergen Patagoniens blicken zwei Bergsteiger auf die Magellanstraße, die den Atlantischen und den Pazifischen Ozean verbindet. Junge Leute sind in den Alpen zur Sommersonnenwende auf einen Berg gestiegen, um das Sonnenwendfeuer zu entzünden. Im Wolkenmeer der Dolomiten wandern ein Mann und sein Kind. Werden diese Menschen nicht von ähnlichen Gefühlen bewegt, wie sie der Dichter Francesco Petrarca im 14. Jahrhundert beschrieben hat, als er den Mont Ventoux bestieg?

„Und es gehen die Menschen hin, zu bestaunen die Höhen der Berge, die ungeheuren Fluten des Meeres, die breit dahinfließenden Ströme, die Weite des Ozeans und die Bahnen der Gestirne und weit über den Horizont zu blicken."

Selbst in den Worten des Paragliders, der im Karwendelgebirge über einem Meer aus Wolken schwebt, spürt man das Gefühl, welches Petrarca vor 700 Jahren überwältigte: *„Wenn ich über die Berge fliege"*, sagt Mario Eder, *„verändert sich die Perspektive. Ich genieße die grenzenlose Freiheit. Es ist geradezu berauschend, die engen Grenzen des Erdbodens hinter sich zu lassen und weit über den Horizont zu blicken."*

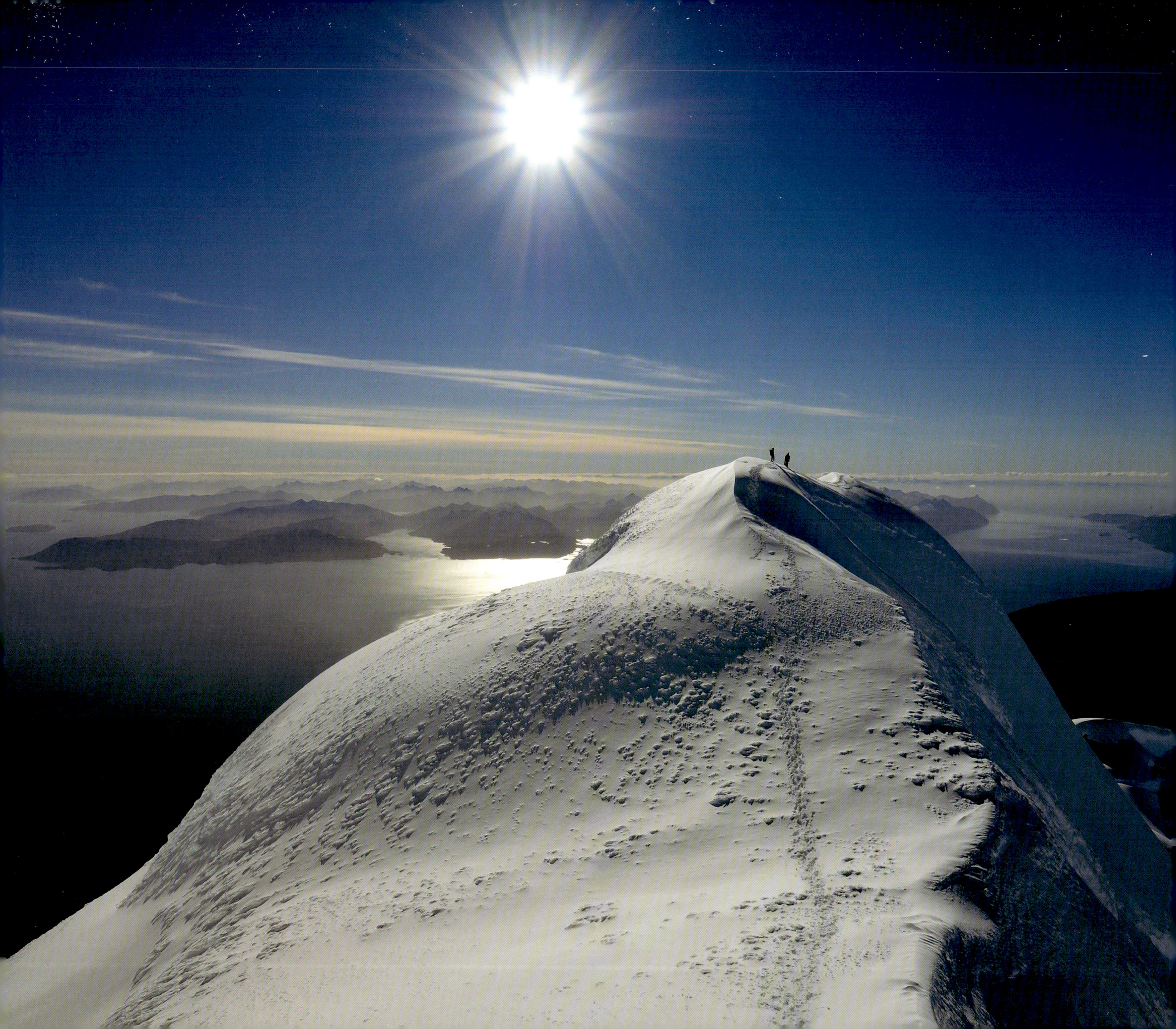

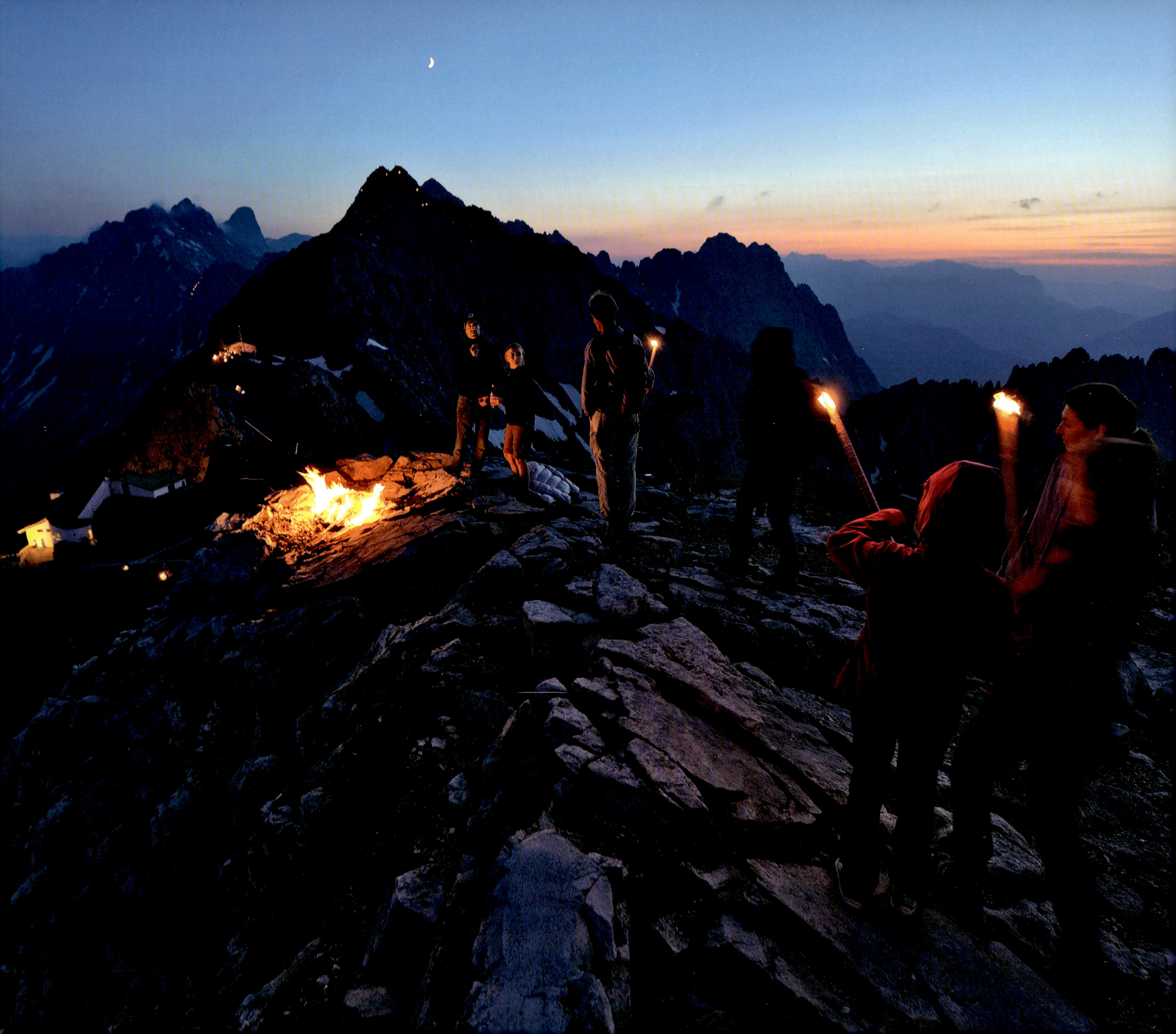

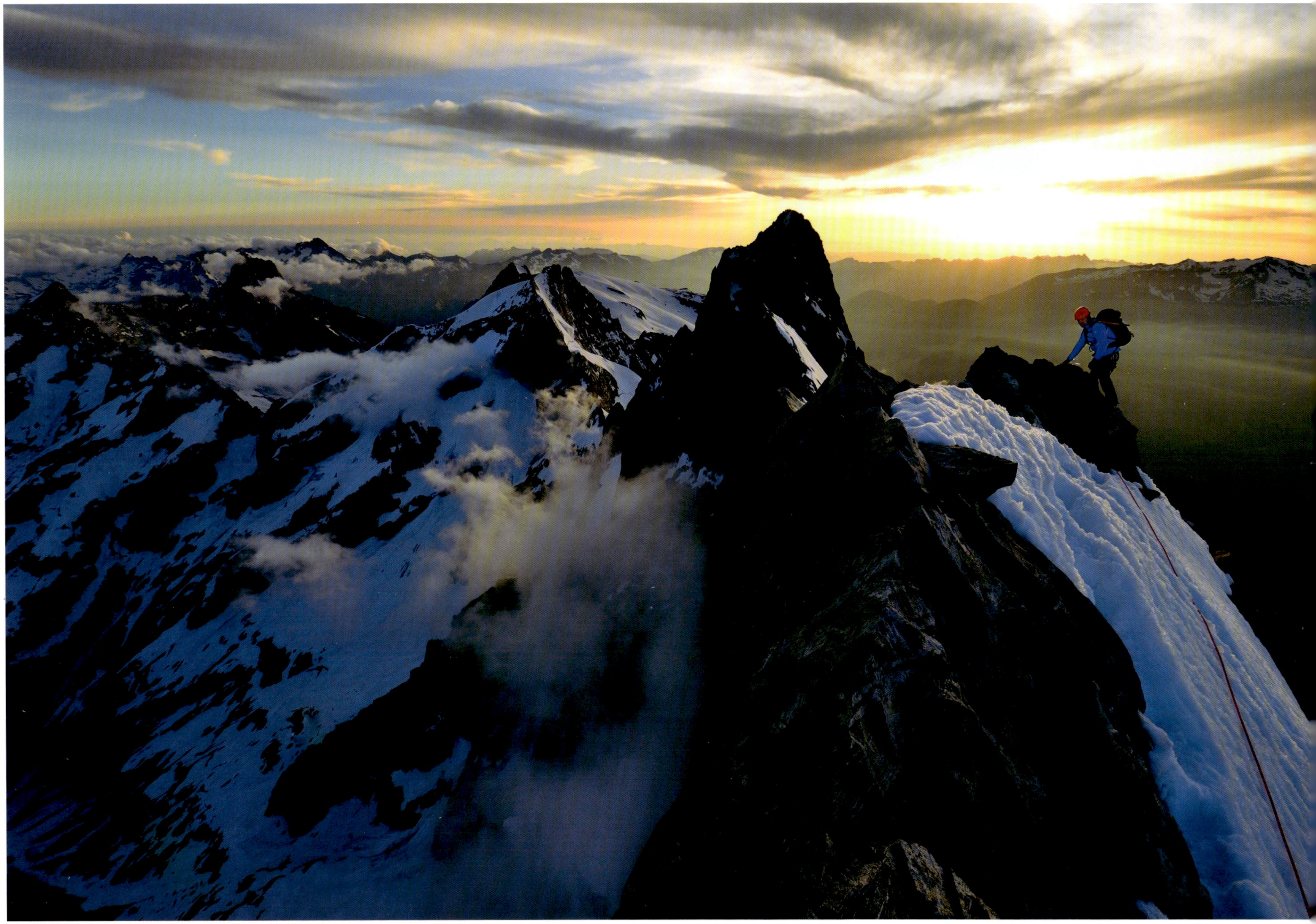

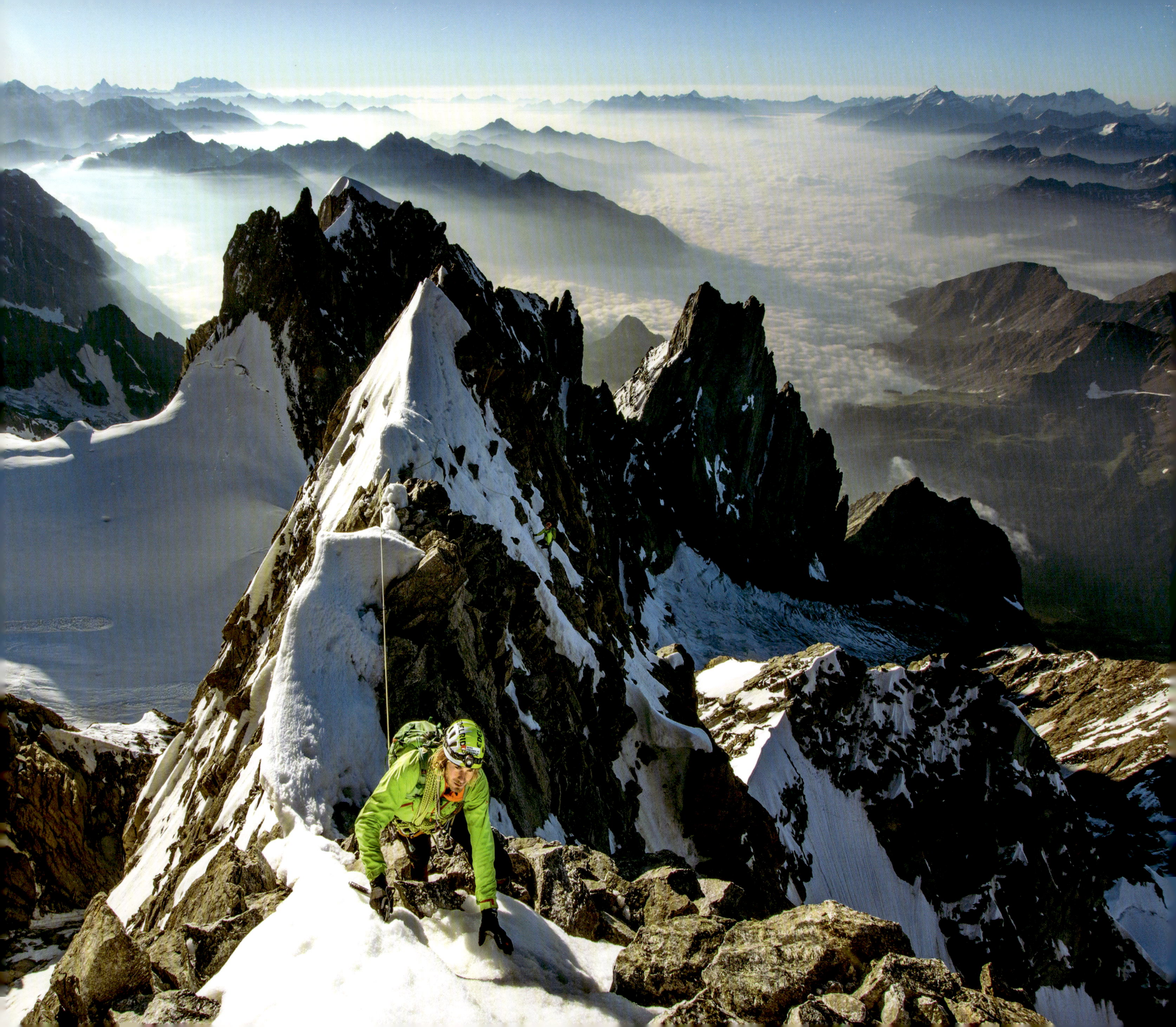

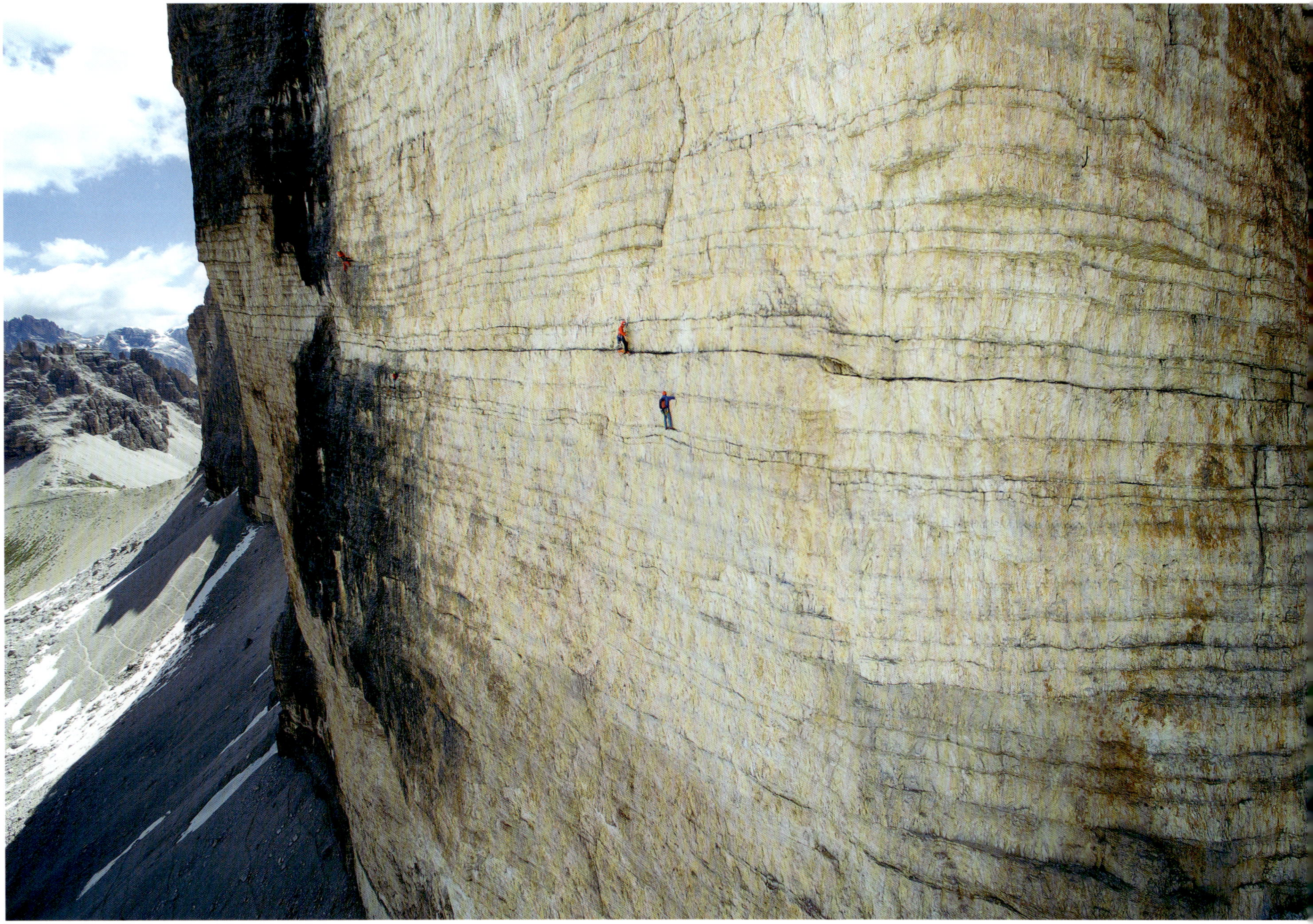

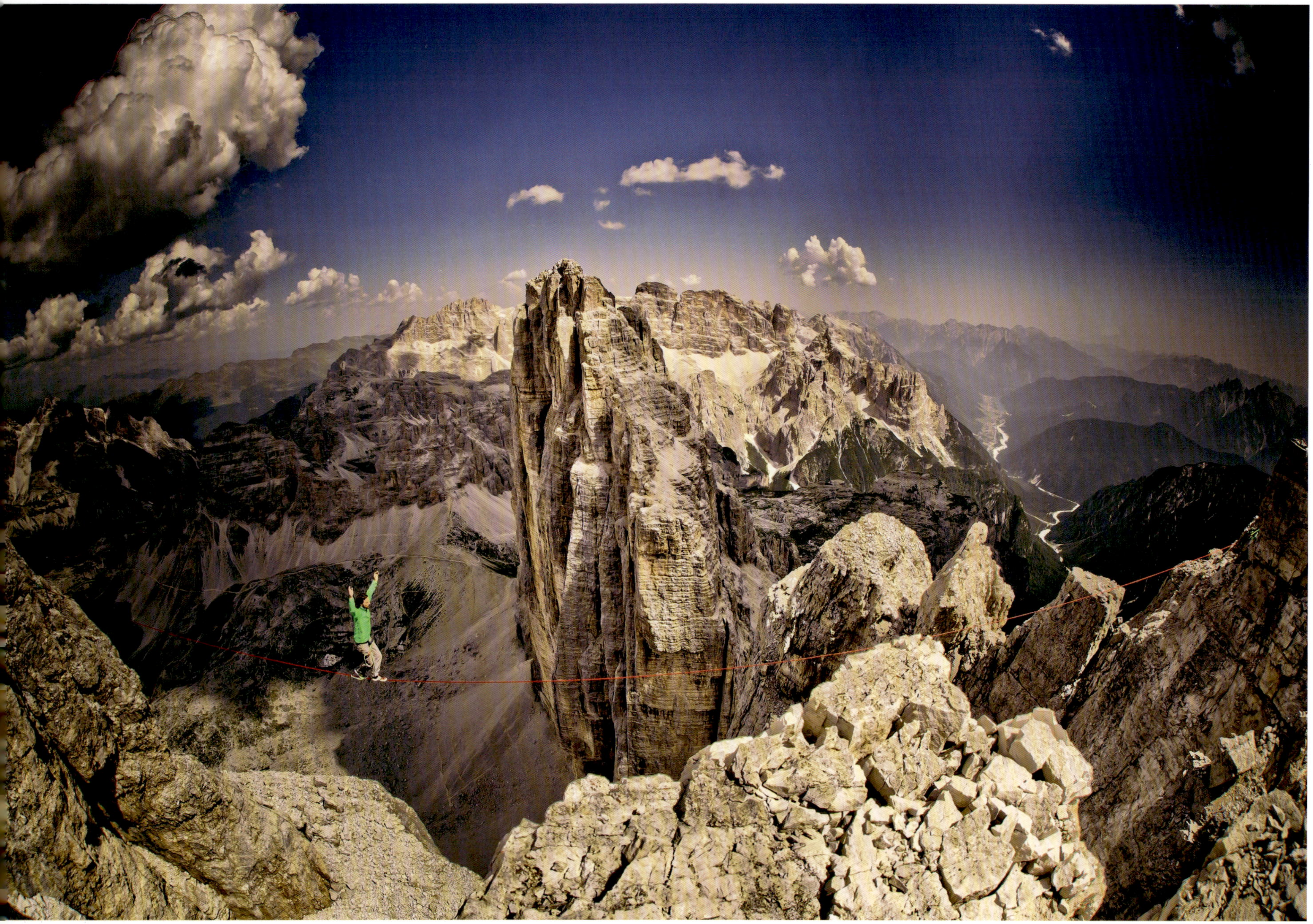

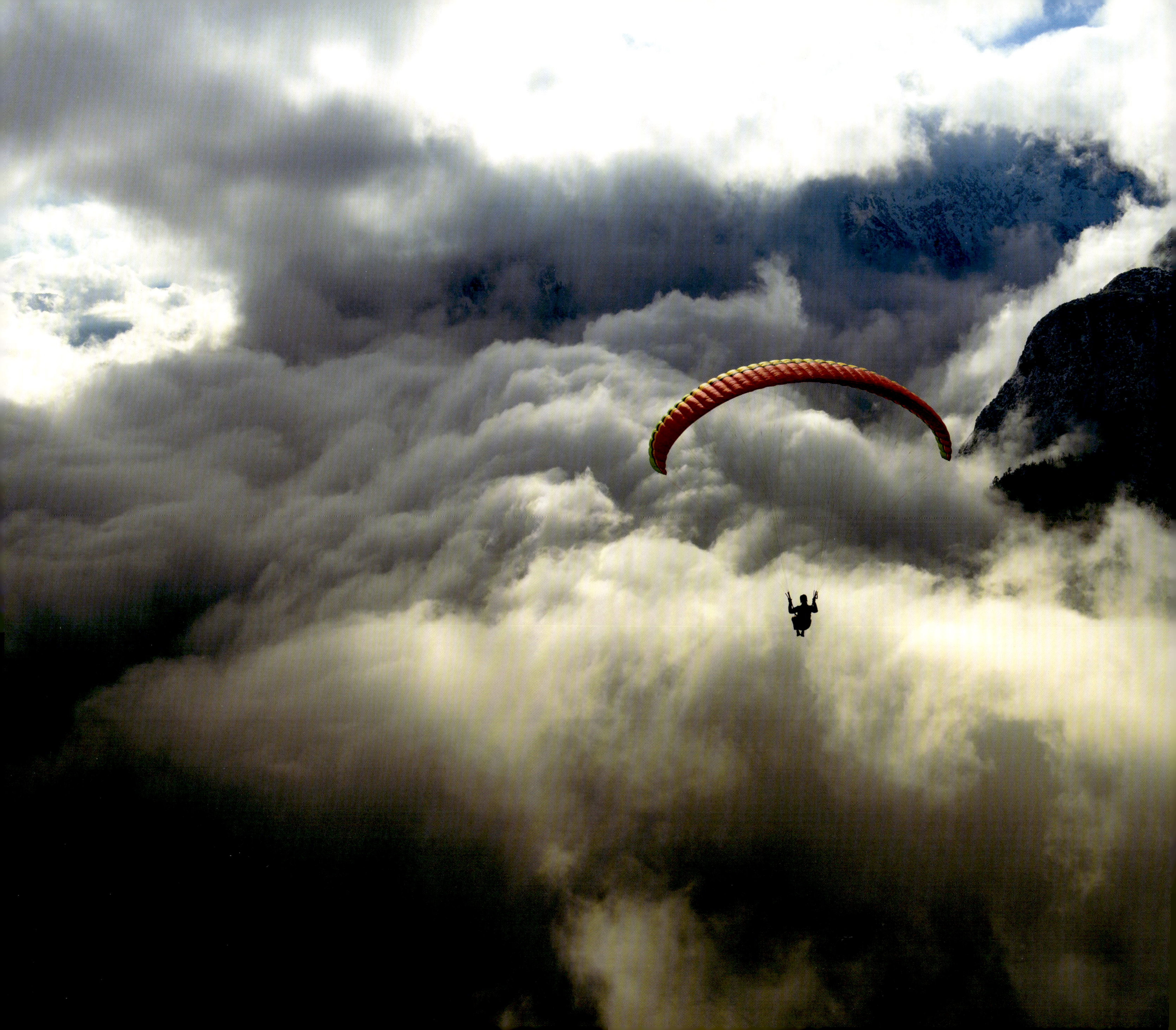

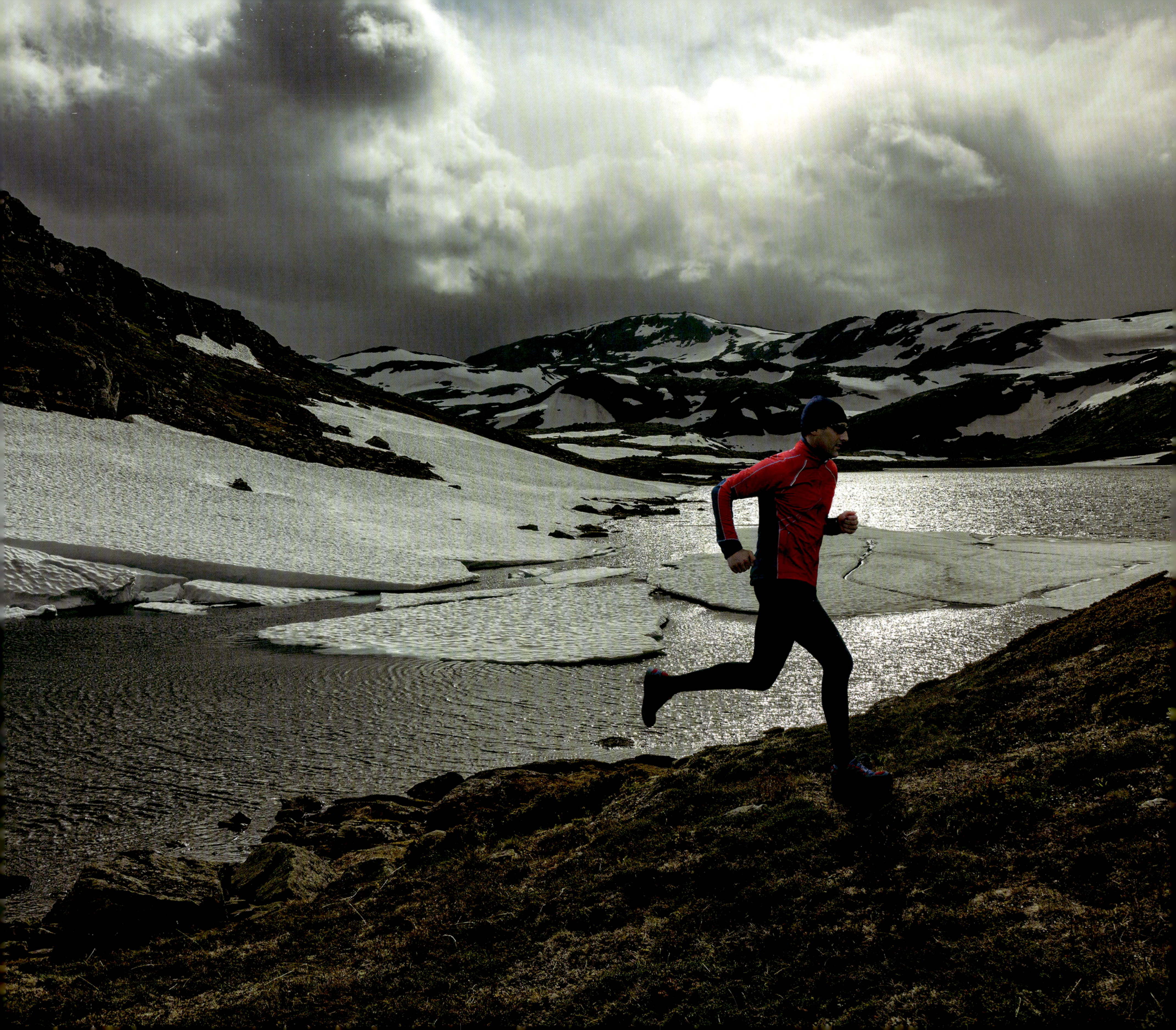

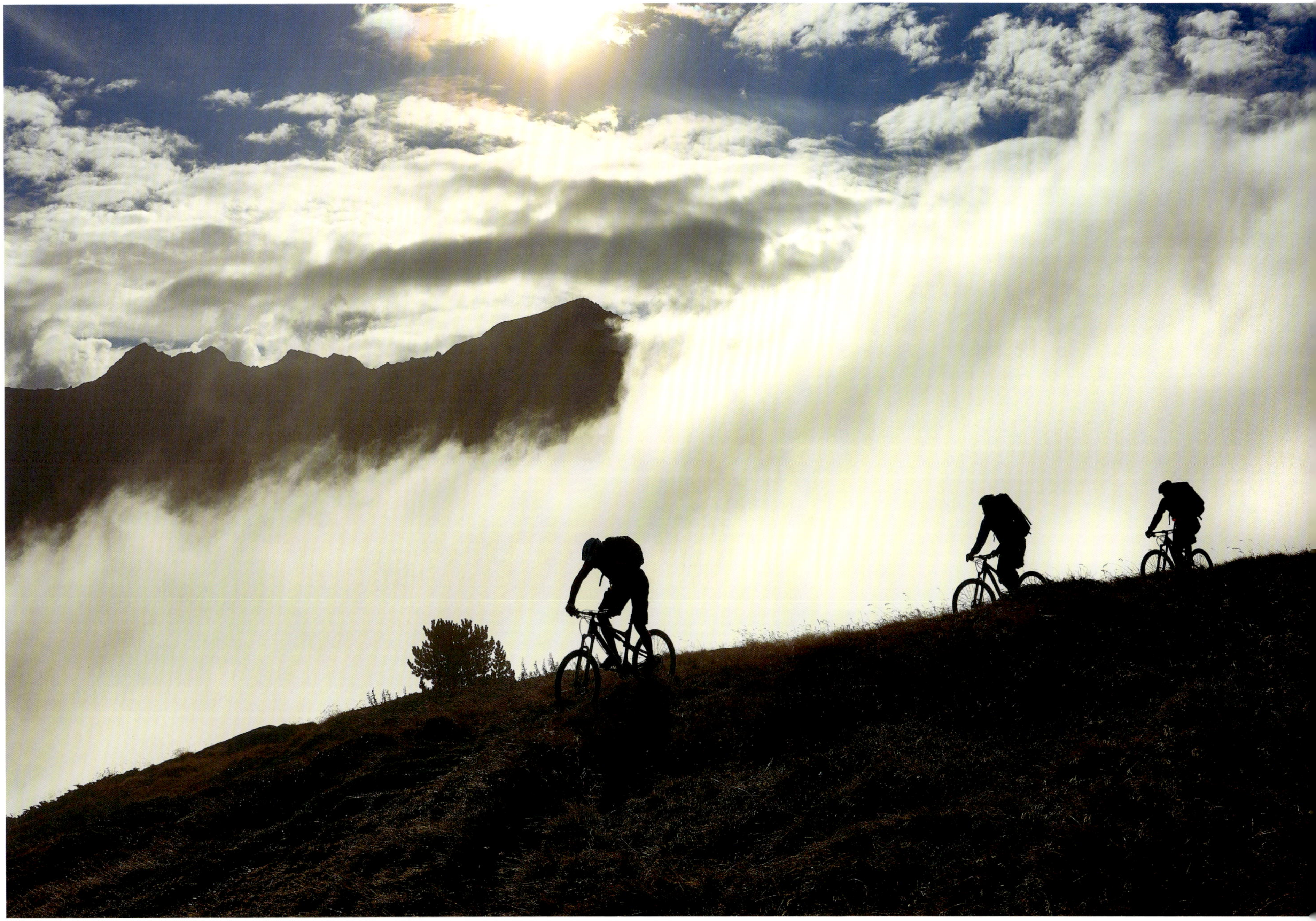

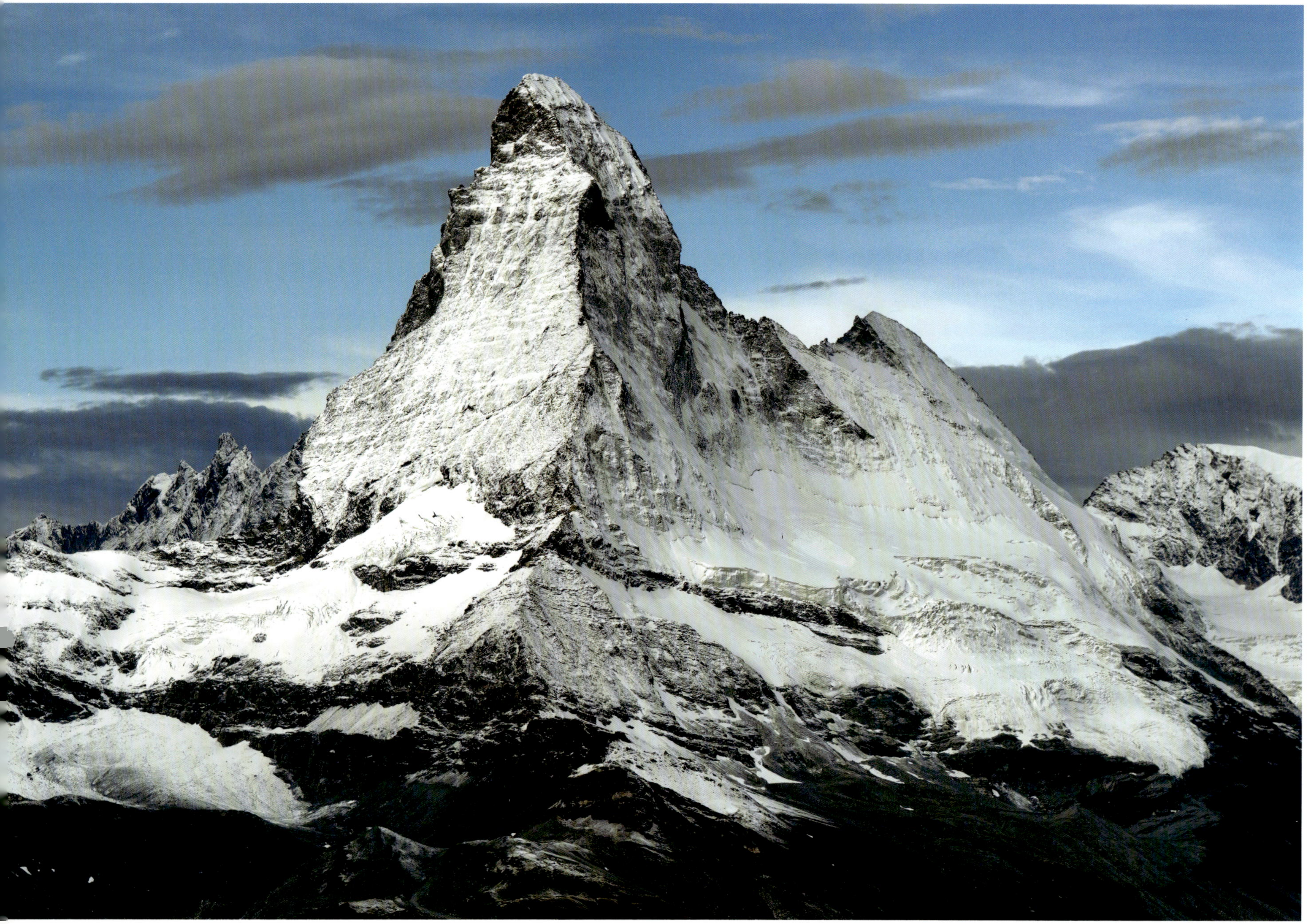

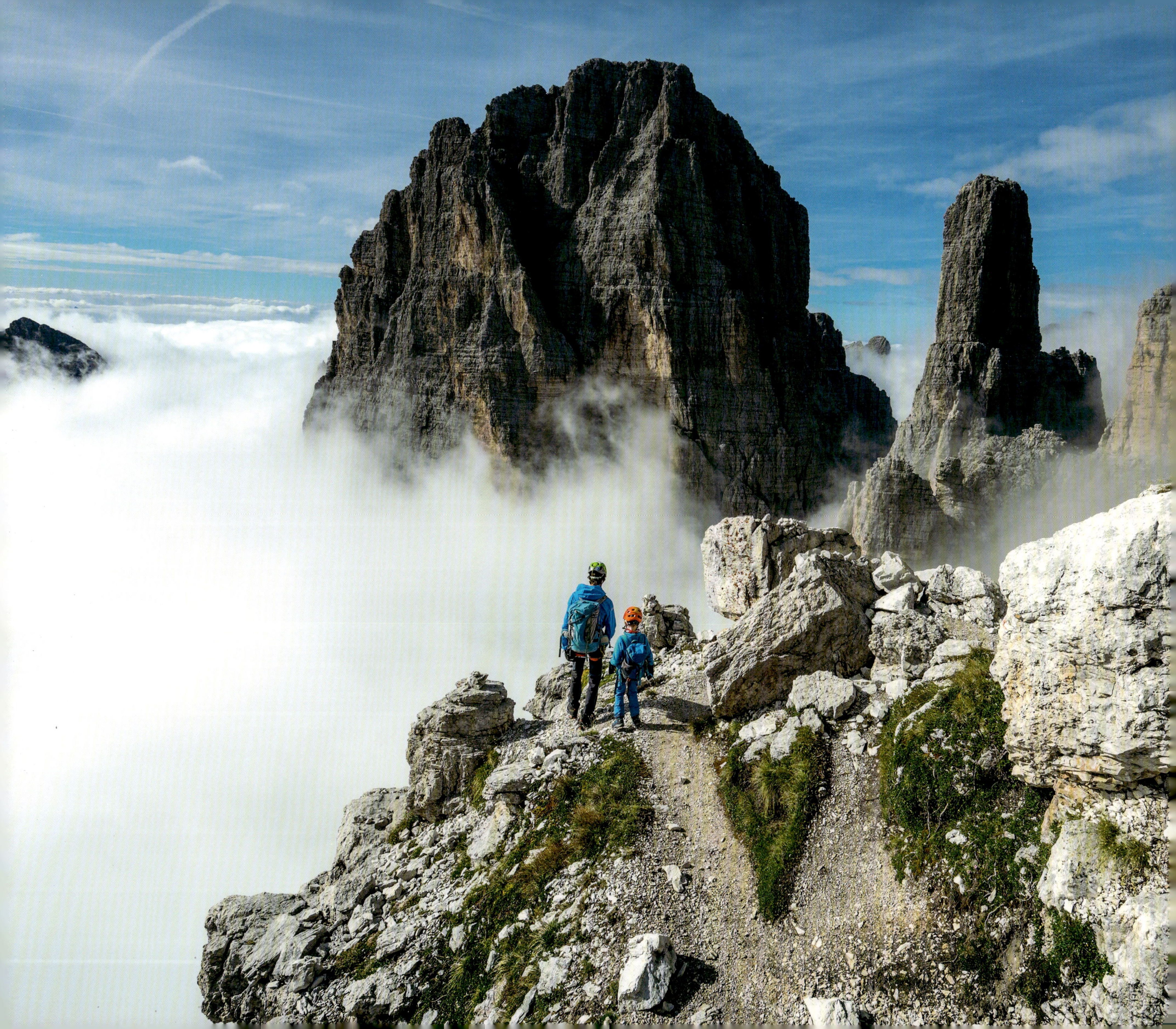

LEBEN AM LIMIT

„Nicht der Berg ist es, den man bezwingt, sondern das eigene Ich."
(Edmund Hillary)

Die Geschichte des Alpinismus beginnt erst im 19. Jahrhundert. Es waren keine Bergbewohner, die den Ehrgeiz hatten, die Gipfel der höchsten und gefährlichsten Berge zu besteigen, sondern junge abenteuerhungrige Männer, die aus dem Alltagsgetriebe der Städte flohen, um in der - gleichermaßen überwältigenden wie gefährlichen - Bergwelt zu sich selbst zu finden.

Die Besteigung des Matterhorns am 14. Juli 1865 durch Edward Whymper und seine Seilschaft wurde zu dem Ereignis, das durch seinen tragischen Verlauf - über den damals die Presse in ganz Europa sensationsheischend berichtete - das alpine Bergsteigen erstmals in den Mittelpunkt des öffentlichen Interesses rückte. Mit der Besteigung des Matterhorns begann der Wettbewerb zwischen den besten Bergsteigern, nicht nur alle Gipfel der Alpen zu besteigen, sondern sie auch auf den gefährlichsten Routen zu bezwingen. Erstbesteigungen, wie die des Matterhorns oder der Eiger Nordwand, wurden damals überall in Europa neugierig verfolgt.

Weltweites Aufsehen erregte aber erst die Besteigung der höchsten Berge der Erde: der 8000er im Himalaya und im Karakorum.

Als Edmund Hillary und der Sherpa Tenzing Norgay als erste Menschen am 29. Mai 1953 auf dem Gipfel des Mount Everest standen, war das ein Ereignis, das Menschen der ganzen Welt feierten. Tenzing Norgay erzählt über diesen historischen Augenblick: *„Ich wollte springen und tanzen, es waren die besten Gefühle in meinem Leben."*

Heute ist der Mount Everest zu einem Ort des Extremtourismus geworden. Wer gesund und reich ist, kann sich eine professionell organisierte Reise kaufen, die ihn mit Hilfe der Sherpas auf präparierten Pisten auf den Gipfel bringt.

Wir staunen über die Bergsteiger, die die 8000er ohne Sauerstoffgerät besteigen. Für diese Aufstiege bis in die Todeszone müssen sie sich in 4000 Metern Höhe wochenlang an das extreme Klima gewöhnen. Wir machen uns aber kaum bewusst, dass in dieser Höhenlage die Bergvölker des Himalaya seit Jahrhunderten das ganze Jahr über leben. Ihr Organismus hat sich diesen Extrembedingungen angepasst. Sie leben hier naturverbunden mit ihren Tieren - den Yaks. Die Yaks können aufgrund ihres Lungenumfangs in dieser Höhe große Lasten über einen langen Zeitraum transportieren. Auch sind ihre Milch, ihr Fleisch, ihr Fell und ihr Dung unersetzbar für das Leben in dieser kargen Landschaft.

Wir kennen diese Bergbewohner und ihre Tiere meist nur als Lastenträger, die für die Bergsteiger die Ausrüstung, Zelte und Nahrungsmittel schleppen, ihnen die Pisten präparieren und deren Müll vom Berg holen. Dass die Bergwelt des Himalaya der Lebensraum dieser Bergvölker ist, in dem sie eine eigene Lebensweise und Kultur entwickelt haben, die ihnen ein Leben unter diesen Extrembedingungen ermöglicht, nehmen wir nur selten wahr.

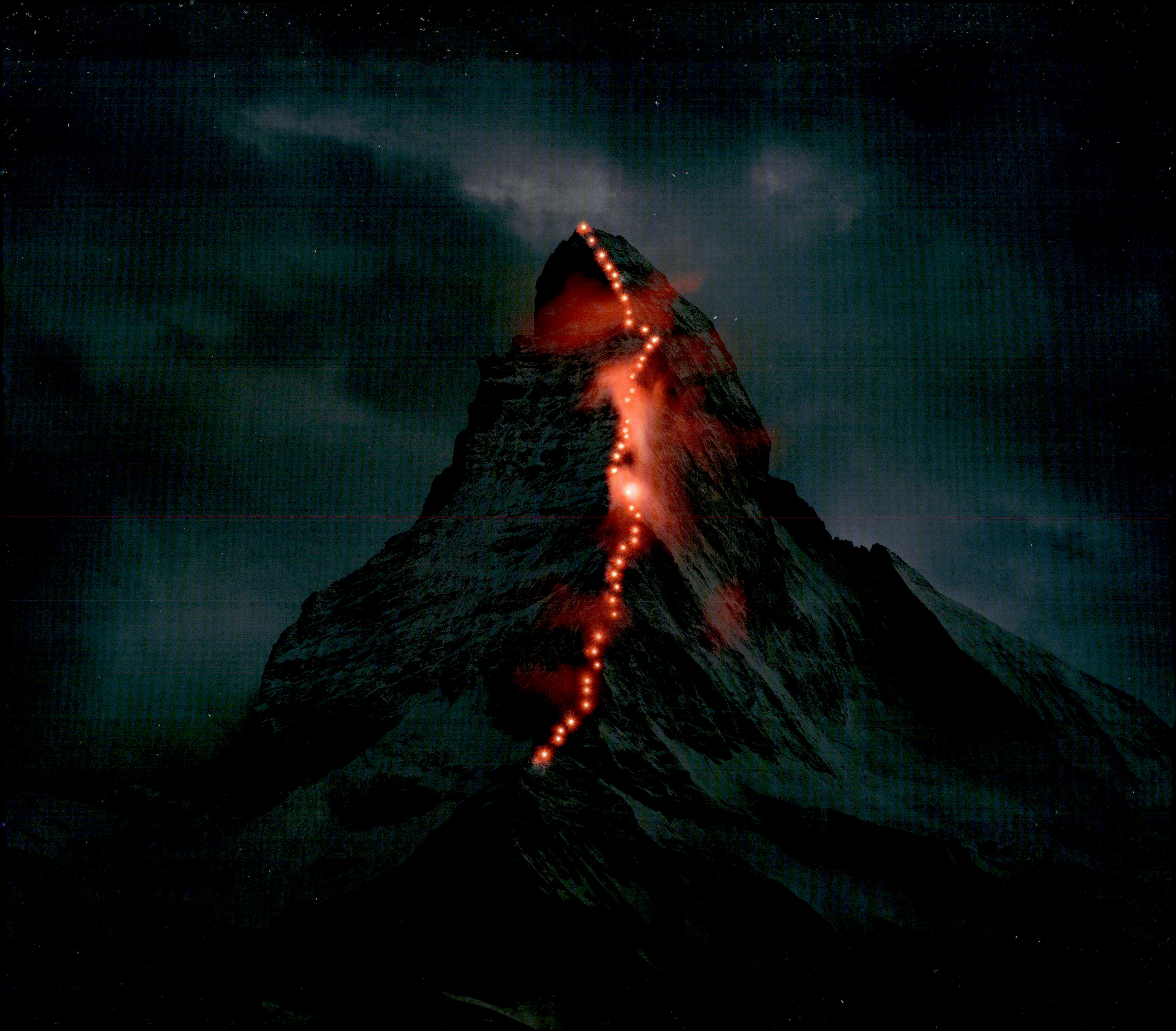

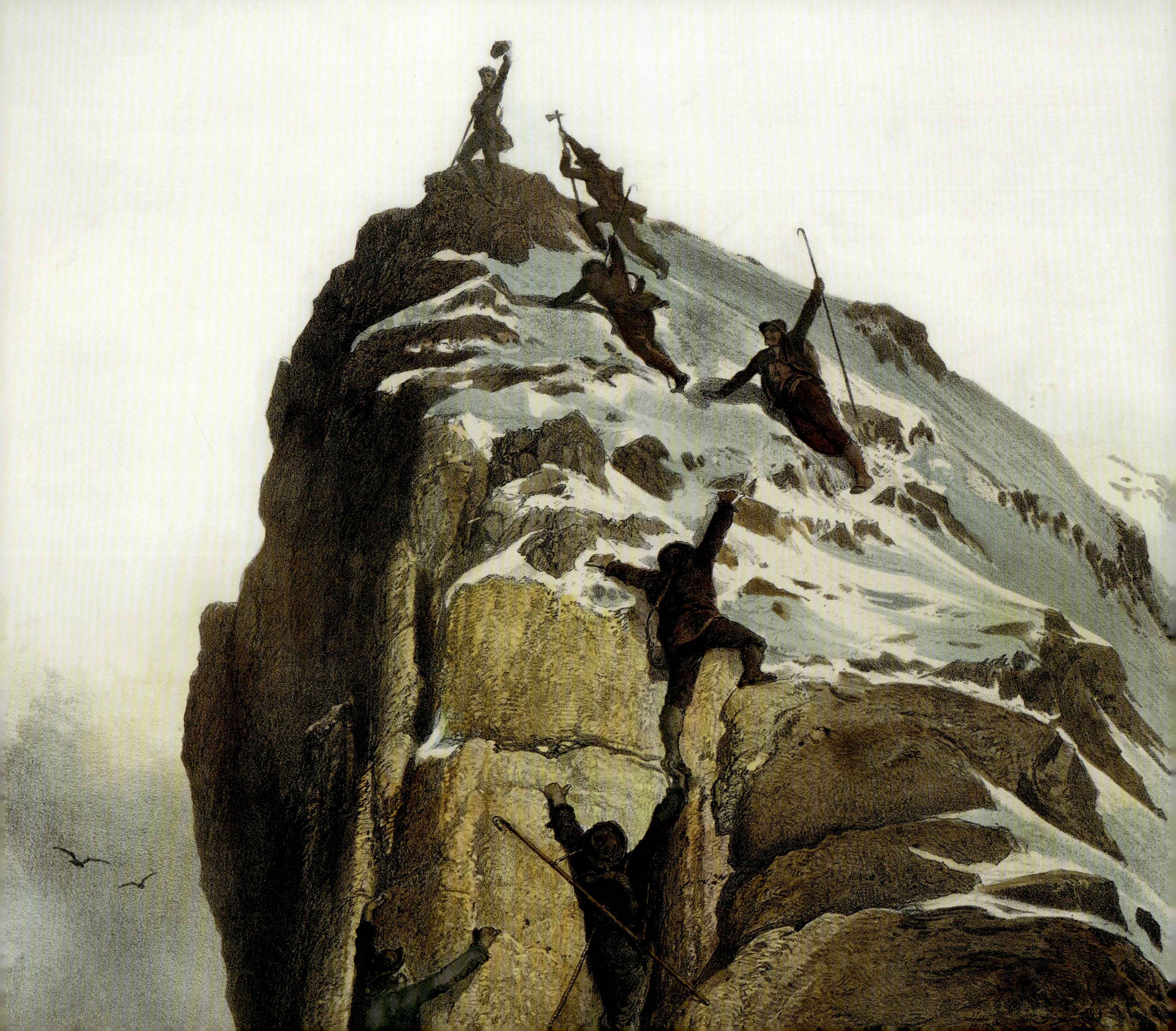

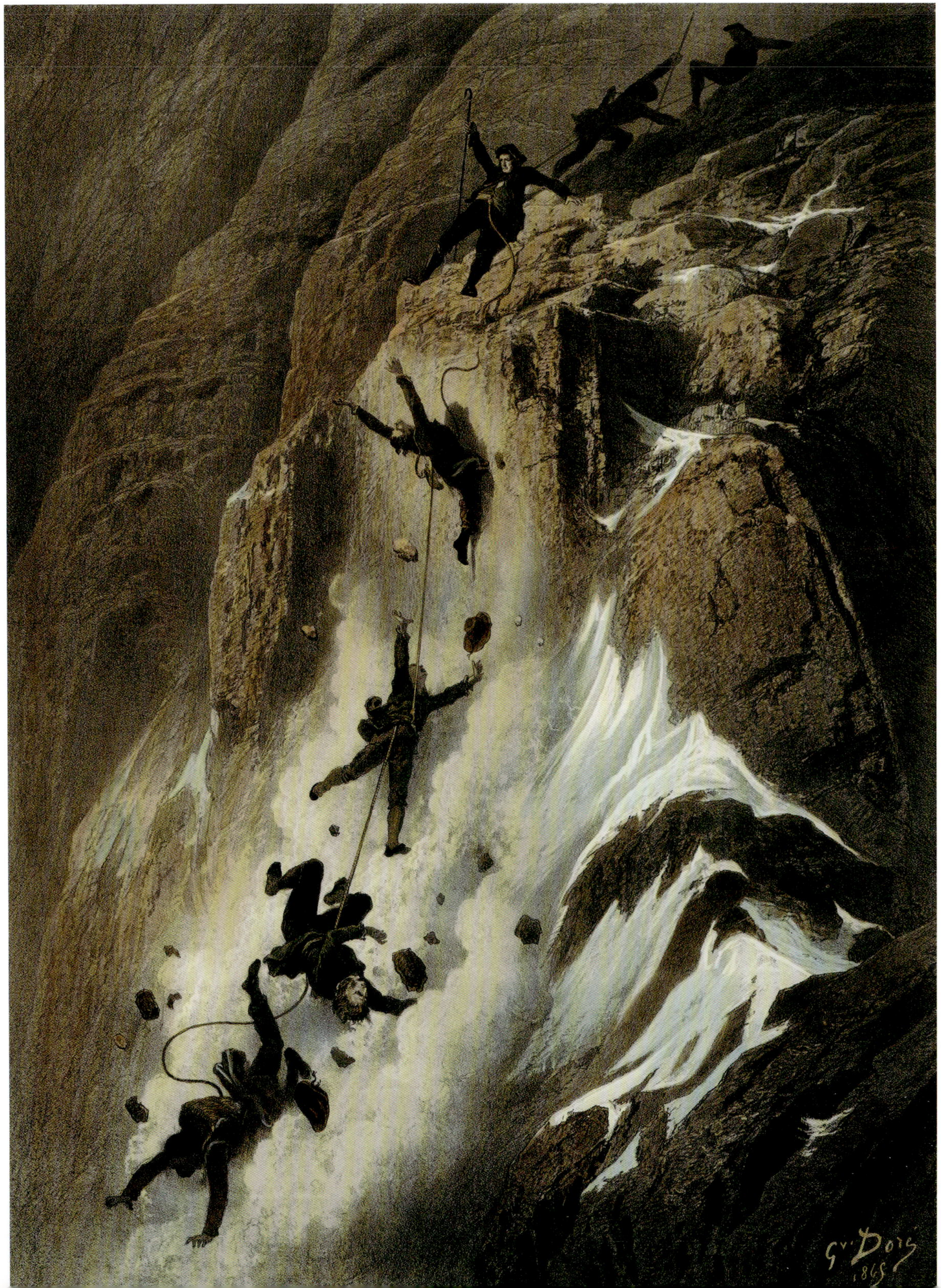

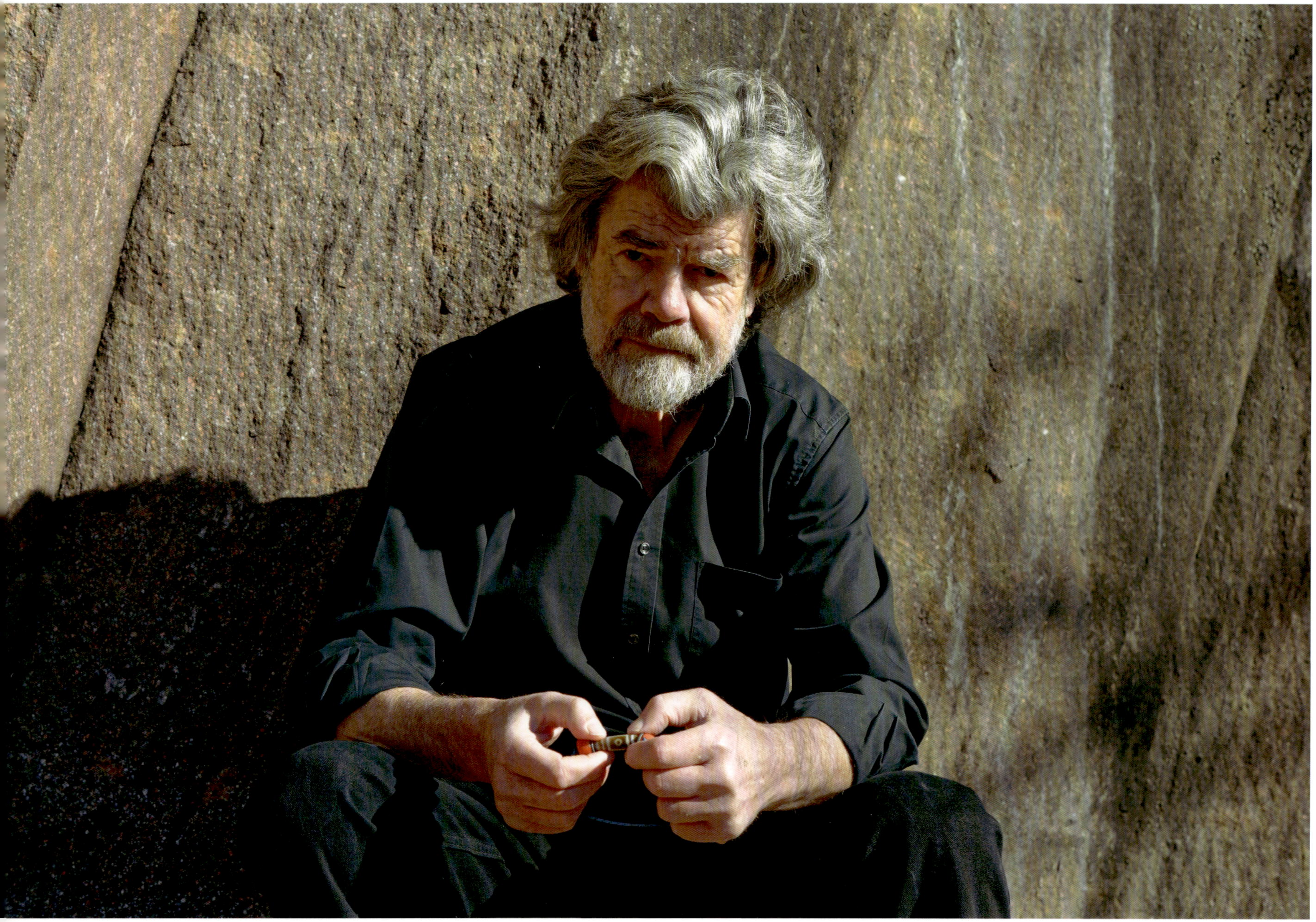

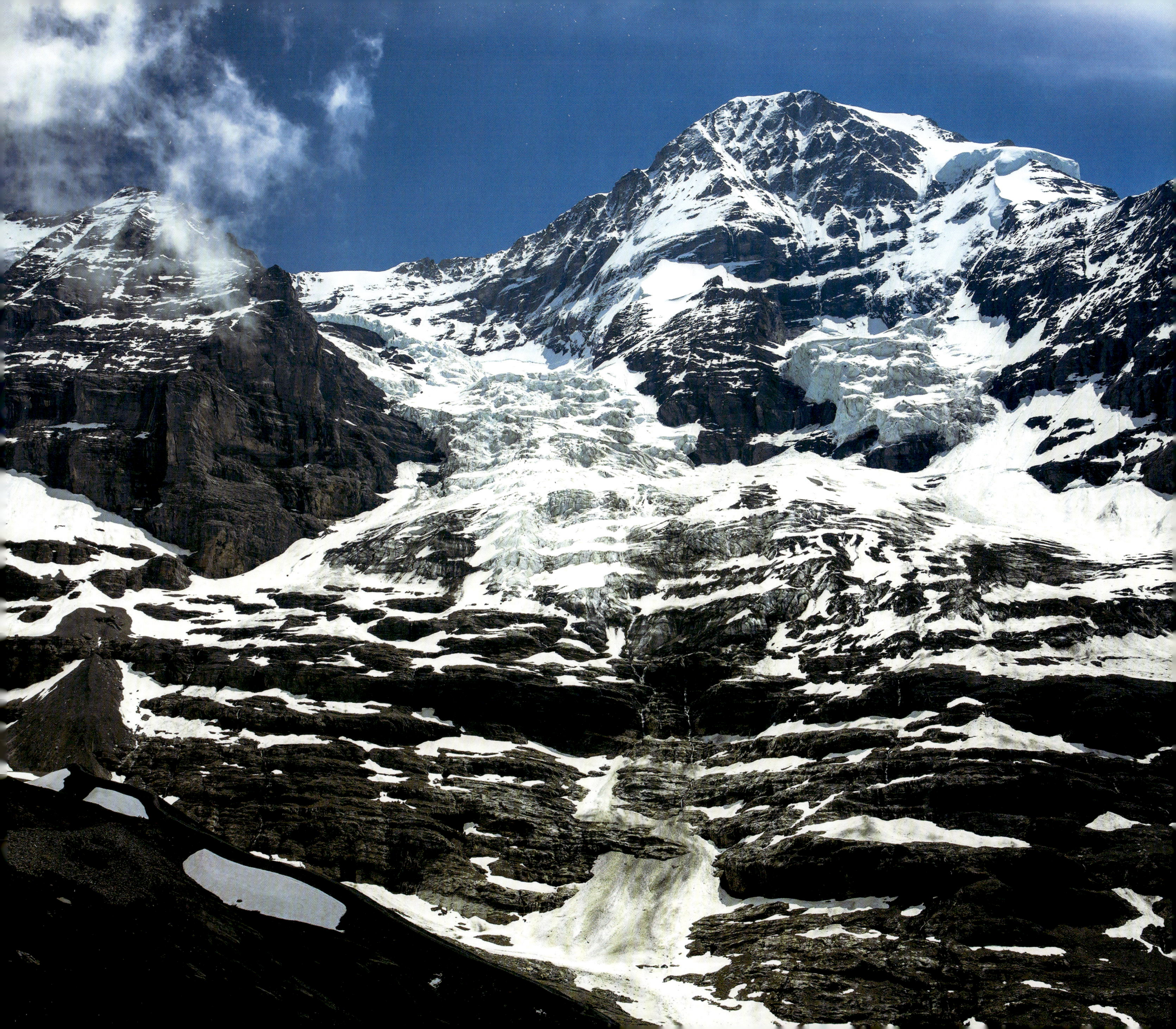

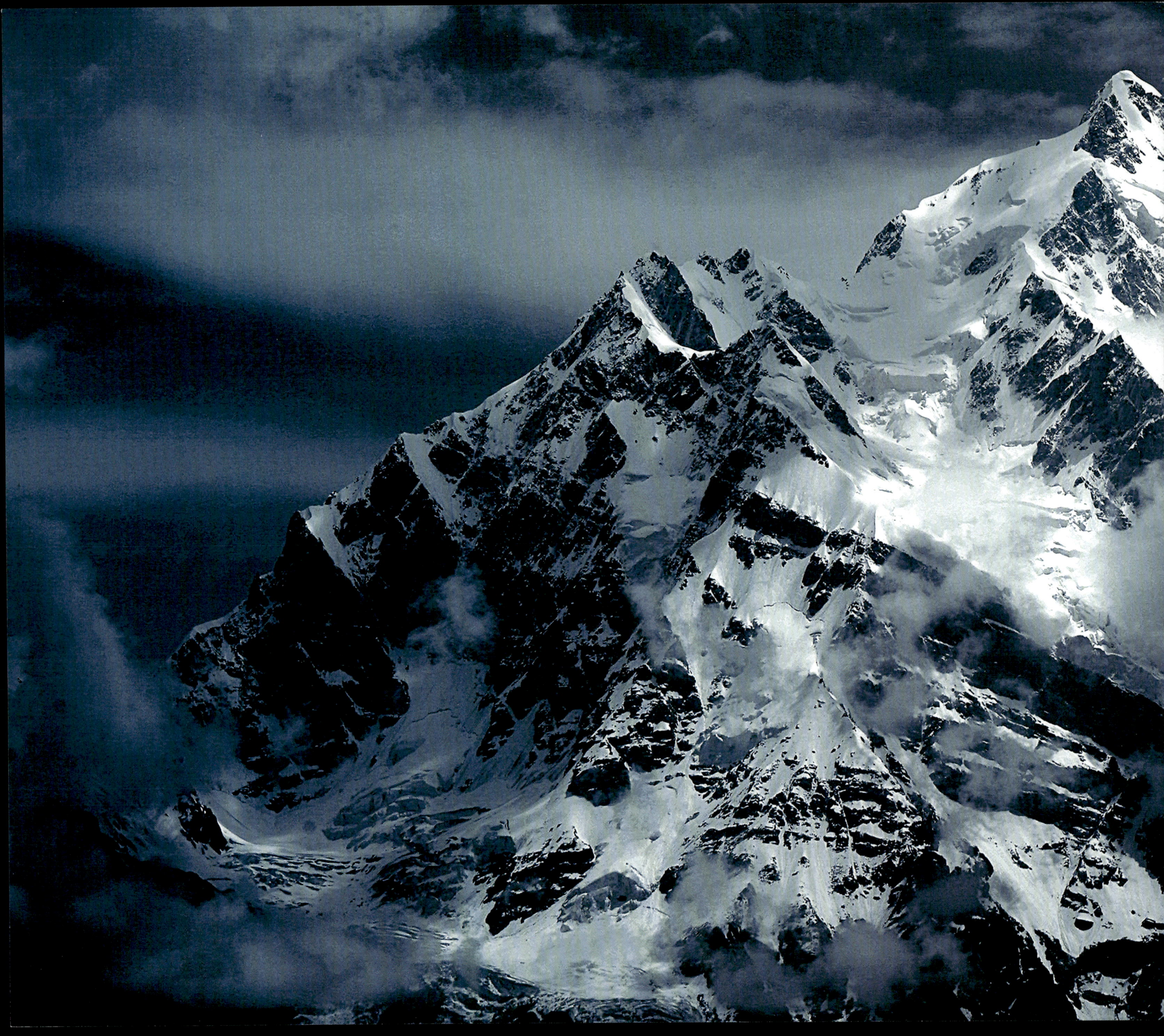

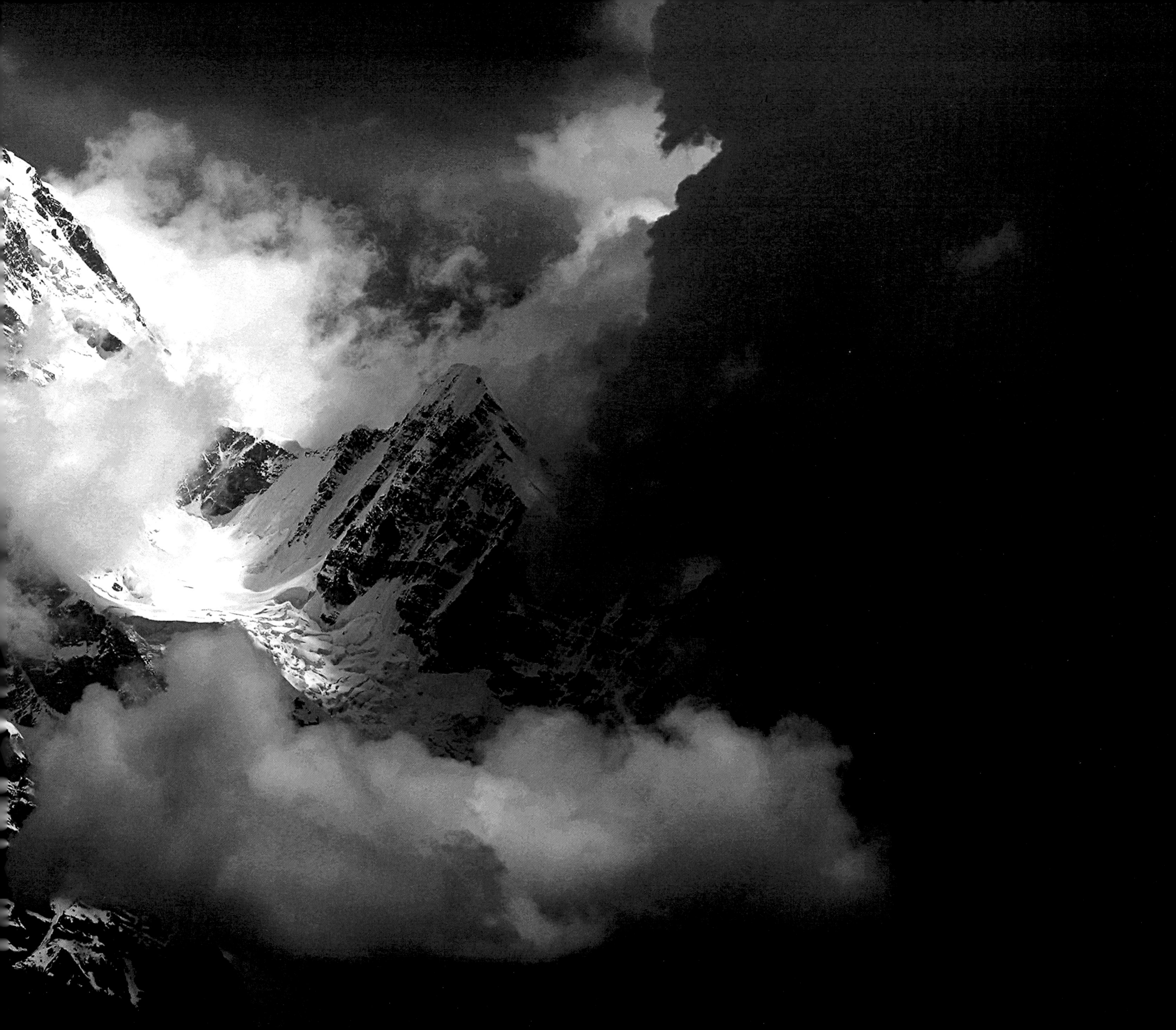

30
31

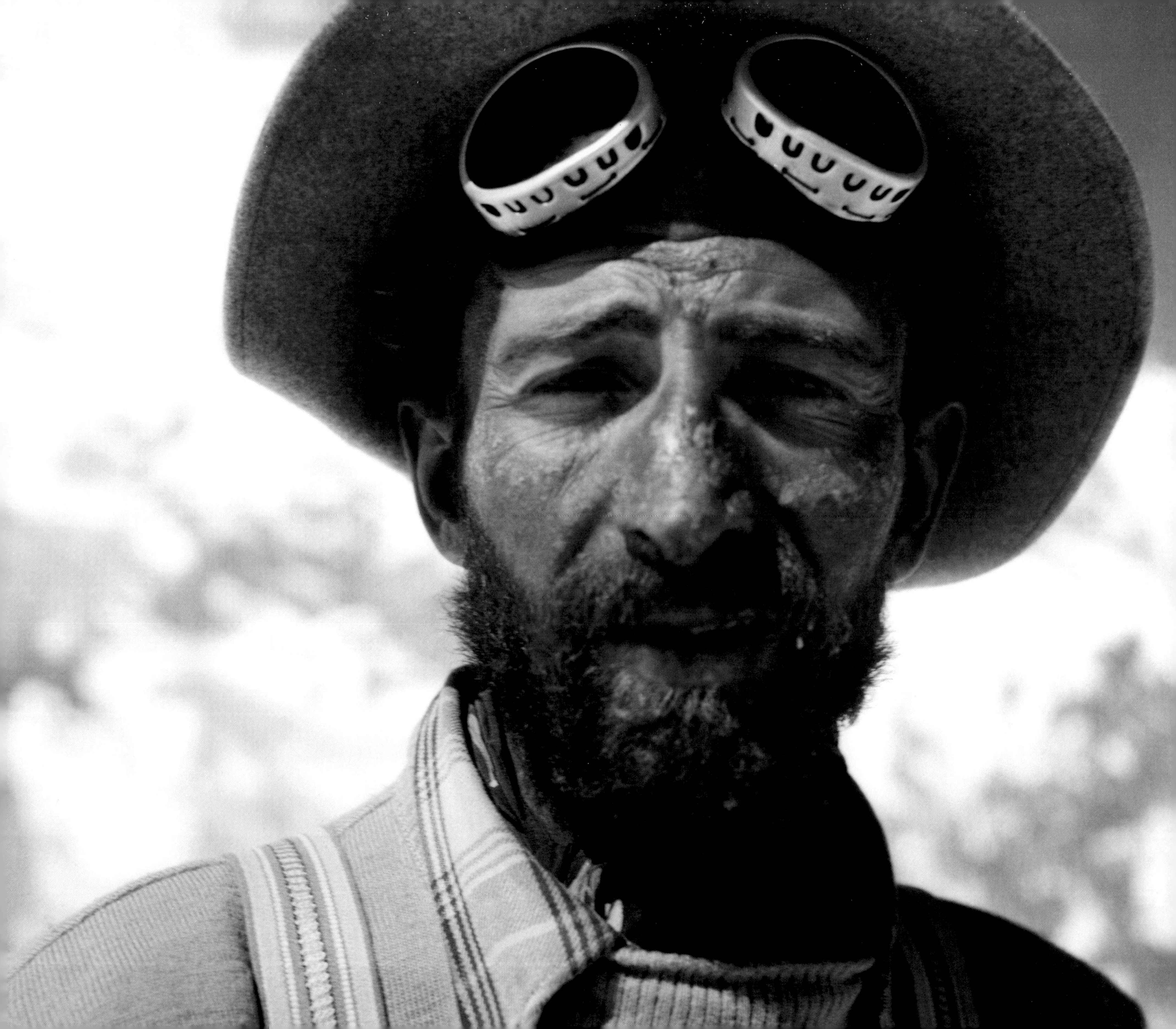

„Extrembergsteiger sind Besessene. Sie müssen es sein. Ohne Besessenheit kann man das Ziel,
das so viel Entsagung und Selbstüberwindung fordert, nicht erreichen."
(Hermann Buhl)

„Warum wir auf die Berge steigen? Weil sie da sind."
(Edmund Hillary)

„Was mir am Klettern gefällt: Man muss überlegen, vorausplanen, die Kraft einteilen.
Es ist das taktische Spielen mit den Elementen, das ich über alles liebe, das Annehmen der
kalkulierten Risiken, das mich dazu zwingt, mich jedes Mal neu in Frage zu stellen."
(Catherine Destivelle)

„Die Berge sind nicht nur Herausforderung für mich. Sie sind auch ein Ruhepunkt.
Sobald ich unterwegs bin, wird der Kopf frei. Ich gehe auf den Gipfel, und wenn ich wieder
herunterkomme, bin ich ein anderer Mensch."
(Peter Haberer)

„Wandern ist mein Energiespender."
(Gerlinde Kaltenbrunner)

„Zum Bergsteigen gehören Respekt vor der Natur, ein Ziel und Selbstverschwendung.
Es ist Aktion und Meditation zugleich, ein ständiges Sich-Verlieren. Für begeisterte Bergsteiger
sind alle Berge heilige Berge."
(Reinhold Messner)

„Der Kampf gegen Gipfel vermag ein Menschenherz auszufüllen.
Wir müssen uns Sisyphos als einen glücklichen Menschen vorstellen."
(Albert Camus)

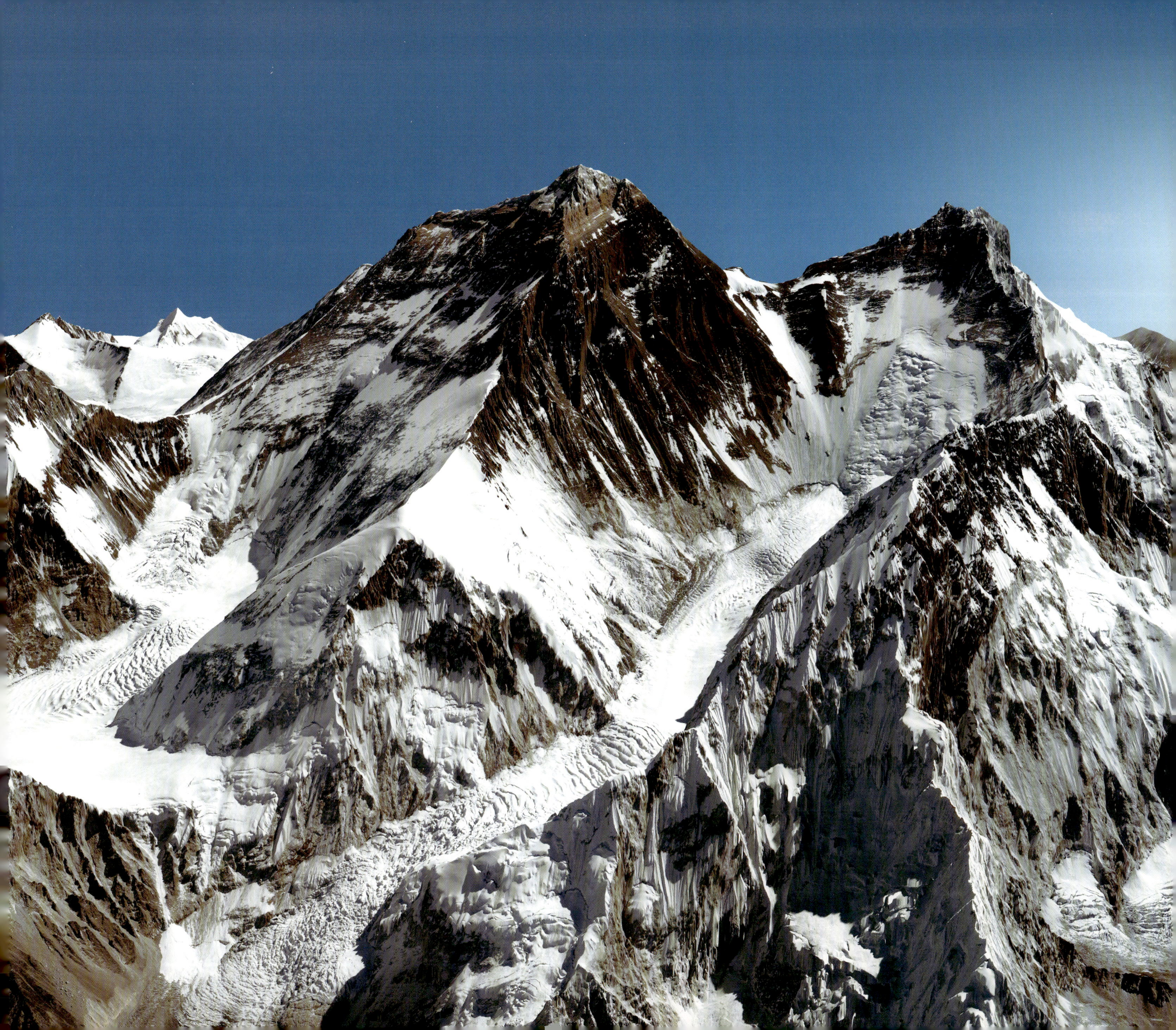

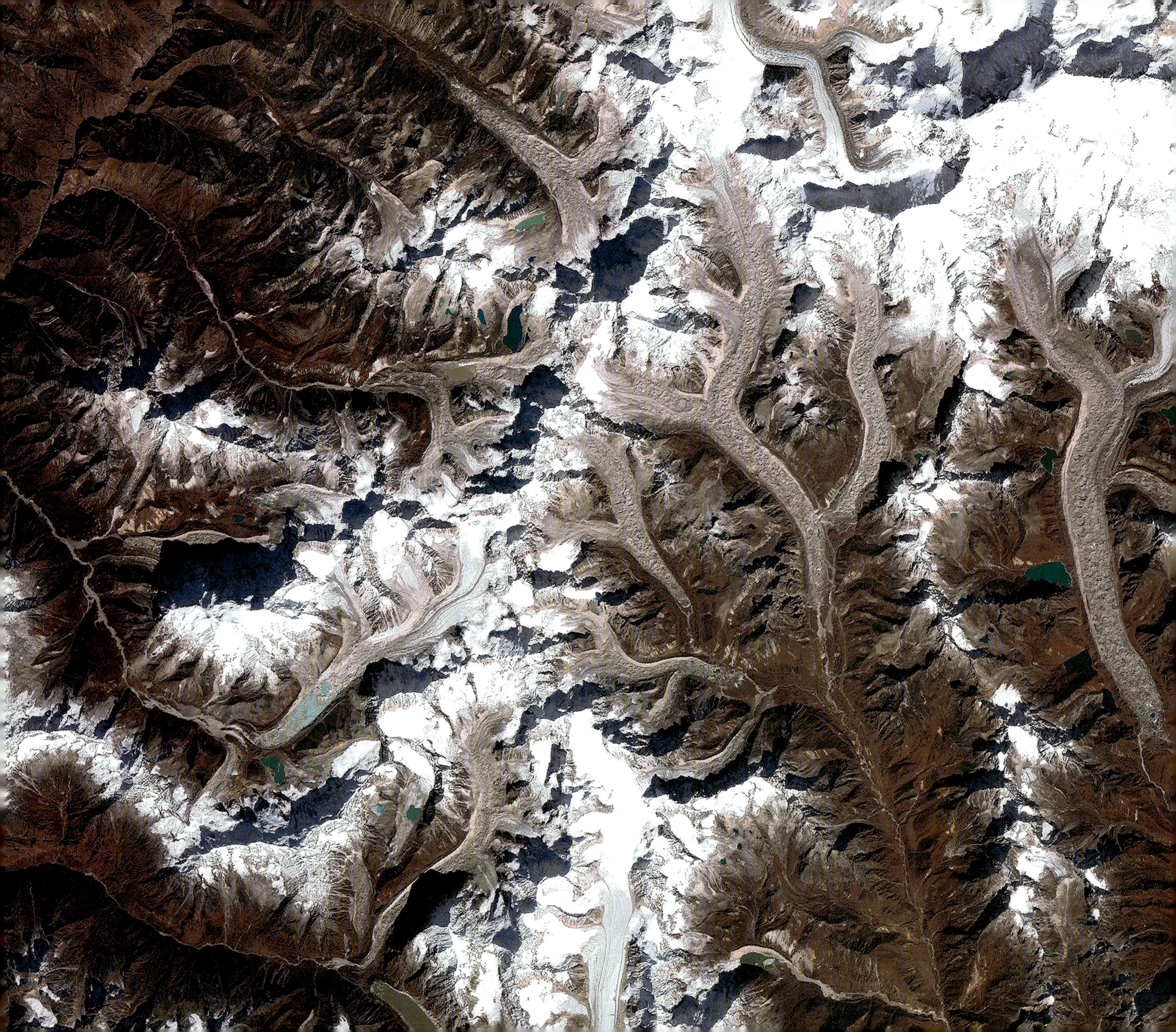

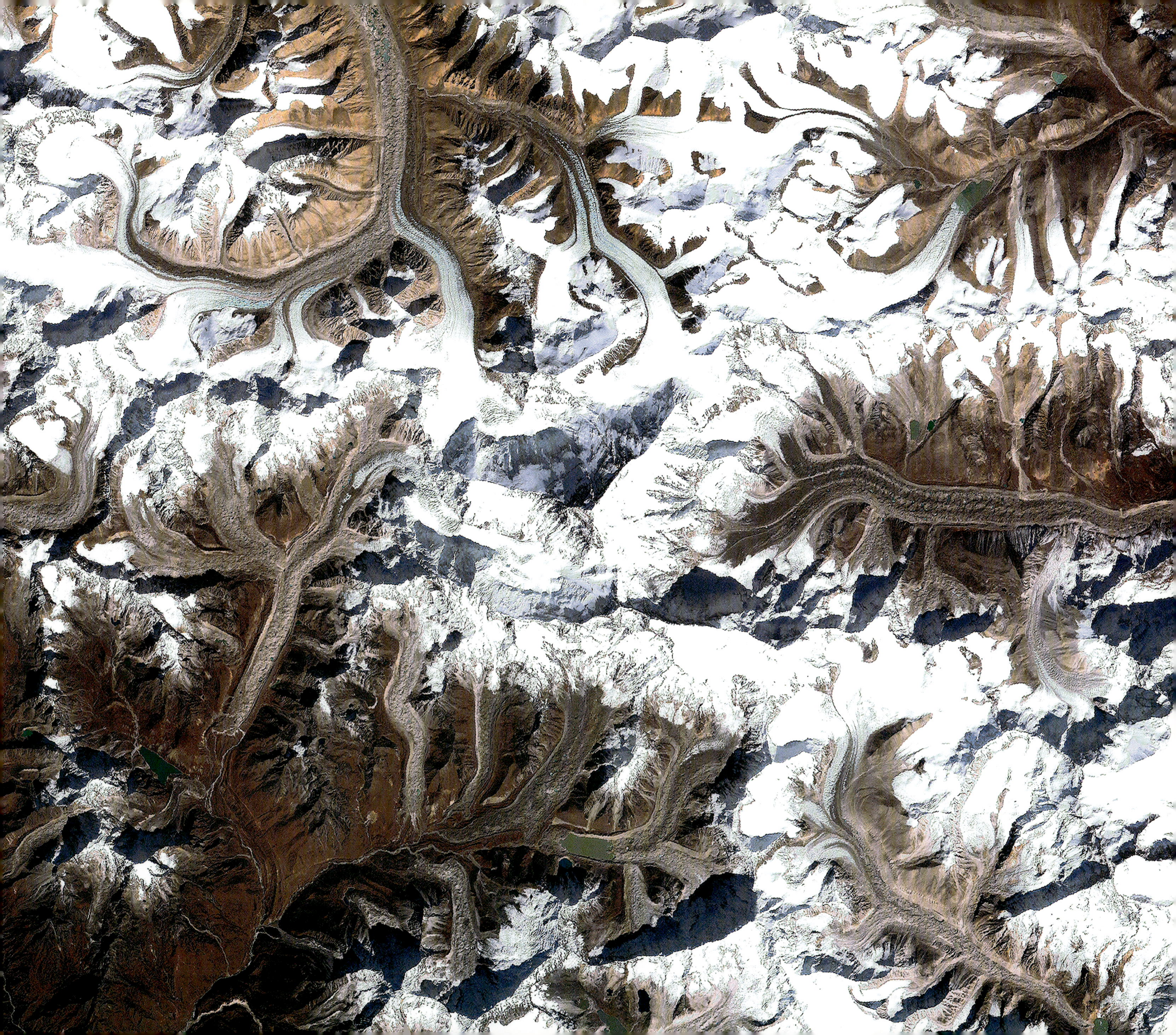

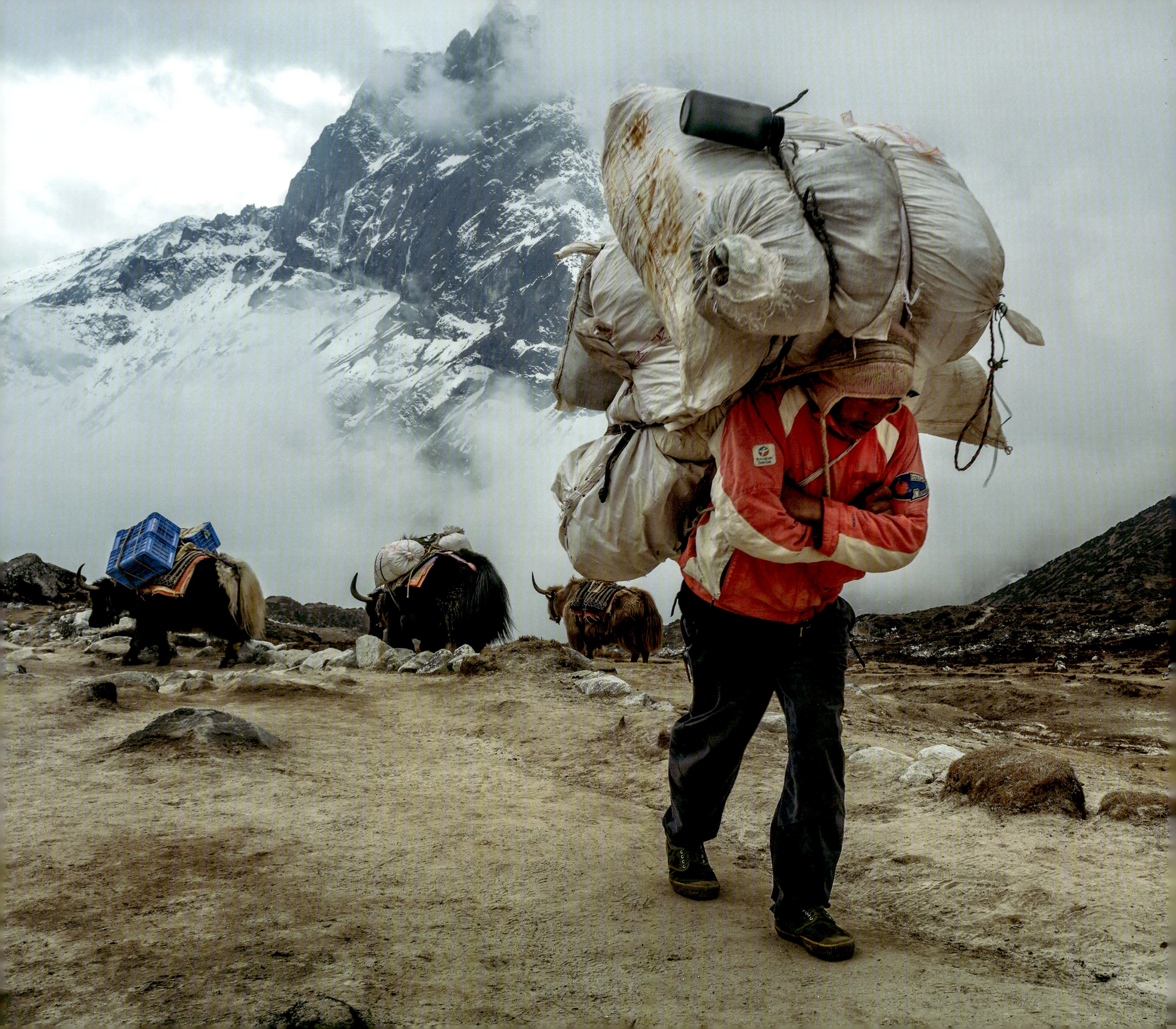

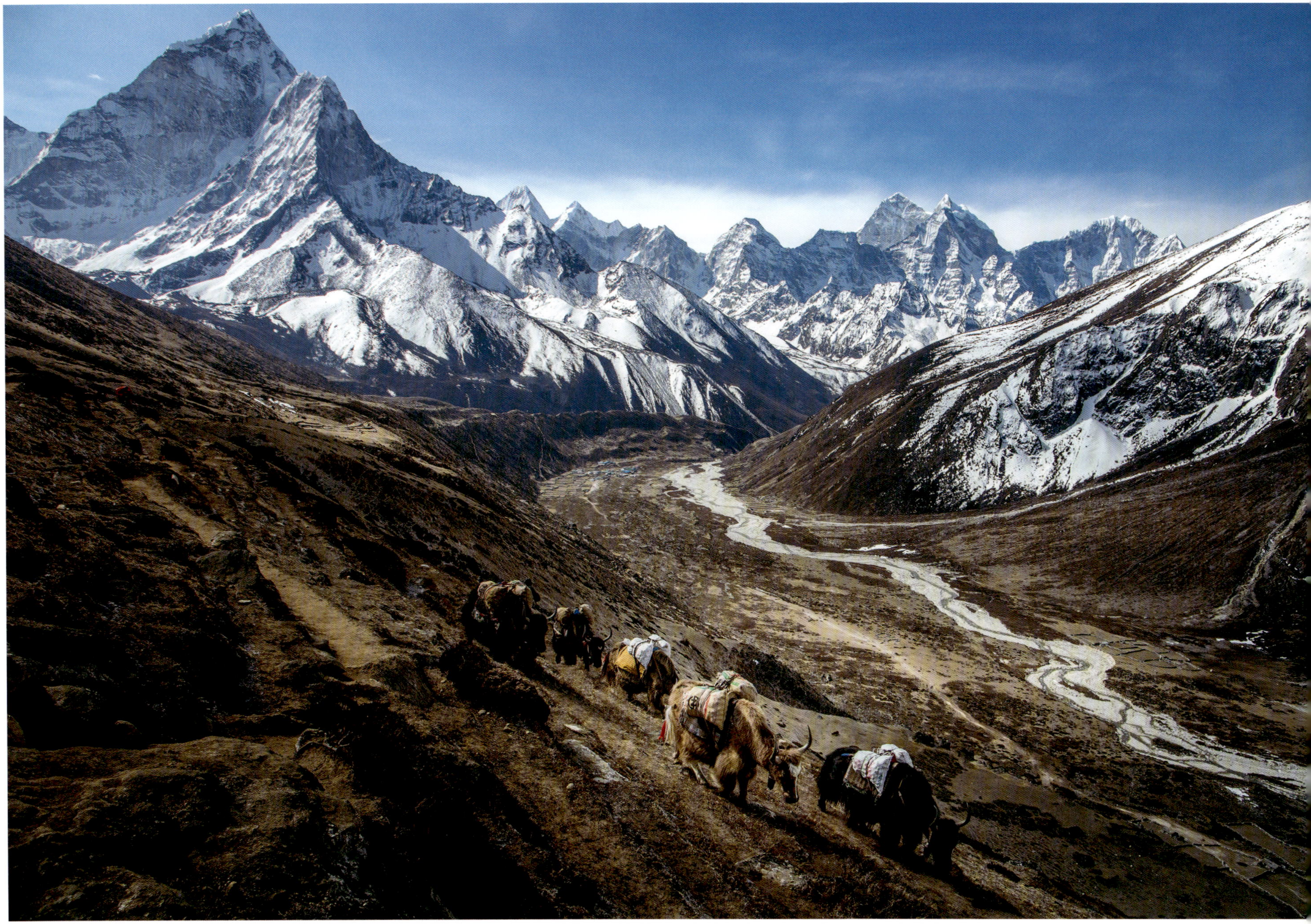

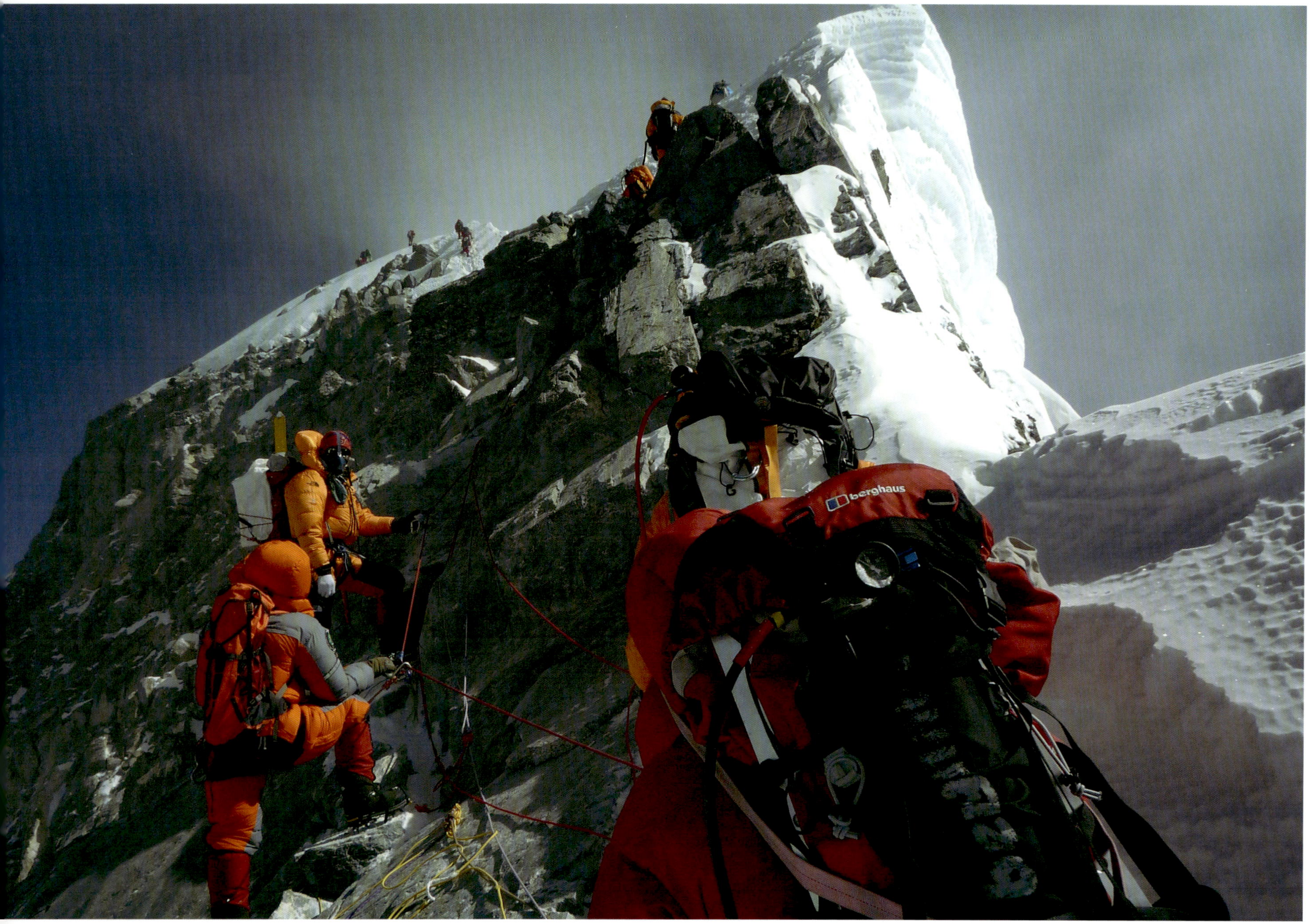
berghaus

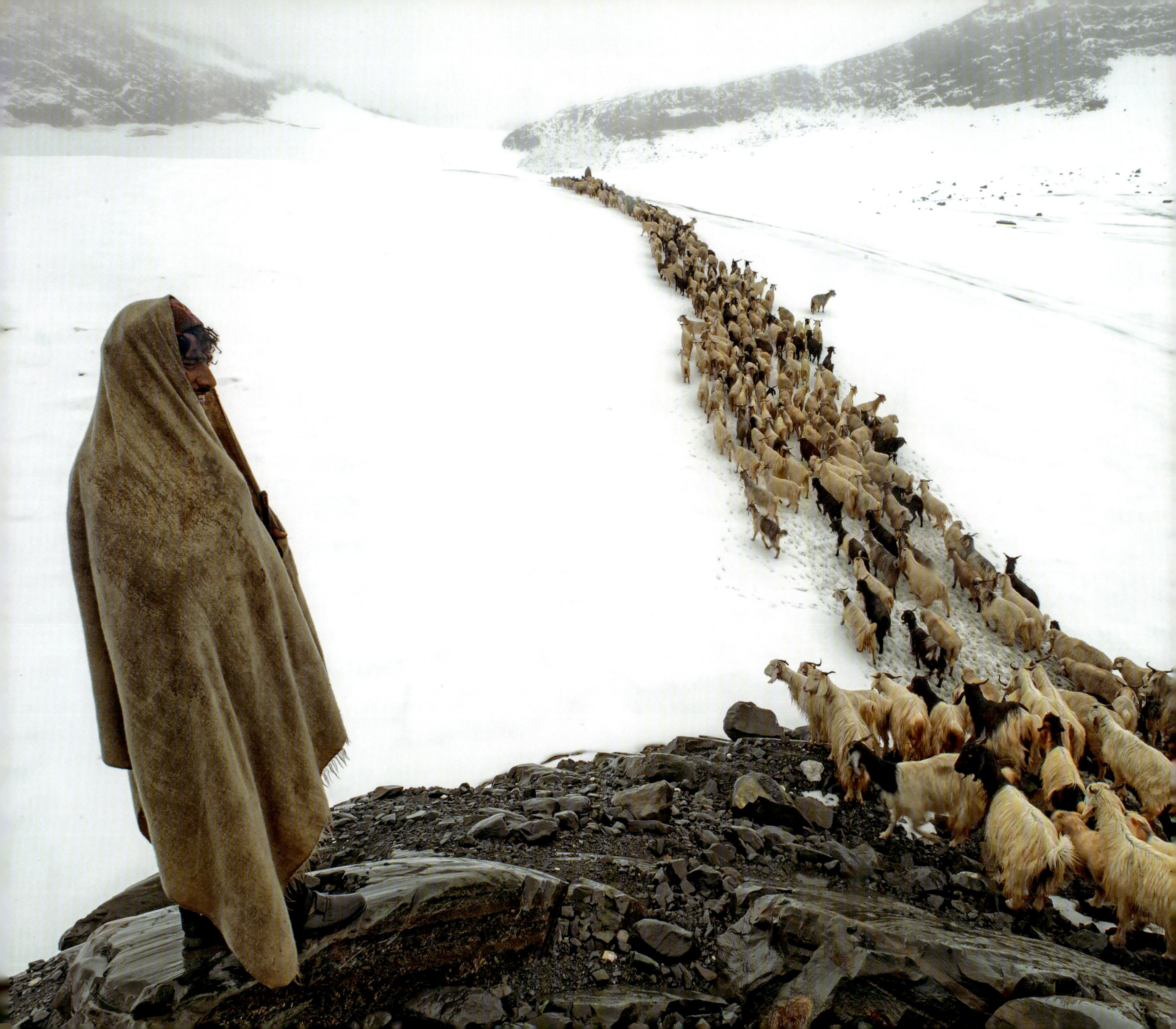

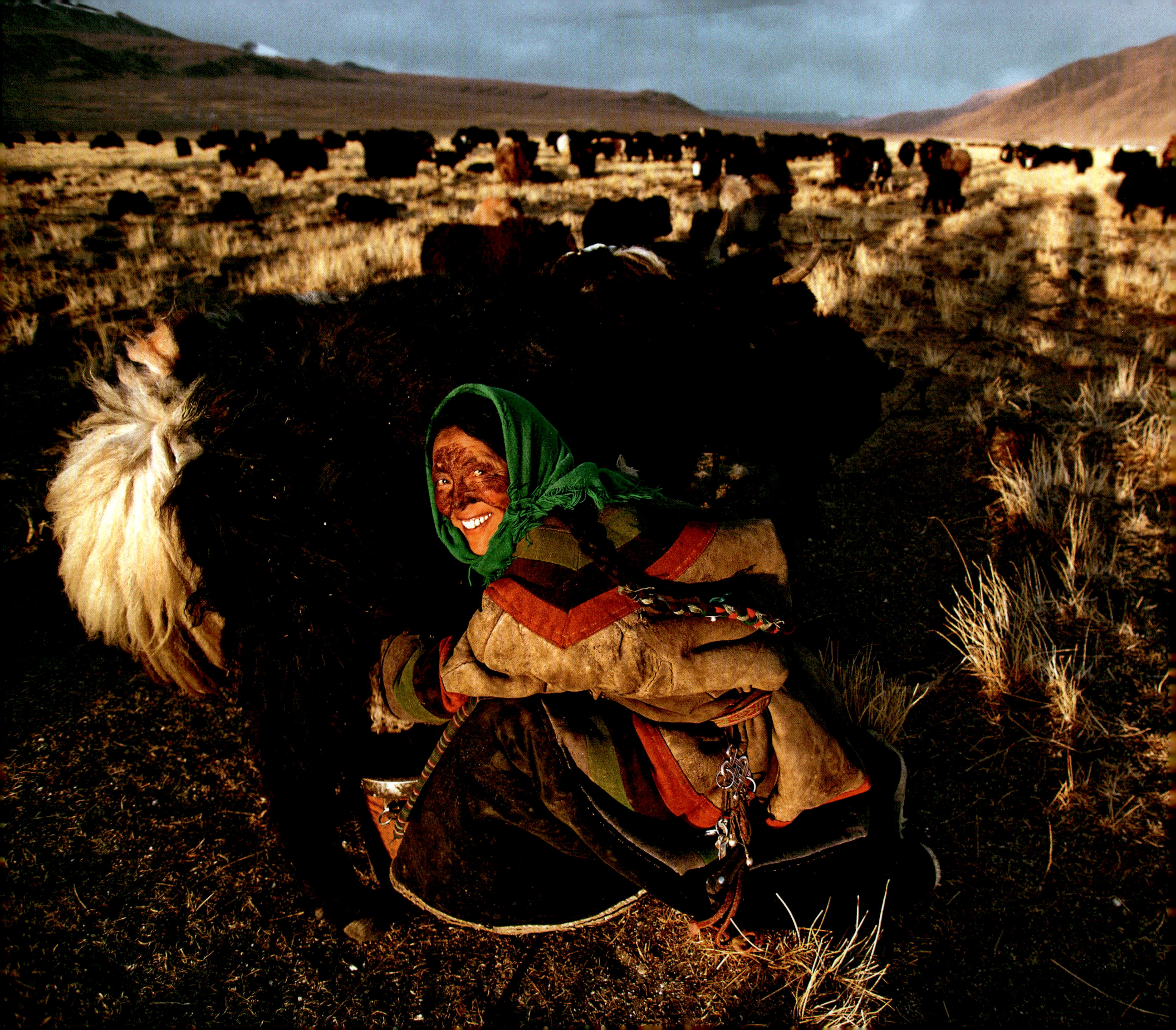

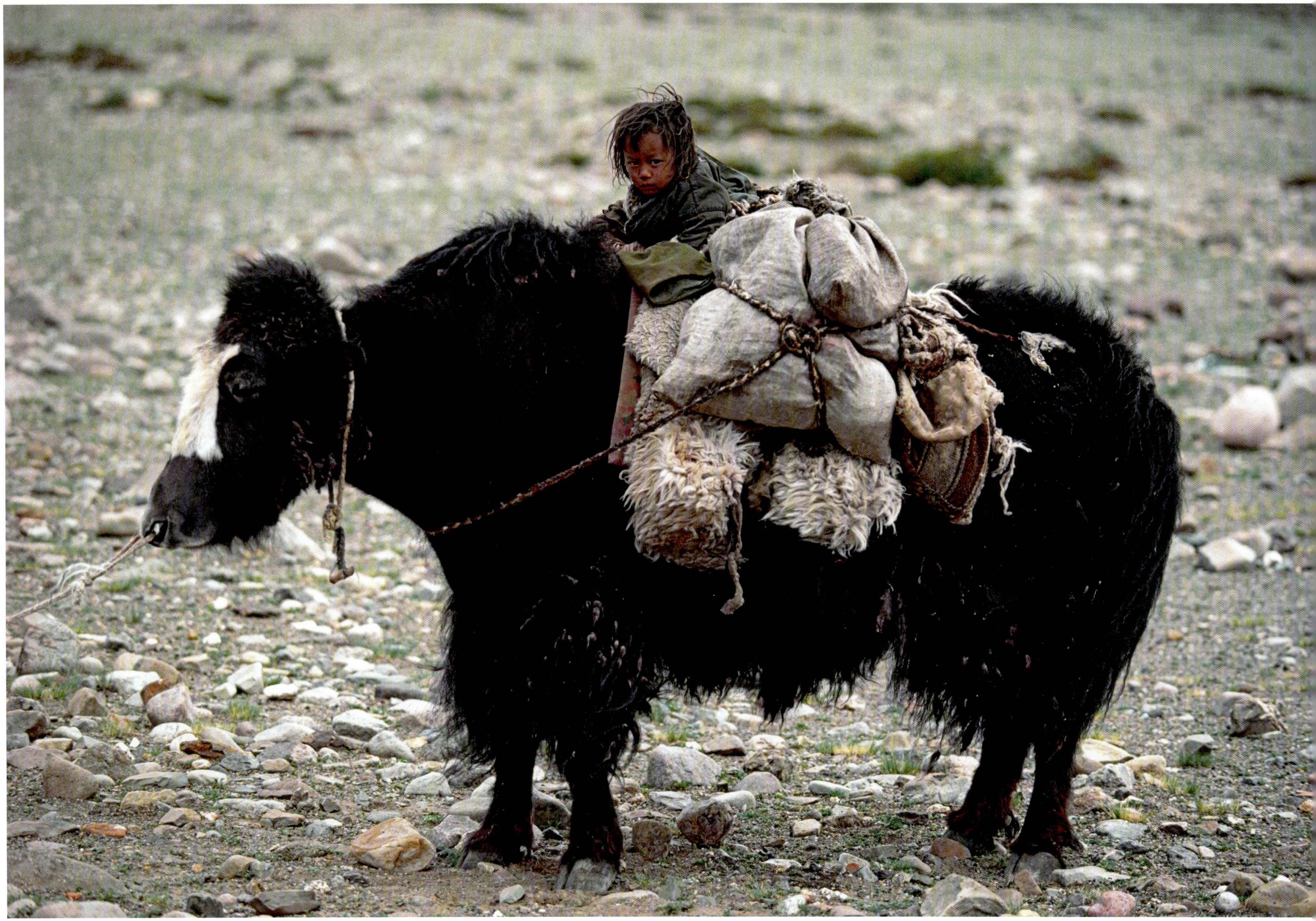

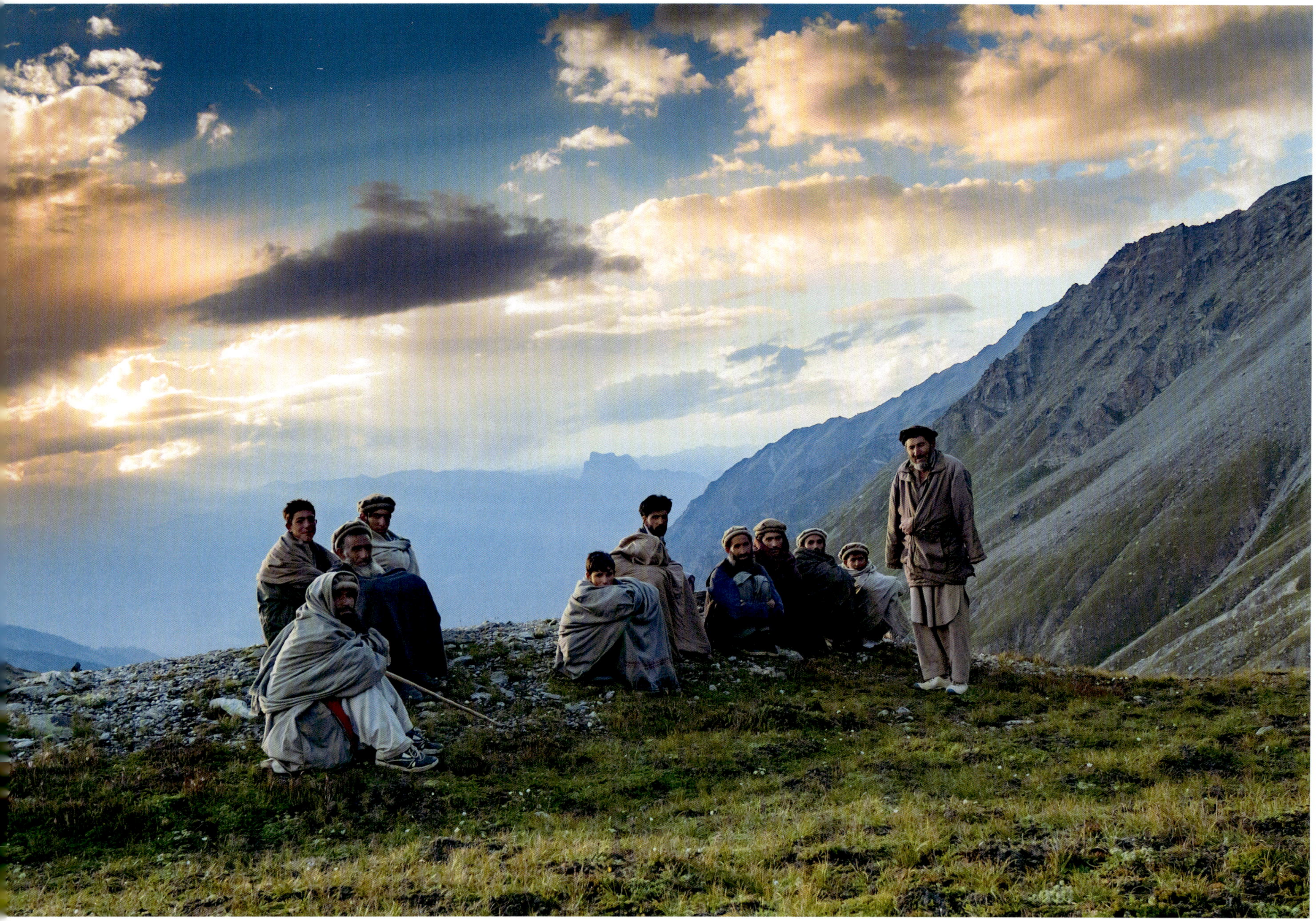

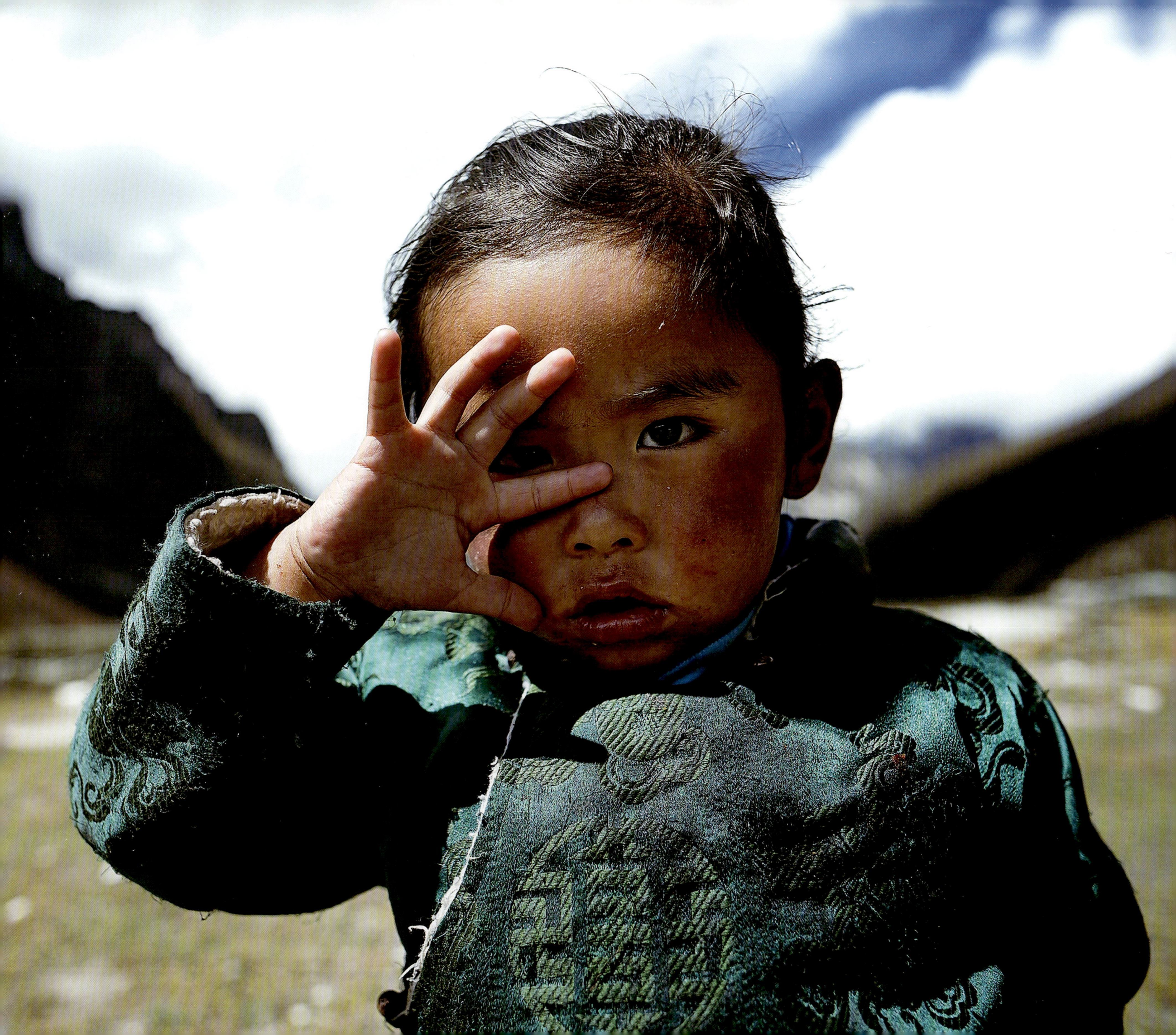

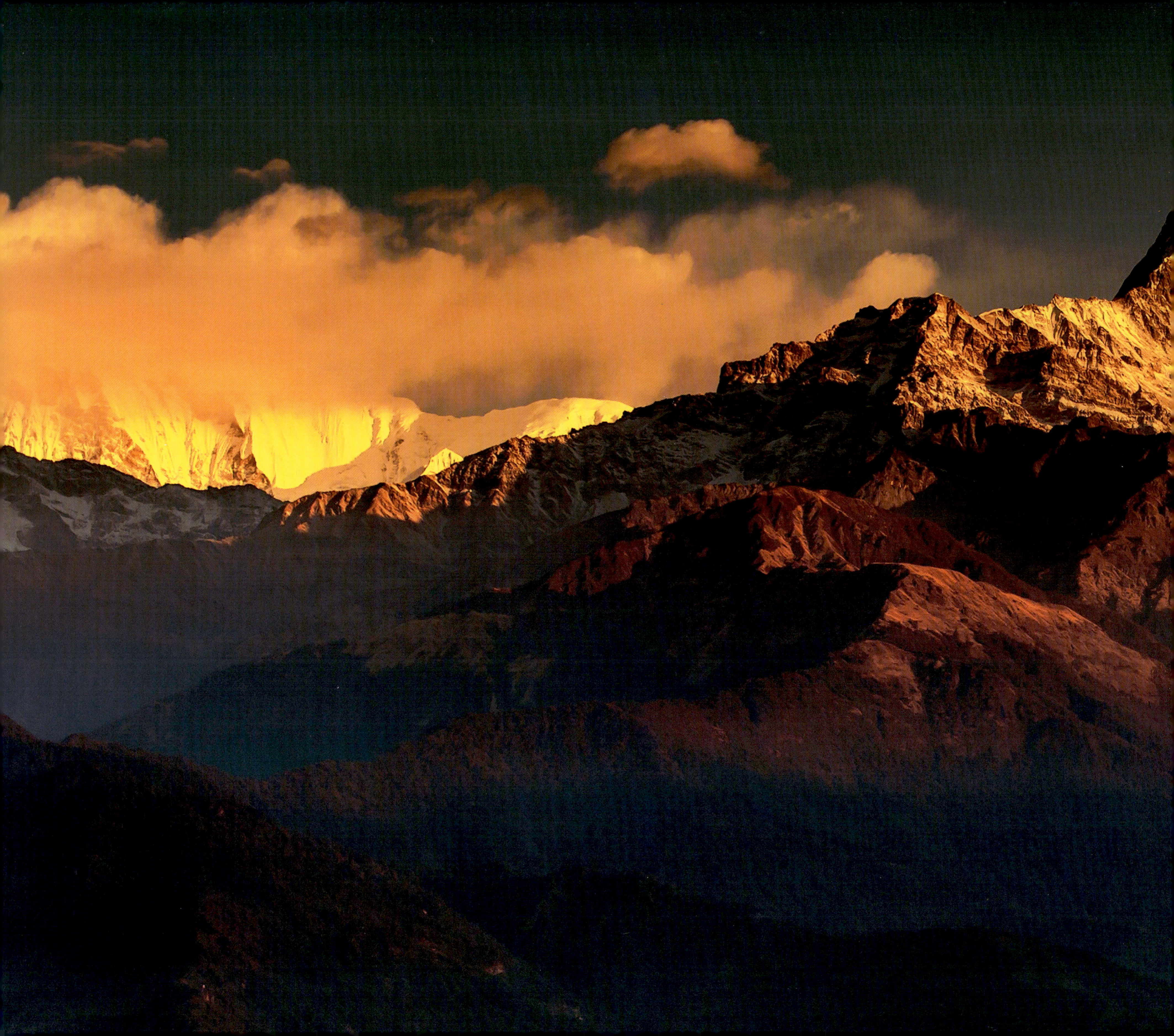

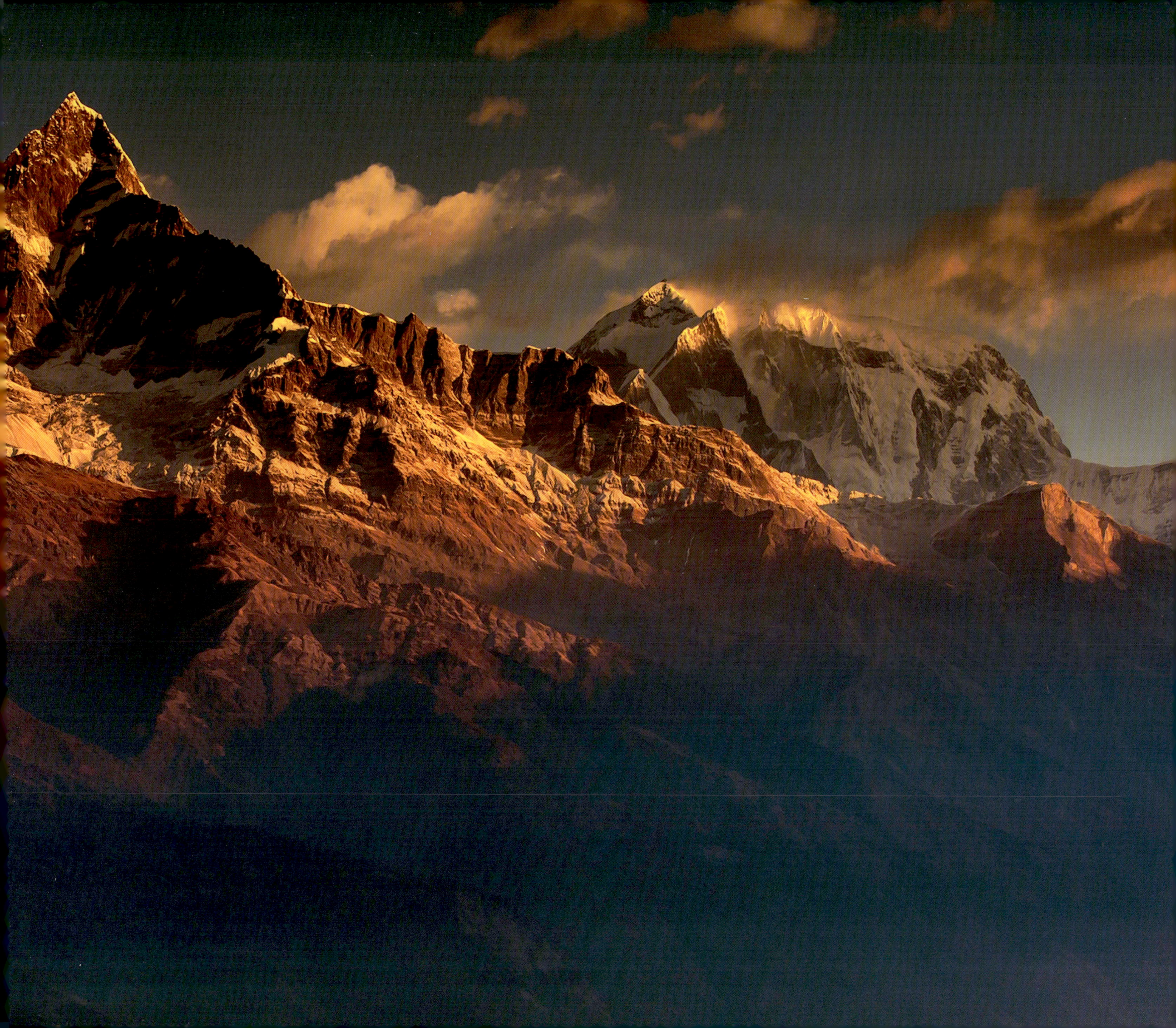

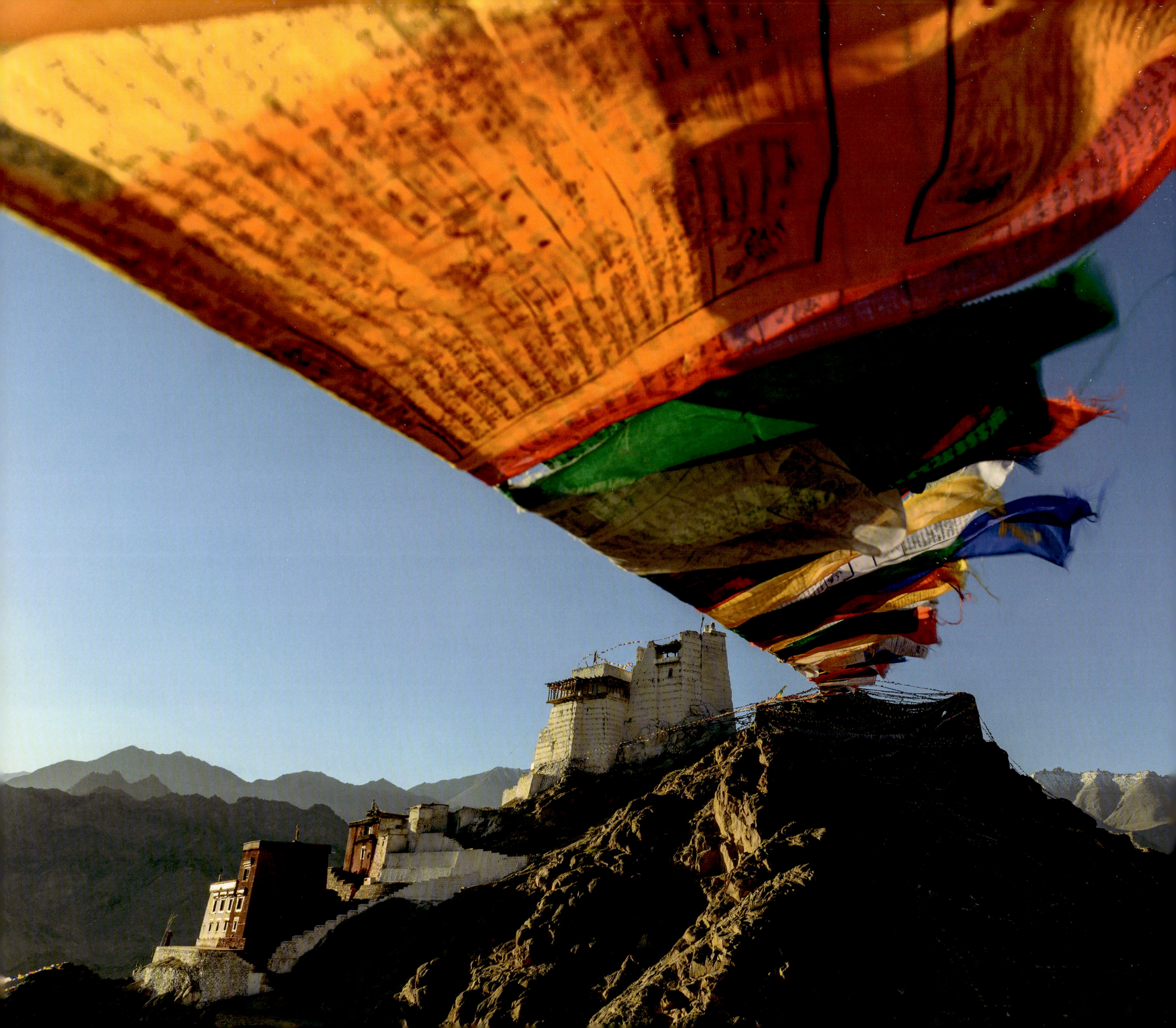

HEILIGE BERGE

„In Verbis, in Herbis, et in Lapidibus est Deus – In Worten, in Kräutern und in Steinen ist Gott."
(Alchemistenweisheit, 16. Jh.)

Das Gebirgspanorama, dessen Gipfel im Abendlicht leuchtet, ist der 6997 Meter hohe Machapuchare im Himalaya (S. 44/45). Er gehört zu den Bergen, deren Gipfel noch kein Mensch betreten hat, weil er für Buddhisten und Hindus ein heiliger Berg ist. Während die Geschichte des Alpinismus erst 200 Jahre alt ist, sind seit Menschengedenken für die Gläubigen vieler Religionen die Berge der Sitz ihrer Götter – die sie anbeten, von denen sie Fruchtbarkeit und Seelenheil erhoffen und deren Zorn und Gewalt sie fürchten. Zu diesen heiligen Bergen gehört auch der sagenumwobene 6638 Meter hohe Kailash, den die Tibeter „Juwel des Schnees" nennen.

Eine Pilgerreise zum Kailash ist das Ziel jedes Buddhisten. 52 Kilometer beträgt der Pilgerweg um den Kailash. Ein beschwerlicher Weg, der bis zu einer Höhe von 5600 Metern führt und der den Pilgern die Reinigung ihrer Seele verspricht. In den peruanischen Anden steigen jedes Jahr Tausende katholische Pilger zu Fronleichnam bei Eis und Schnee in eine Höhe von 5000 Metern, um Kreuze aufzurichten, zu beten und gemeinsam das „Fest des Schneesterns" zu feiern.

Kailash, Sinai, Jabal al-Nour, Fuji, Croagh Patrick, Kilimandscharo – in den Pilgerreisen und Wallfahrten zu diesen heiligen Bergen verbinden sich bis heute die Traditionen der Weltreligionen mit dem Brauchtum der Naturreligionen. Anders als in den monotheistischen Religionen erscheinen die Götter den Menschen in den Naturreligionen in Gestalt der für sie lebenswichtigen Berge, Tiere und Pflanzen – und die Namen ihrer heiligen Berge verherrlichen die Schönheit und Kraft der Natur.

„Weißer Berg" nennen die Massai und Chagga ihren heiligen Berg – den Kilimandscharo. Aber ihn und viele andere heilige Berge beraubte man in der Zeit des Kolonialismus ihrer göttlichen Namen und benannte sie nach Landvermessern, Bergsteigern, Generälen, Politikern. So wurde der Kilimandscharo während der deutschen Kolonialzeit in „Kaiser-Wilhelm-Spitze" umbenannt. Diesen Namen trug er bis zur Unabhängigkeit Tansanias – erst 1961 erhielt er den Namen „Uhuru-Peak": „Freiheitsspitze".

Menschen ersetzten aber in ihrer Geschichte nicht nur die göttlichen Namen heiliger Berge durch menschliche, sondern setzten auch auf ihre Gipfel gigantische Denkmale für Pharaonen, Könige und Heerführer, die sich selbst zu Göttern erklärt hatten. Die vor 2000 Jahren errichtete Kultstätte Nemrut Dağı im Taurusgebirge in 2150 Metern Höhe war so gigantisch, dass man sie lange für ein Monument des biblischen Königs Nimrods hielt, der den Turm von Babel errichten ließ.

In South Dakota wurden in den 1940er Jahren in die Felsen des Mount Rushmore 20 Meter hohe Porträts berühmter Präsidenten der USA eingemeißelt. Für die Lakota-Sioux ist dieses nationale Monument jedoch eine Entweihung ihres heiligen Berges, des Sitzes ihrer Götter und der Geburtsstätte ihres Volkes. Auch wenn diese monumentalen Skulpturen als „Schrein der Demokratie" verehrt werden, so verkörpern sie doch die Hybris und Selbstherrlichkeit des Menschen, der glaubt, er kann Bergen – die in Millionen Jahren entstanden sind und in denen jahrhundertelang ein Volk in Harmonie mit der Natur gelebt hat – sein Antlitz geben.

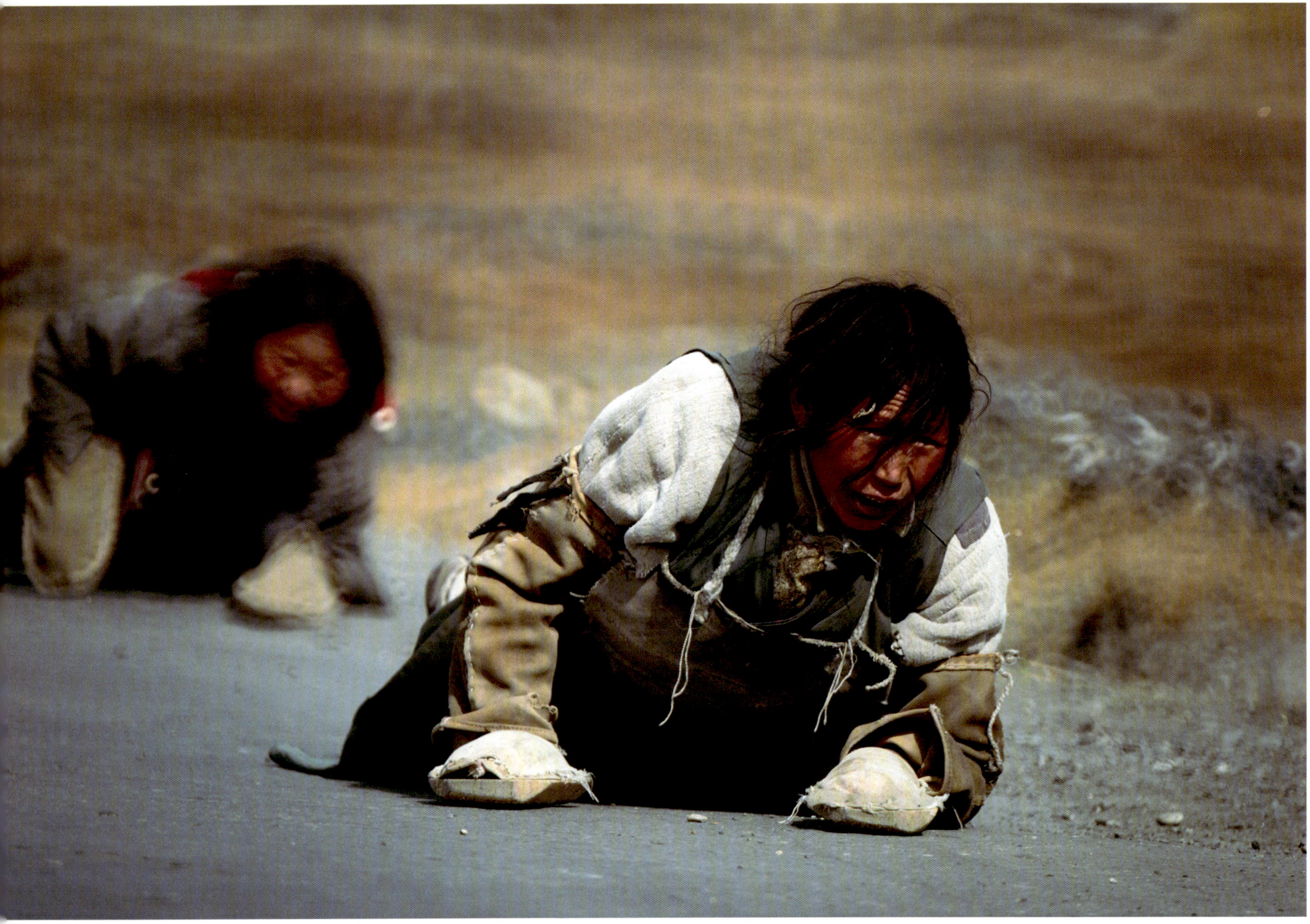

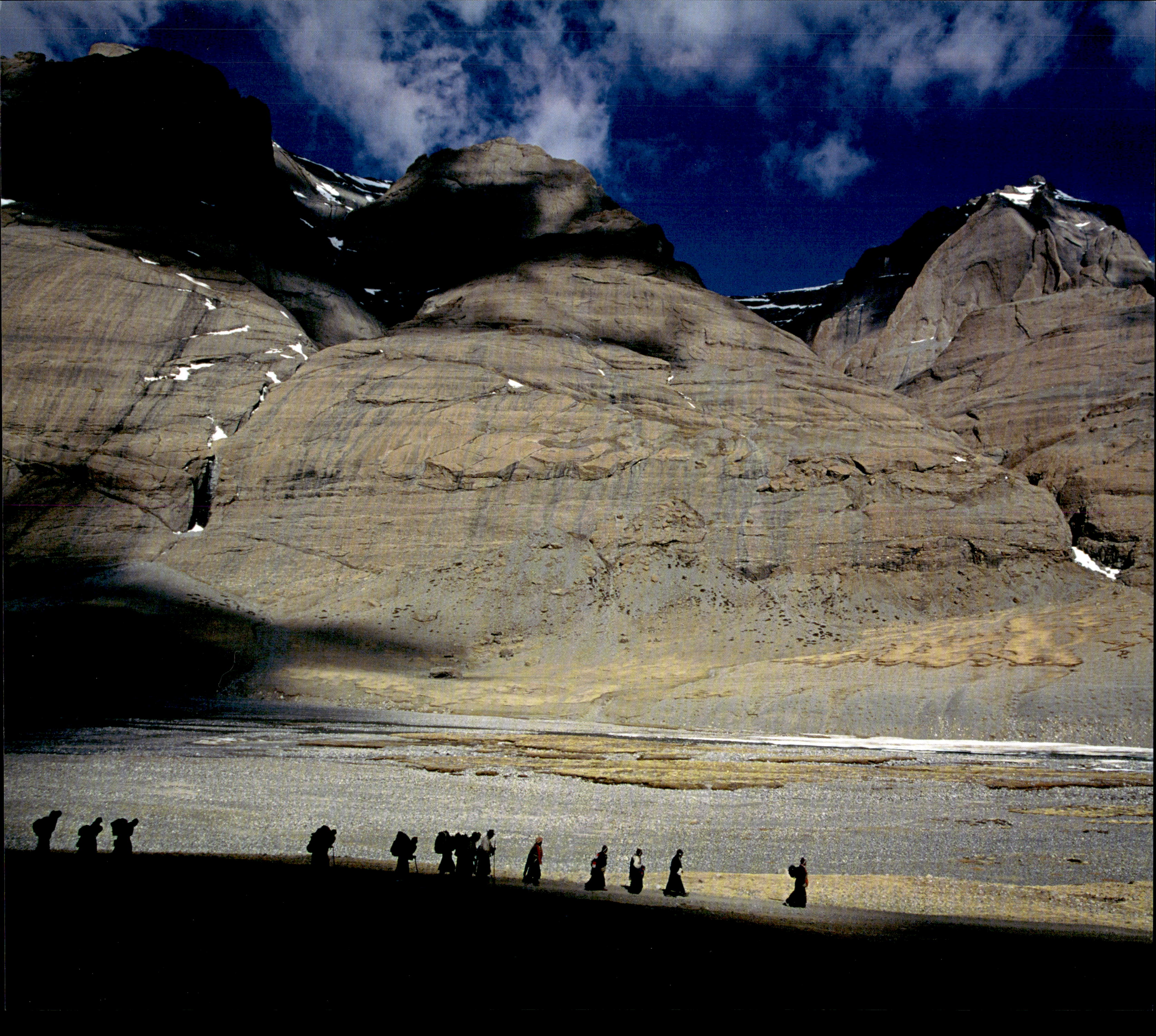

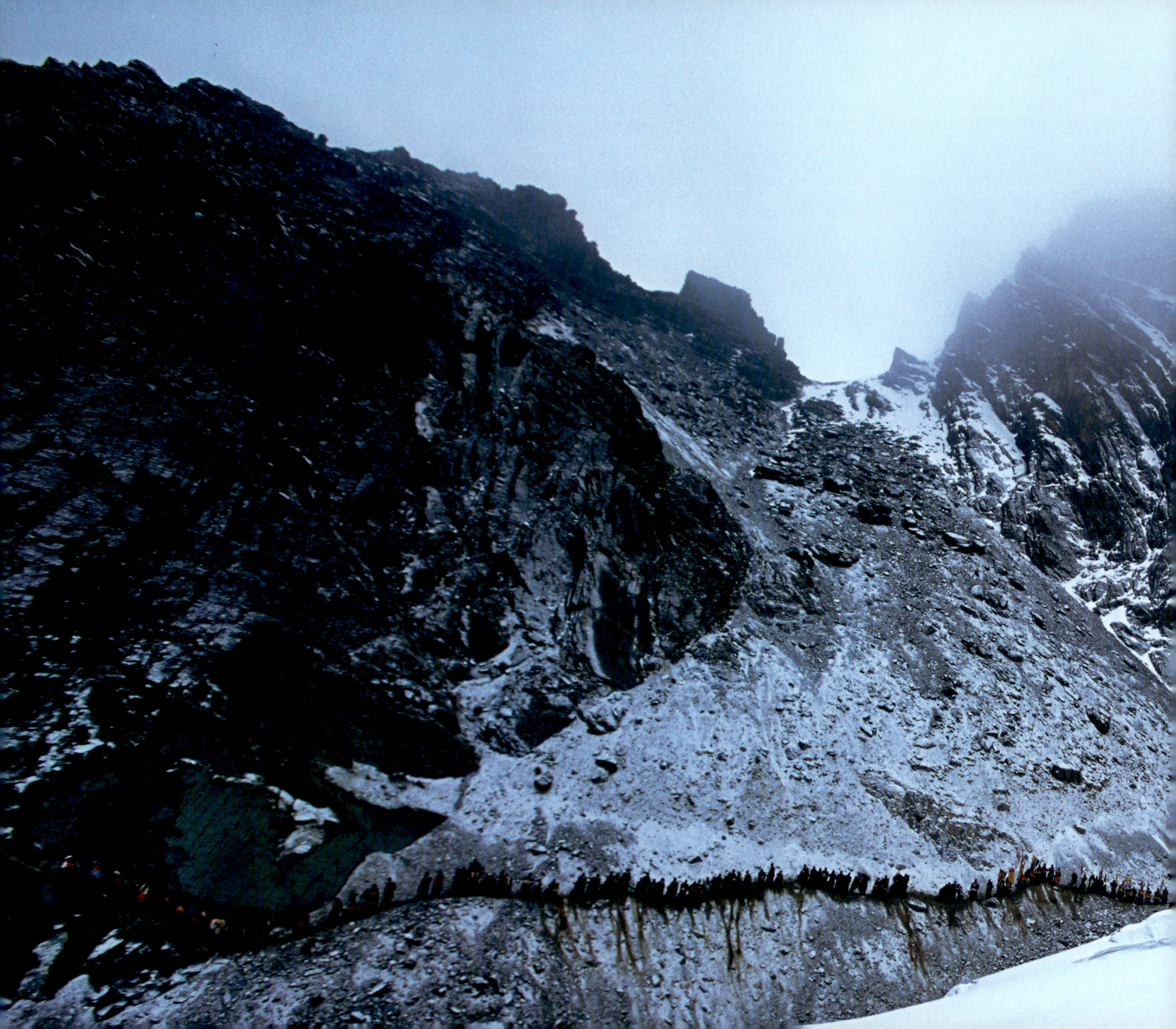

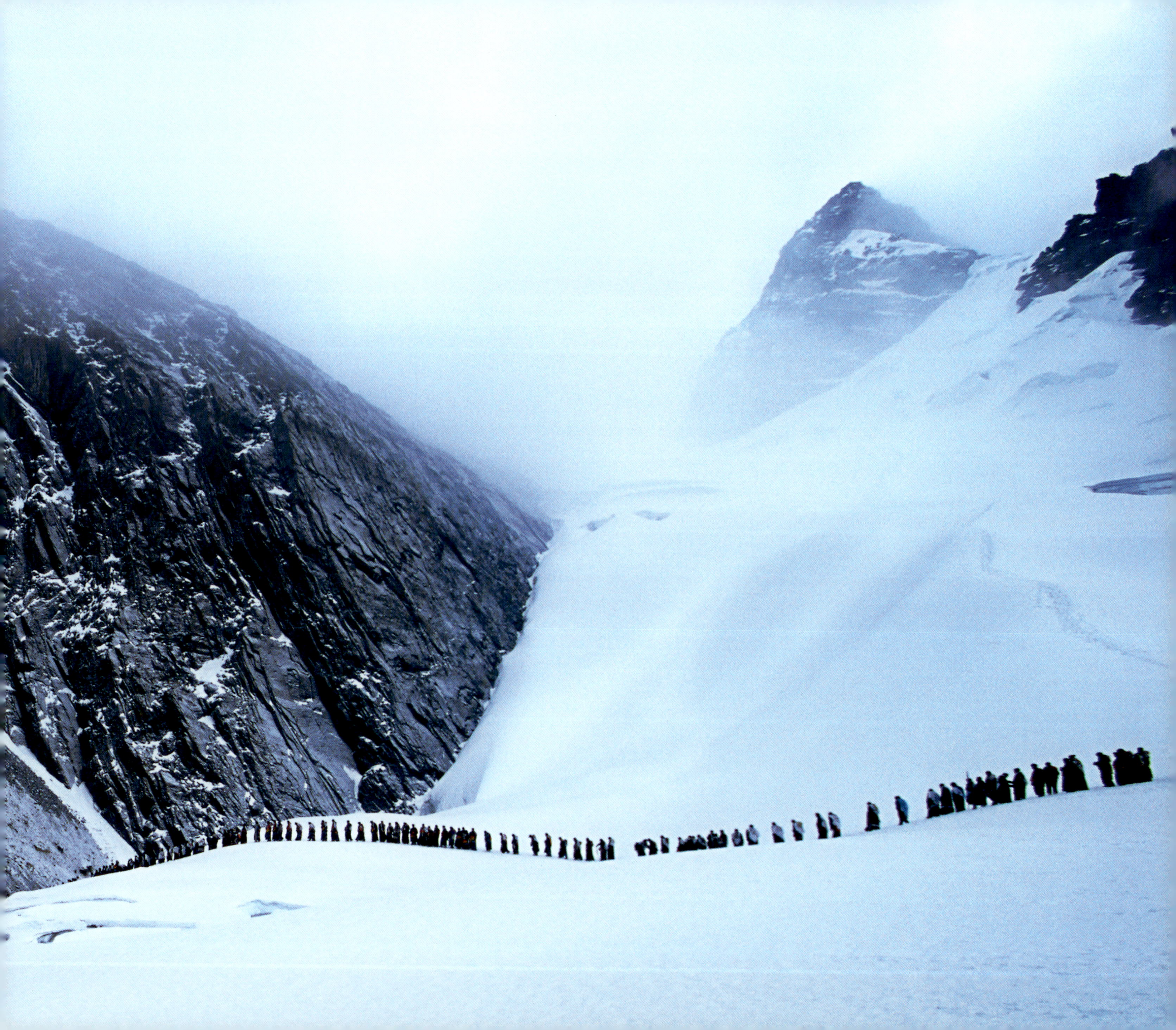

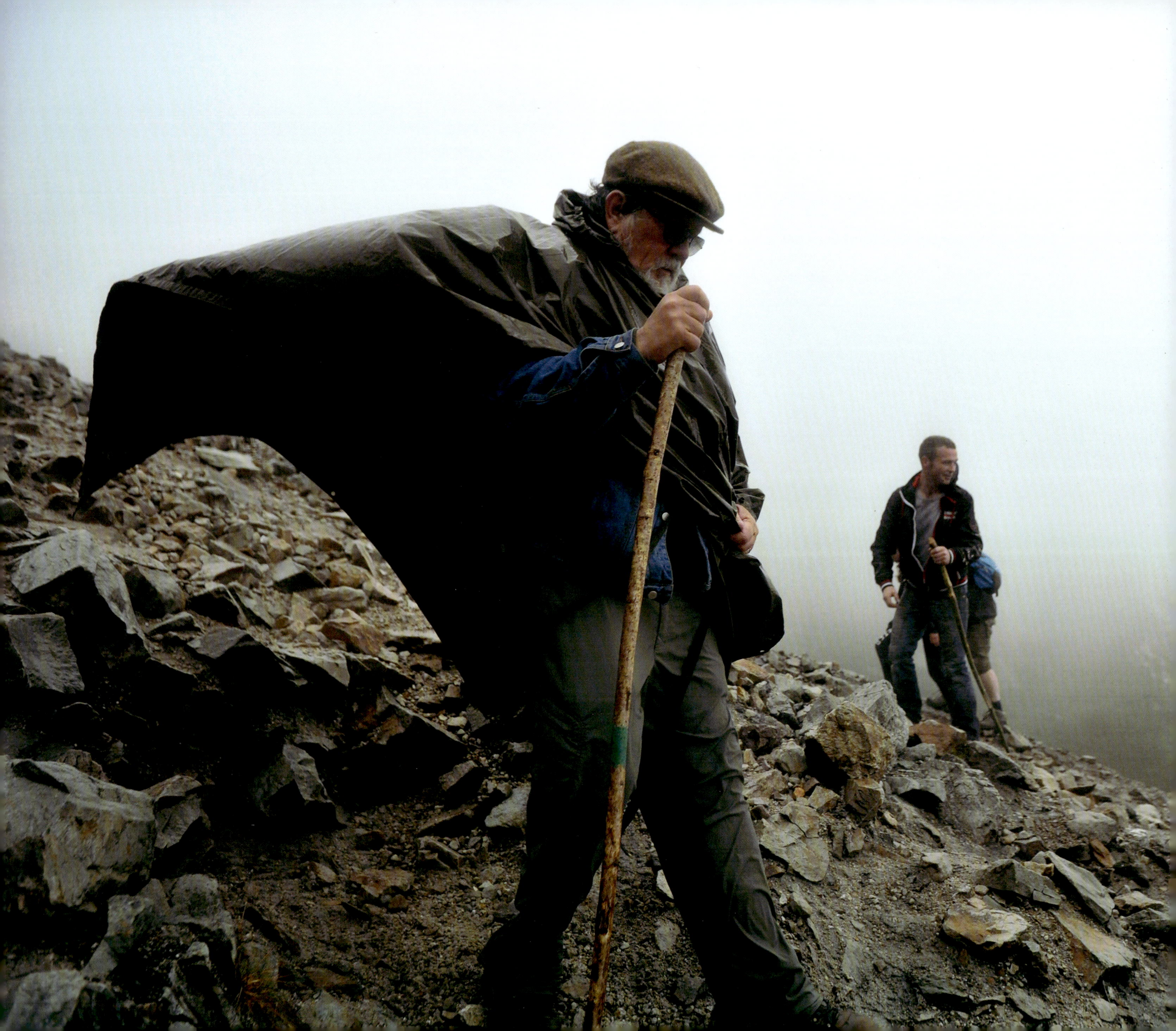

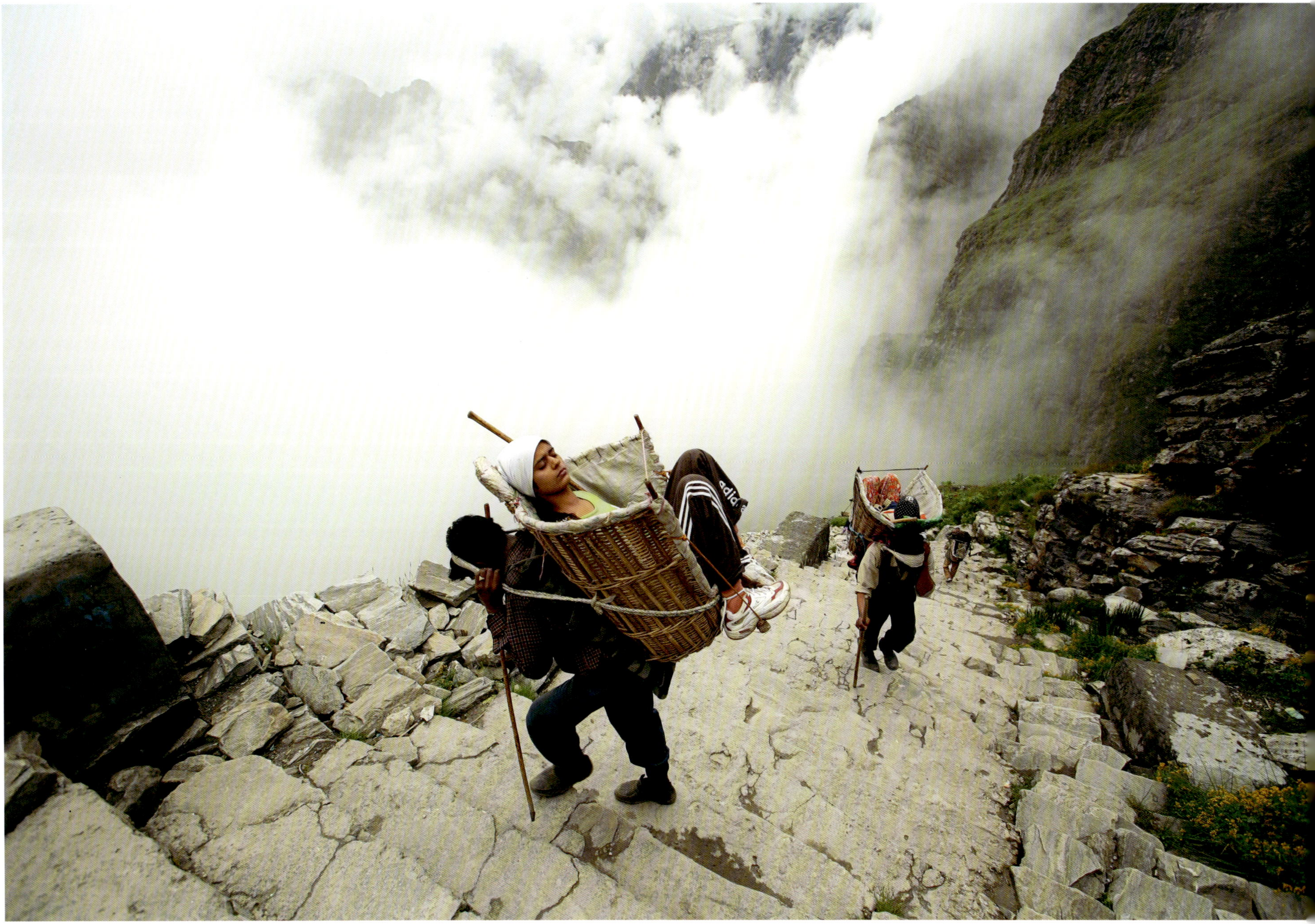

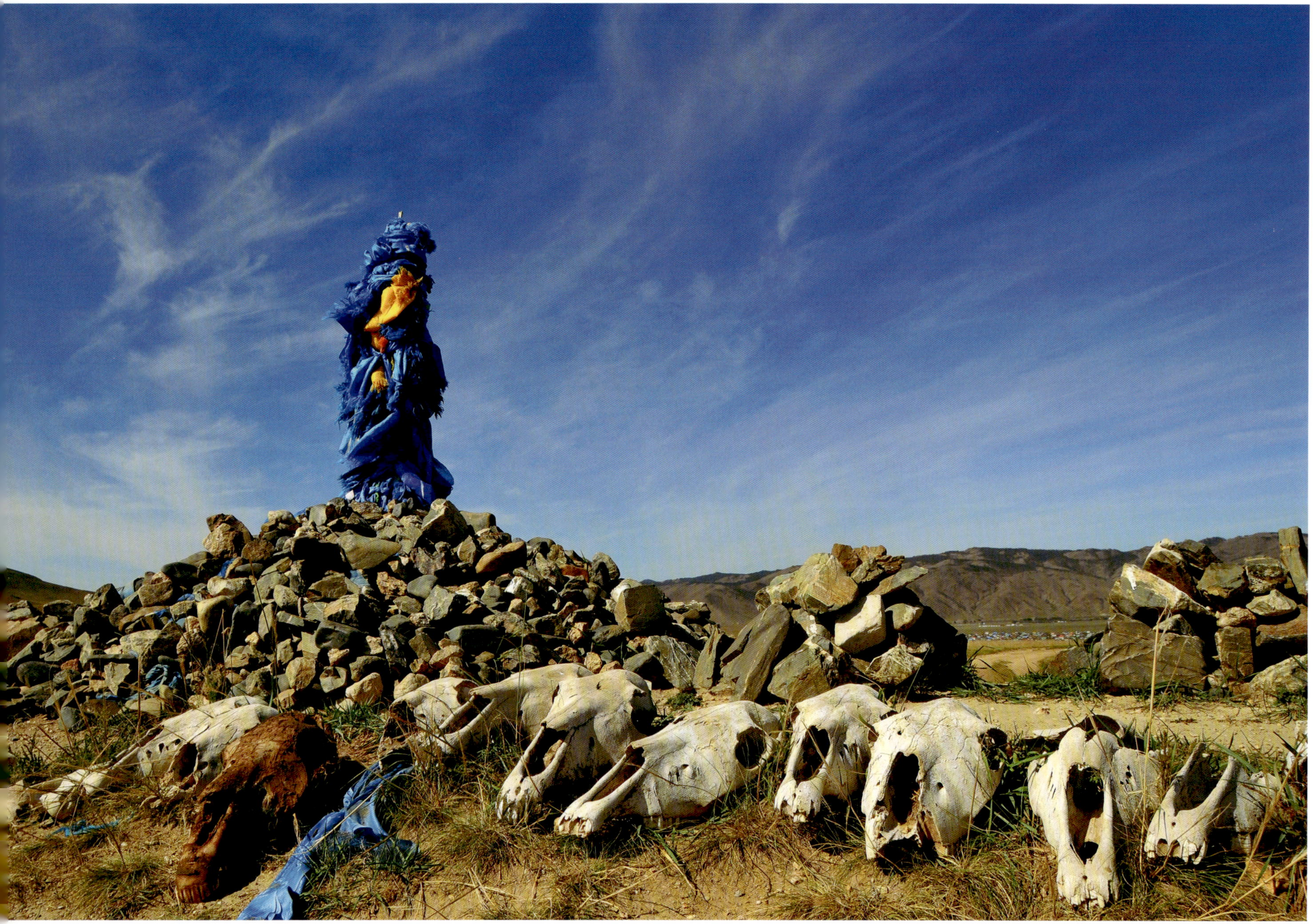

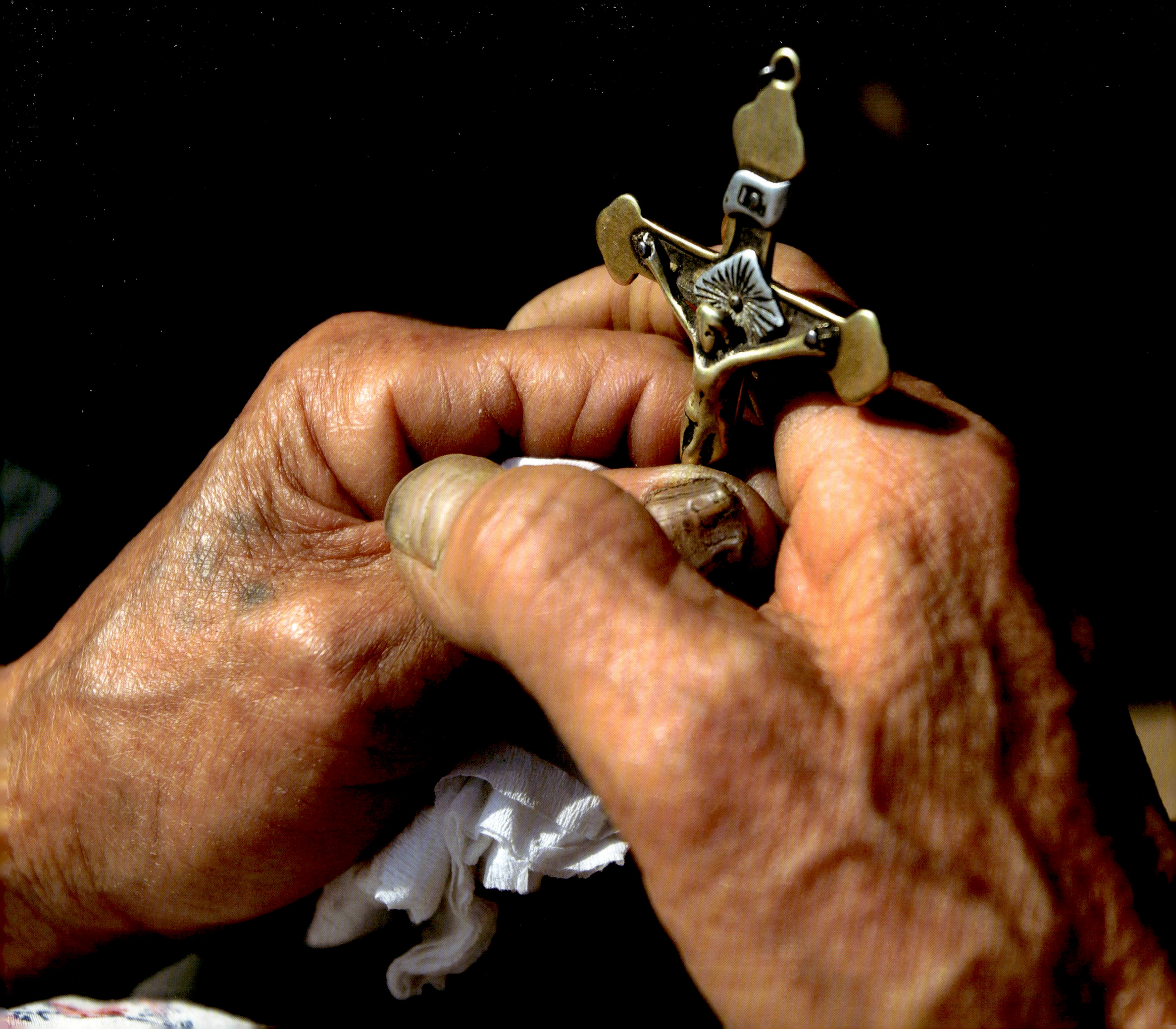

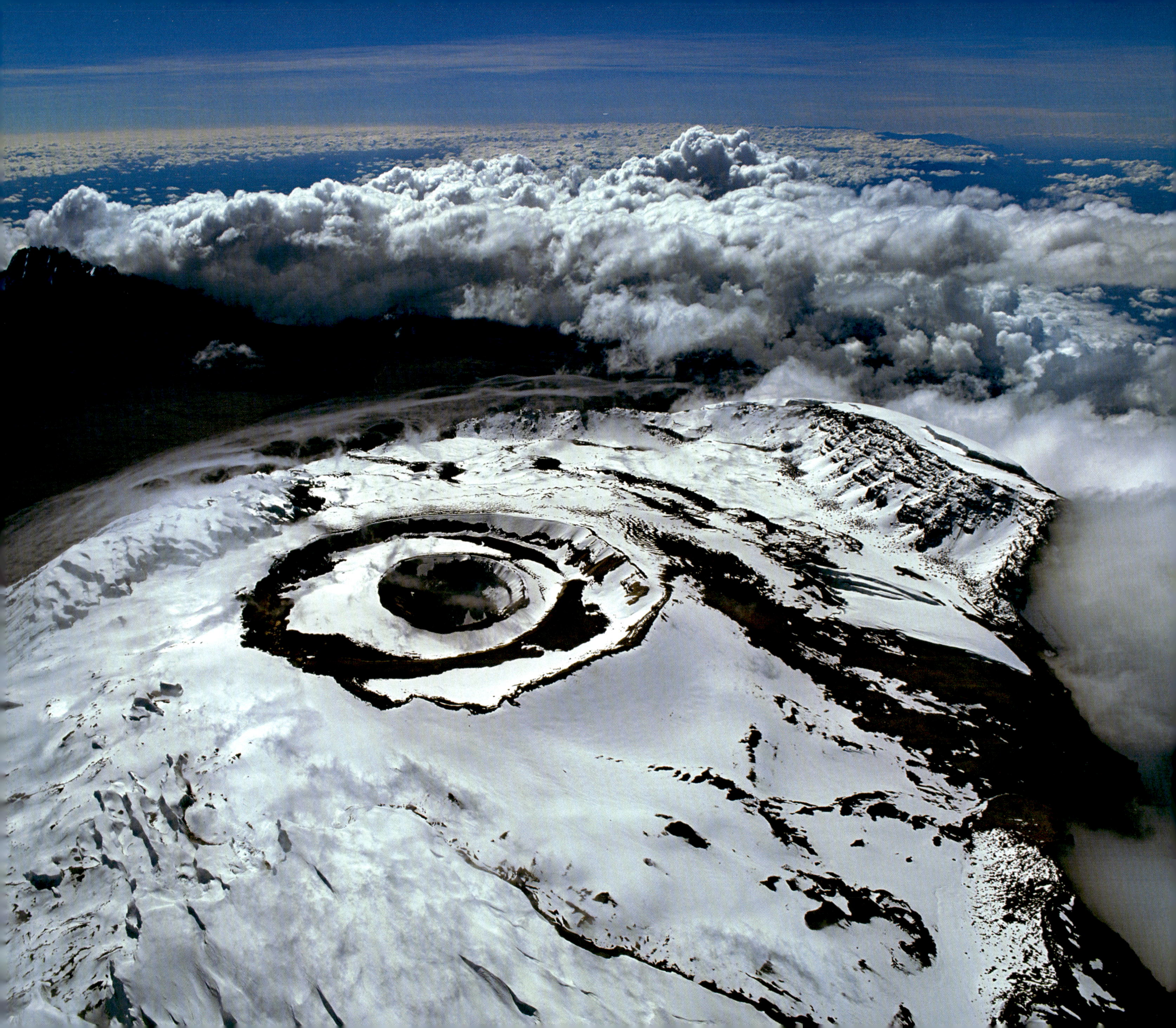

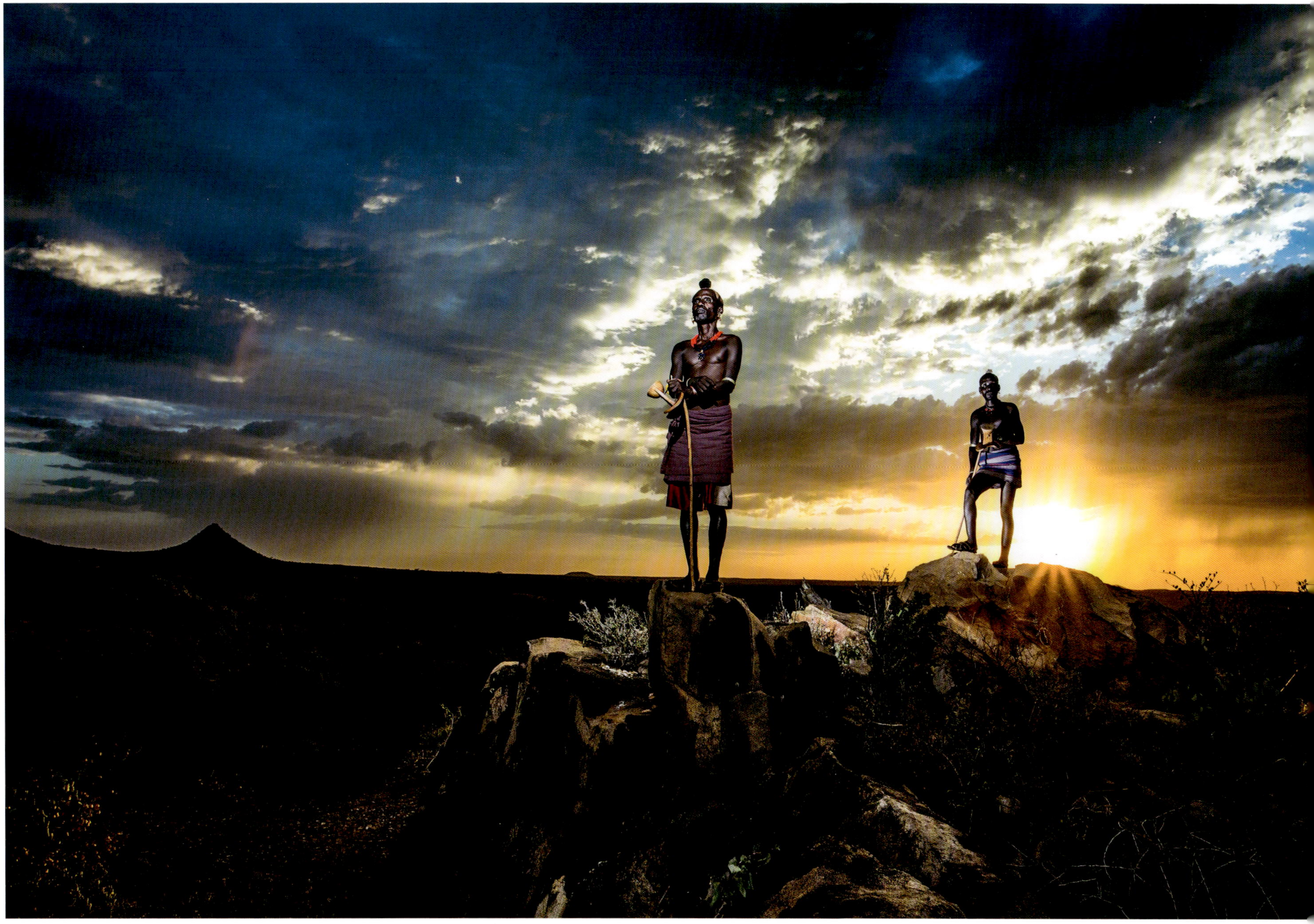

„Nicht nur Moses kommt mit den Zehn Geboten vom Berg Sinai herab, auch Mohammed meditiert
am Berg Nour und erhält dort von Allah die Erkenntnis, Buddha meditiert im Himalaya
und kommt dann mit seinen Schülern herab in die Täler, um seine Lehre vom Verzicht zu verbreiten.
Sie alle sind auf den Berg gestiegen, weil da oben die Übersicht klarer ist – als unten im Tal."
(Reinhold Messner)

„Es scheint, als schwänge man sich über der Menschen Aufenthalt hinauf und
ließe darin alle niedrigen und irdischen Gesinnungen zurück, als nähme die Seele, je mehr man
sich den ätherischen Gegenden nähert, etwas von ihrer unveränderlichen Reinheit an."
(Jean-Jacques Rousseau, 18. Jh.)

„Gott hat mich einen Platz finden lassen, wie er uns in der Einbildung vorschwebt.
Meine Hütte ist auf dem Gipfel so gelegen, dass ich die weite Ebene überschaue. Der Fluss
meiner Einöde, reißender als irgendeiner, den ich kenne, bricht sich an der Felswand
und wälzt sich schäumend in den Abgrund. Soll ich Dir beschreiben die befruchtenden Dämpfe,
welche aus dem bewegten Wasserspiele aufsteigen? Soll ich reden von dem lieblichen
Gesang der Vögel und der Fülle blühender Kräuter? Nie möchte ich einen anderen Ort mit
diesem vertauschen."
(Basilius der Große, 4. Jh.)

„Mein Lehrer war mein Geist, der Lehrer
meines Geistes war mein Auge, und der Lehrer meines Auges war der Berg."
(Hua Wang Lu, 16. Jh.)

„In unserer Zeit mit ihrer naturwissenschaftlichen Weltanschauung sollte ein
einsamer Augenblick in der Natur, wo die gesamte Evolutionsgeschichte in lebenden Bildern
dargestellt ist, der einzige Ersatz für einen Gottesdienst sein."
(August Strindberg, 19. Jh.)

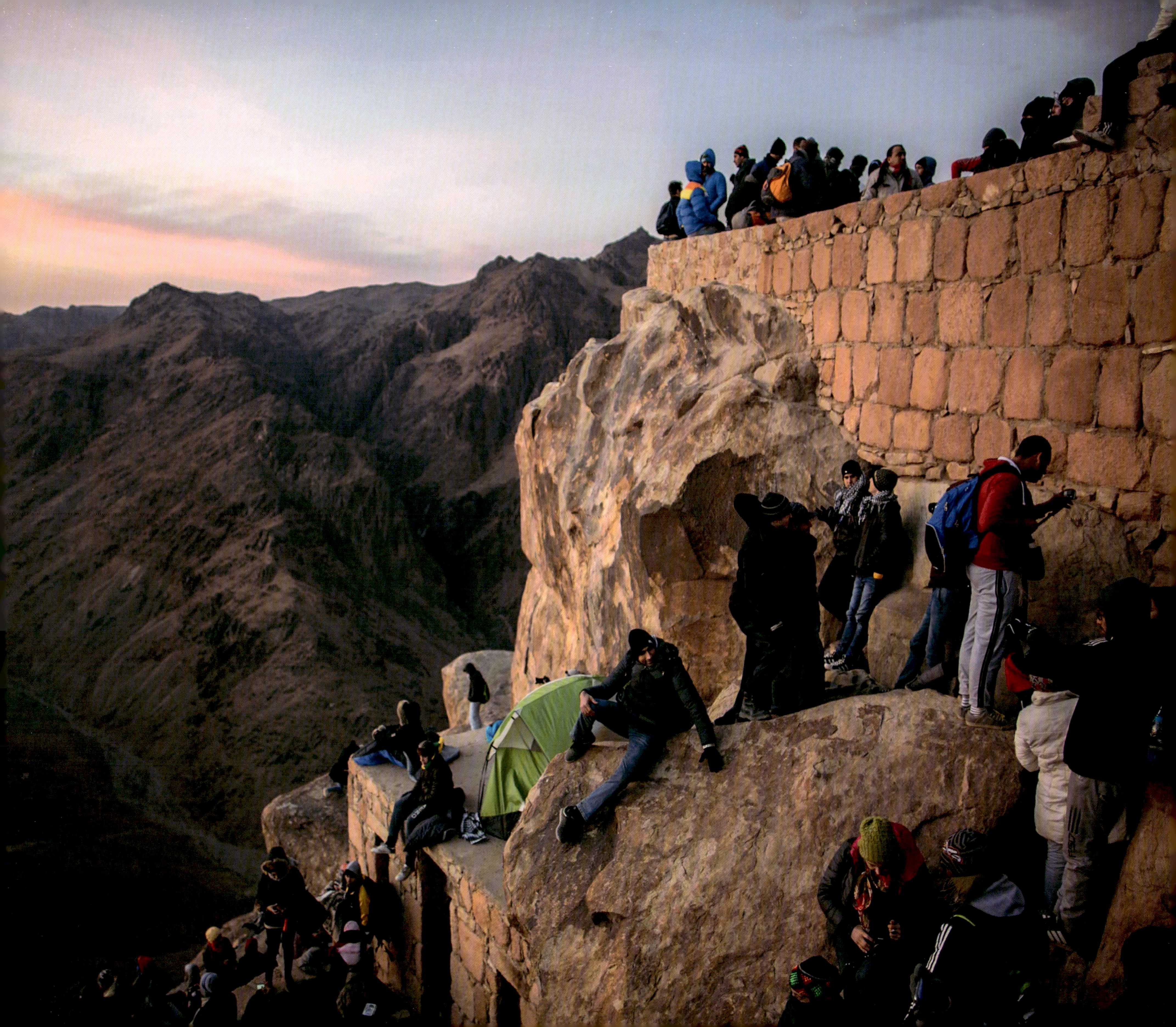

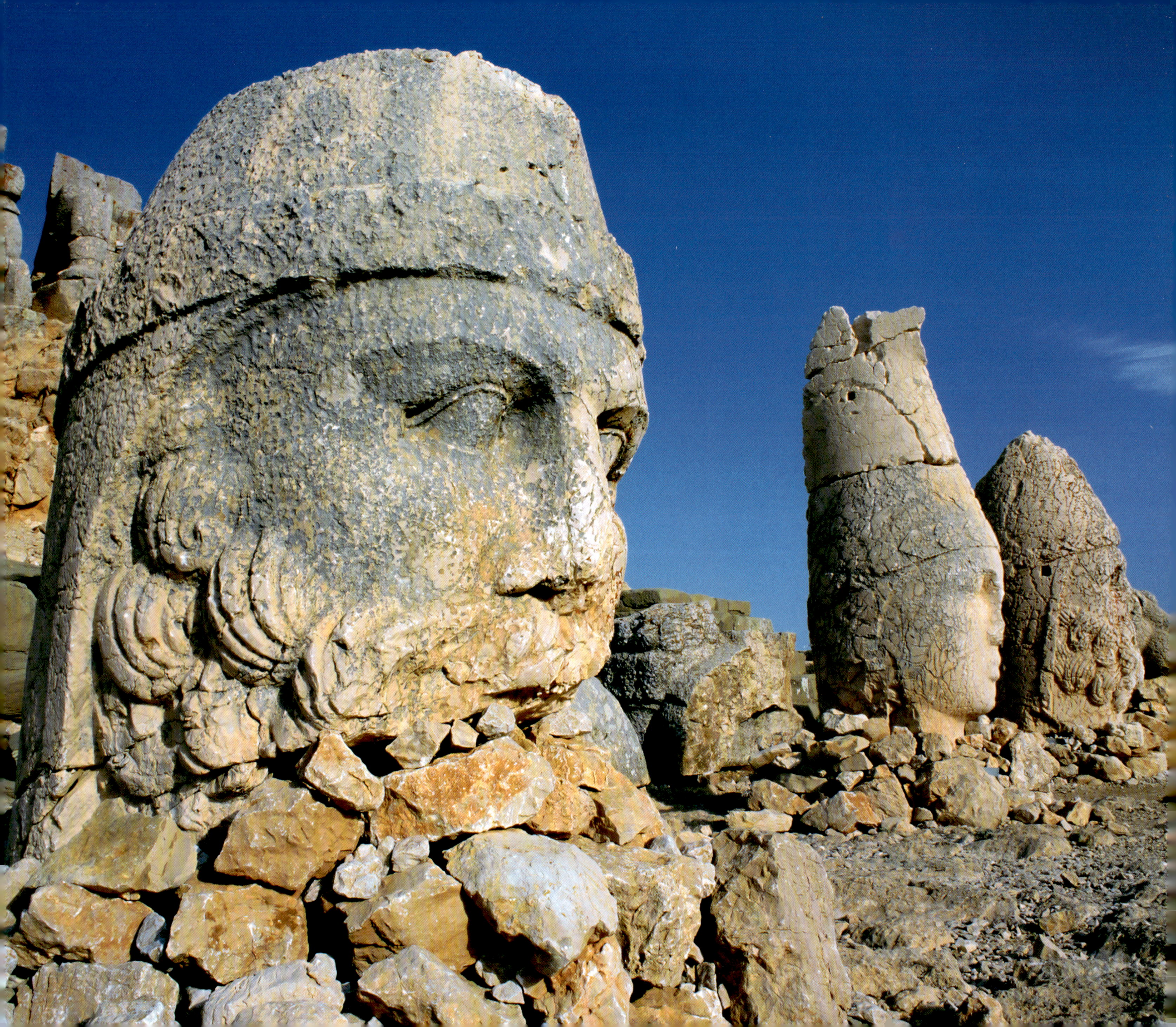

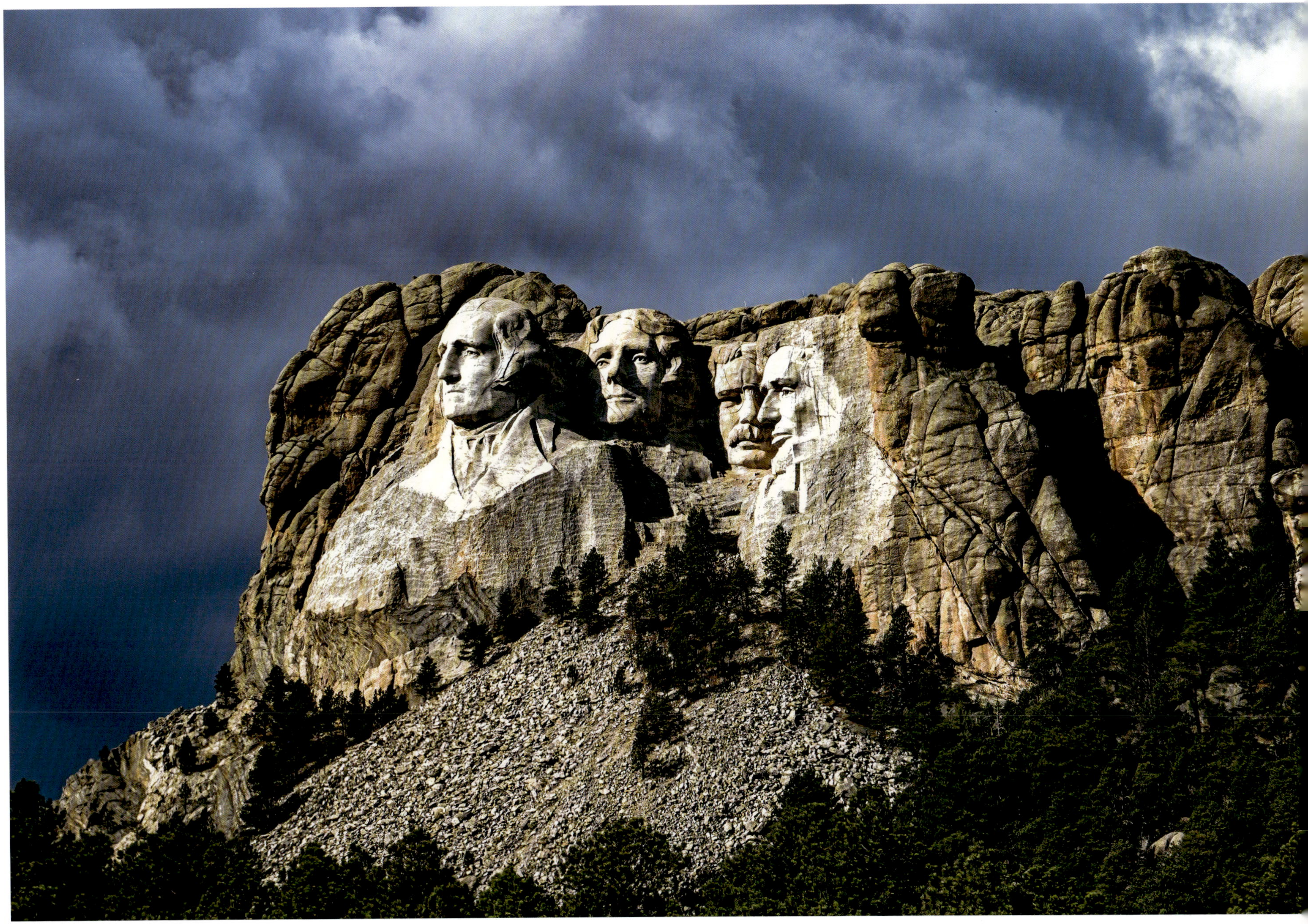

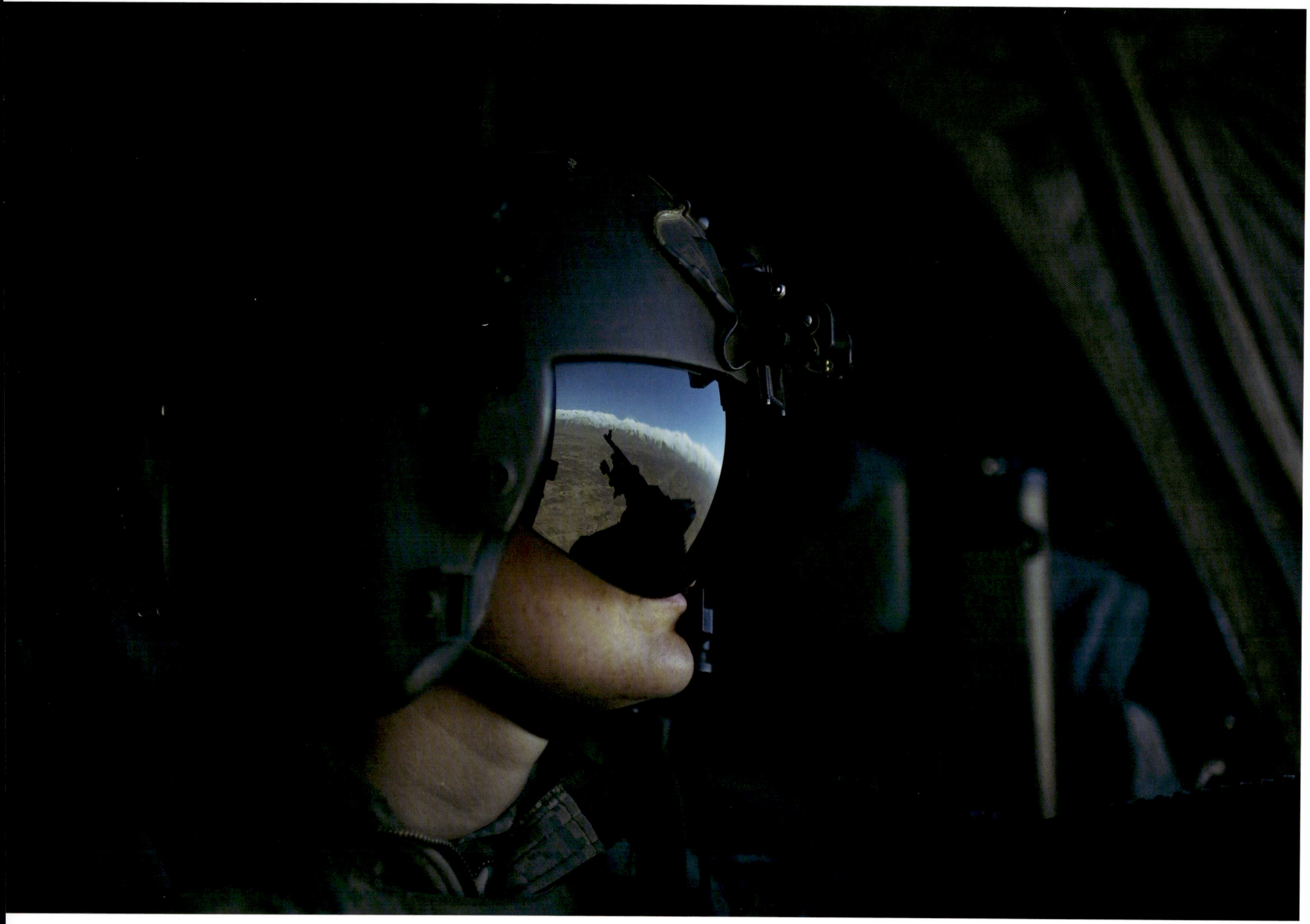

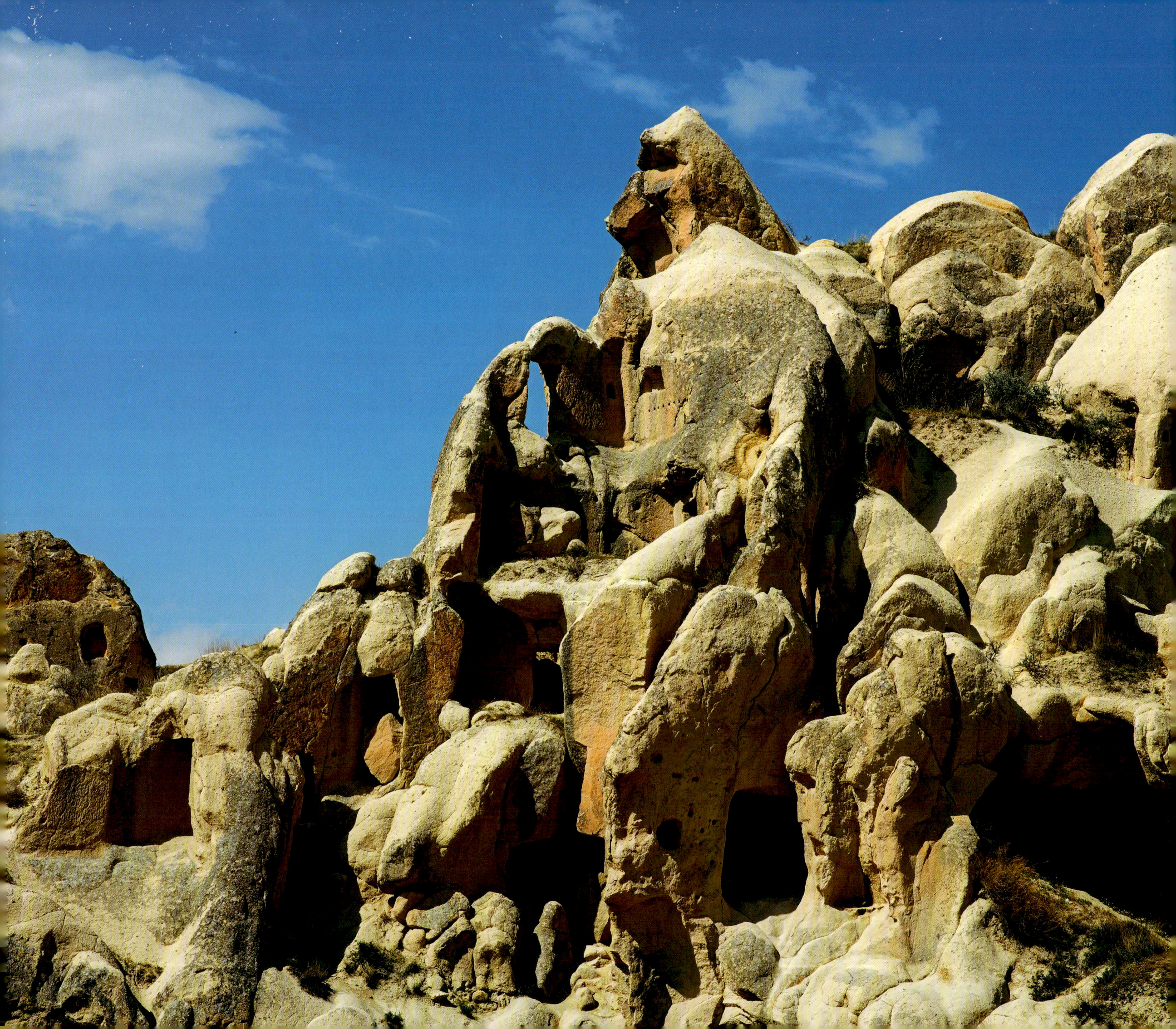

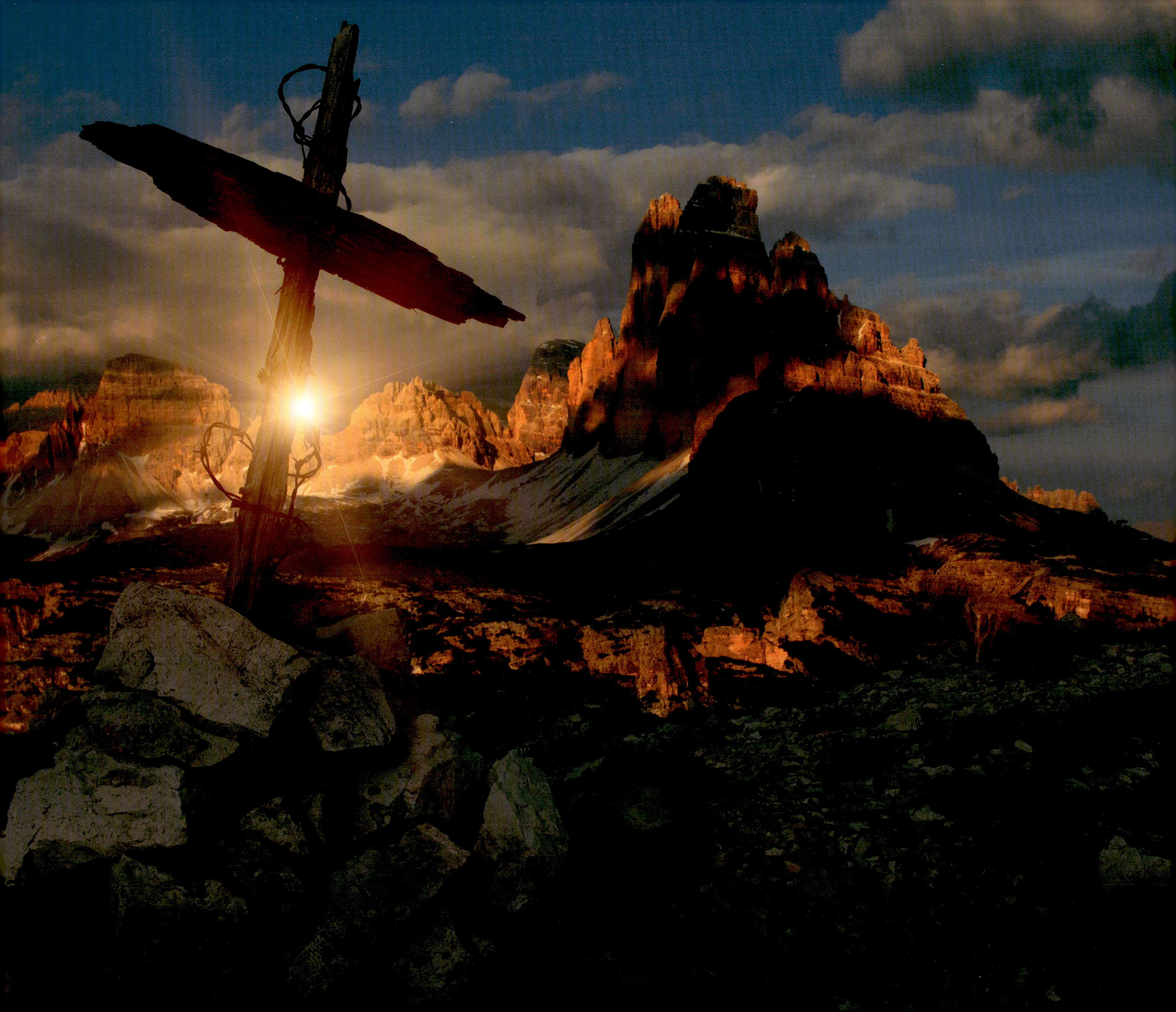

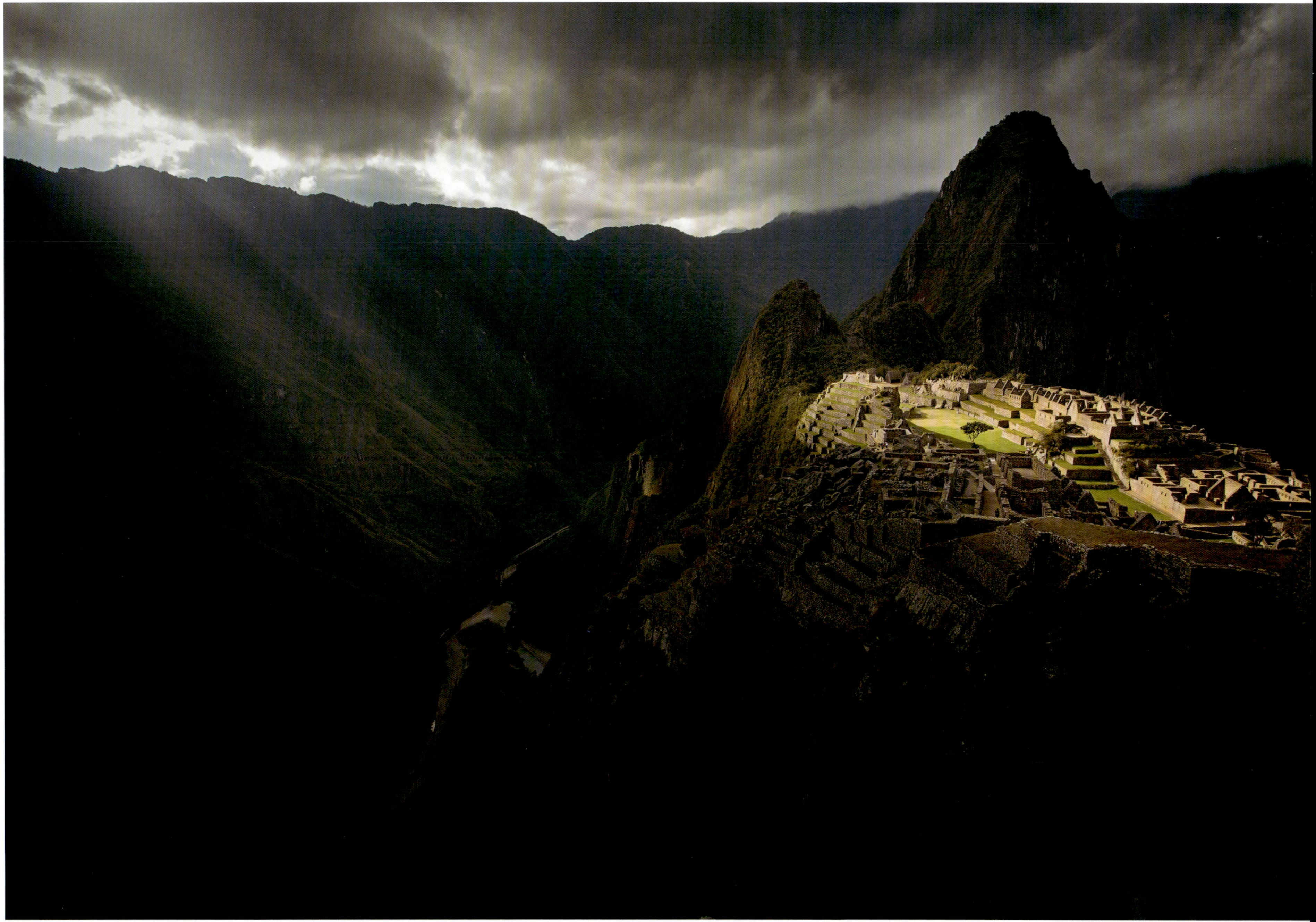

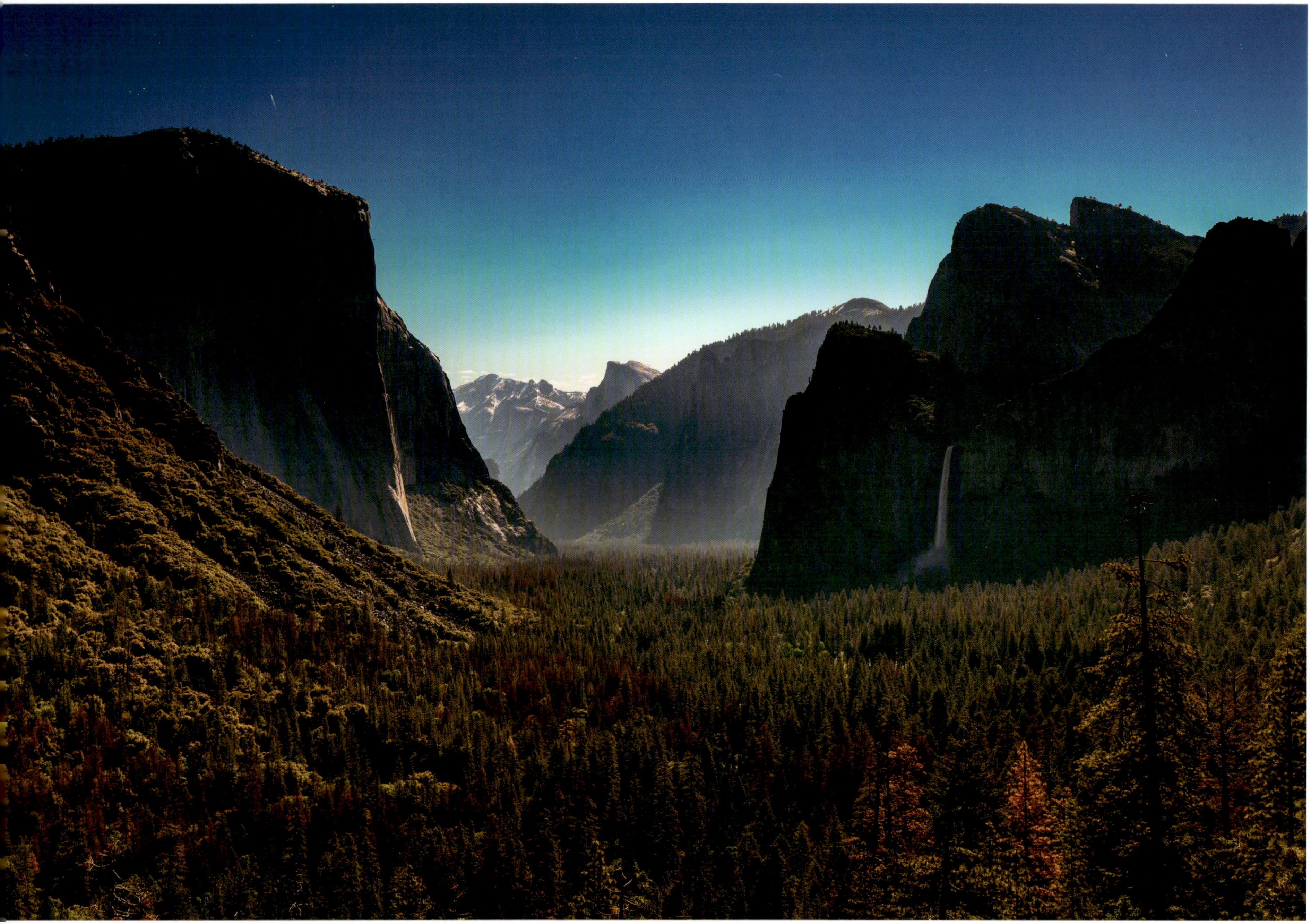

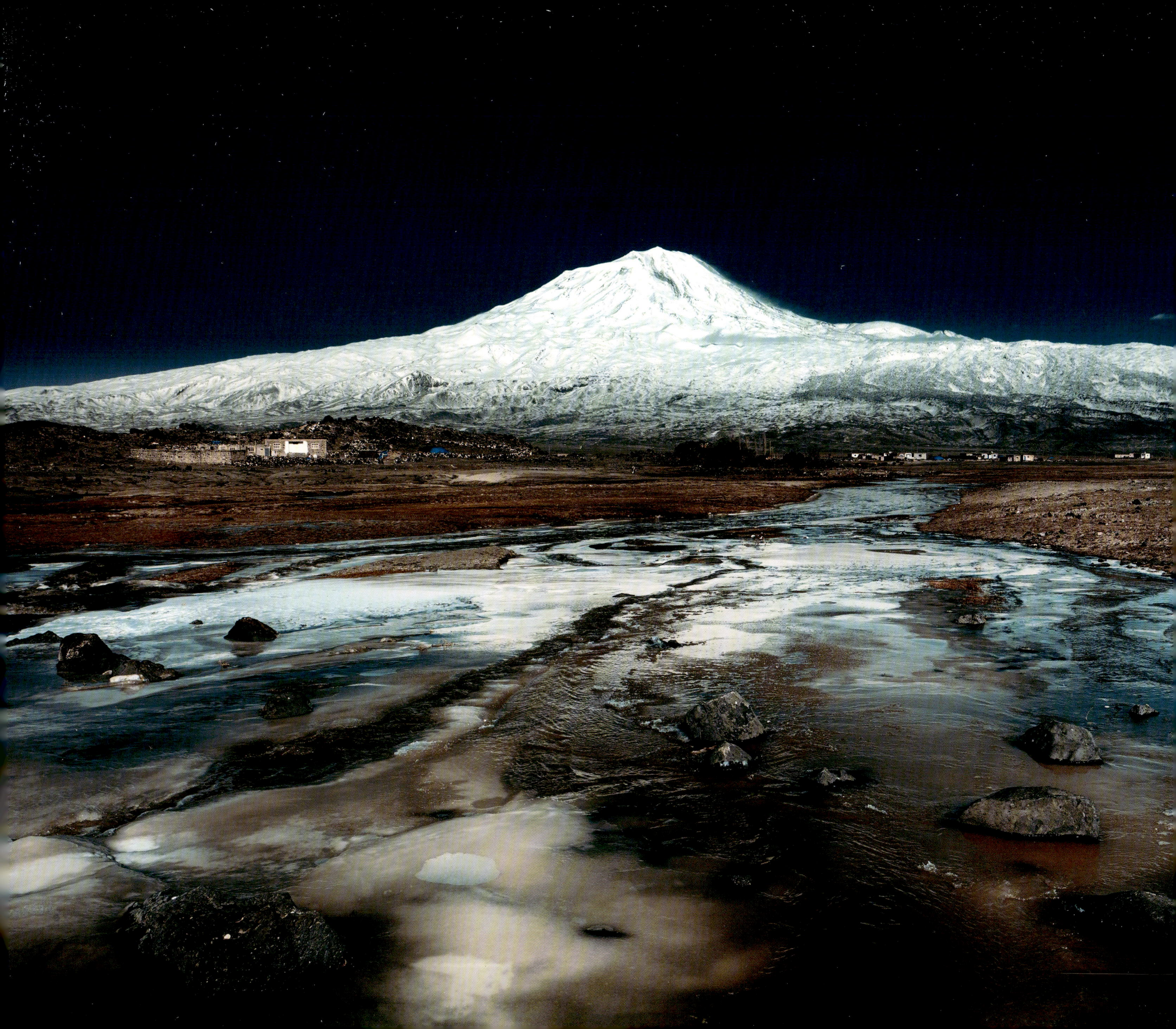

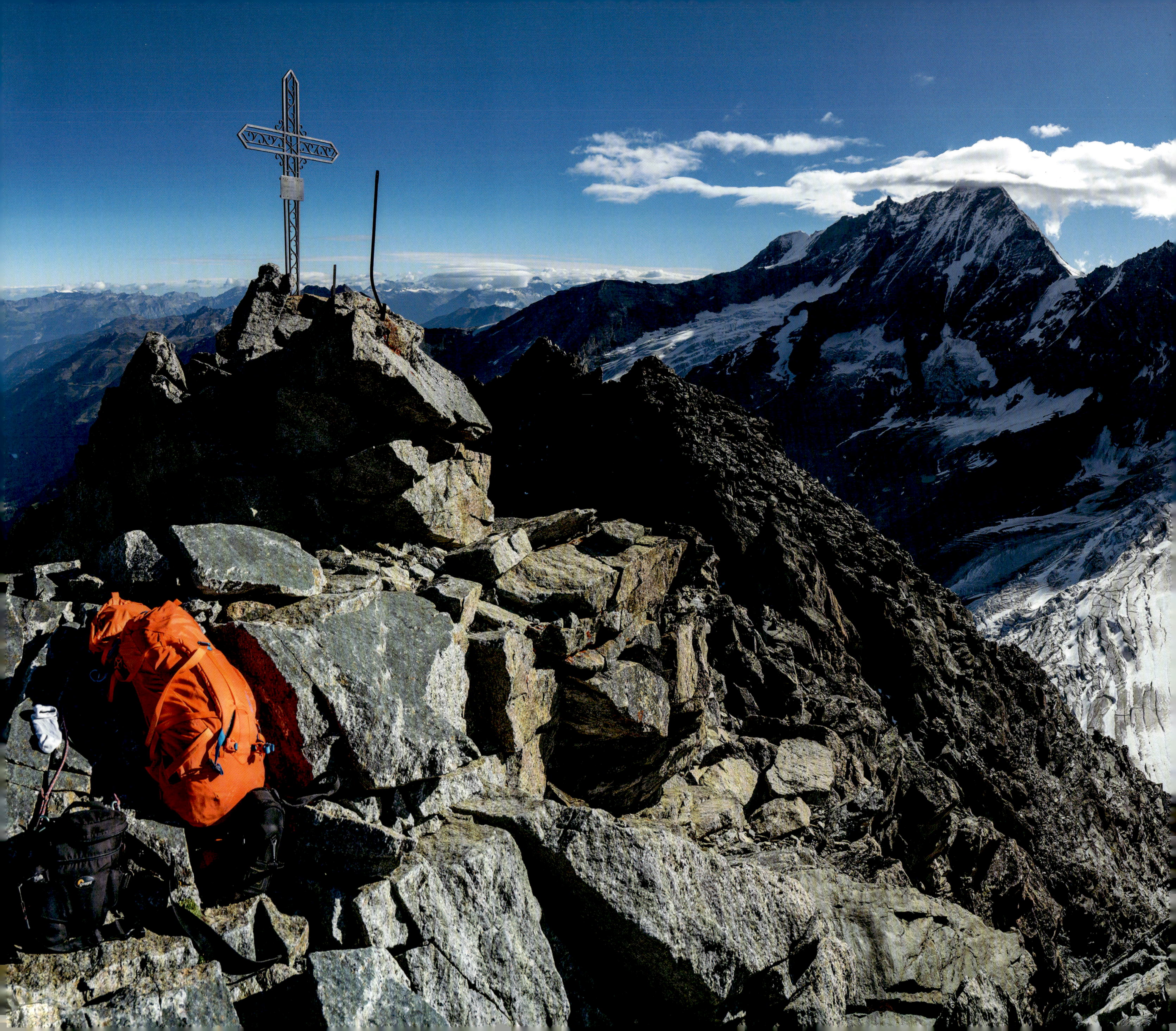

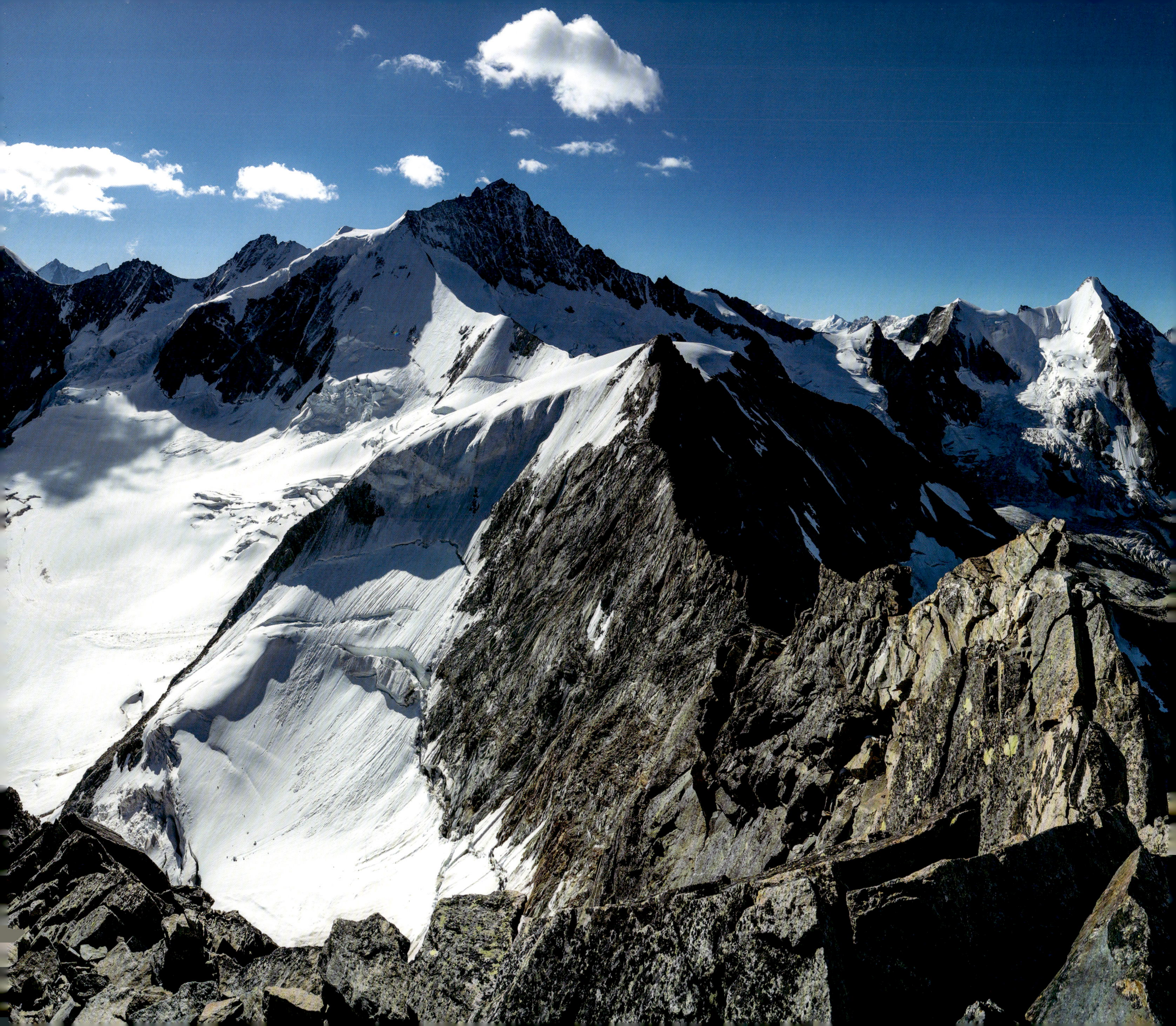

DER EWIGE KREISLAUF DES GESTEINS

„Kaum nahe ich mich den Bergen, so werde ich schon wieder vom Gestein angezogen, ich komme mir vor wie Antäus, der sich immer neu gestärkt fühlt, je kräftiger man ihn mit seiner Mutter Erde in Berührung bringt."
(Johann Wolfgang von Goethe, 18. Jh.)

Das eigentliche Wunder der Bergwelt ist ihre eigene Geschichte: Wie sie in Jahrmillionen entstanden ist und wie sich in ihr einzigartige Lebensräume für Pflanzen und Tiere entwickelten.

Die majestätischen Gebirgsmassive der Erde existieren nicht ewig. Sie sind nur eine Erscheinung im ewigen Kreislauf des Gesteins, der seit Milliarden Jahren durch das „heiße Herz der Erde" angetrieben wird. Unaufhaltsam werden dadurch die Kontinentalplatten der Erde bewegt: Dort, wo zwischen den Erdplatten, wie am Mittelatlantischen Rücken, gewaltige Magmaströme nach oben drängen, werden die einst verbundenen Platten auseinandergetrieben. So begann vor 200 Millionen Jahren die Teilung von Nordamerika und Europa, Afrika und Südamerika, und es entstand der Atlantische Ozean. Wenn jedoch die Kontinentalplatten kollidieren, werden mächtige Gebirgsketten aufgefaltet. So stieß vor 45 Millionen Jahren Indien mit Asien zusammen, und es entstand das Himalaya-Massiv. Und die Kollision zwischen Afrika und Europa schuf die Alpen mit ihrer höchsten Erhebung – dem Mont Blanc.

Solche erdgeschichtlichen Veränderungen können wir nicht wahrnehmen, weil sie sich in Jahrmillionen vollziehen. Vulkanausbrüche erleben wir dagegen als erschreckend und furchterregend, weil sie ebenso plötzlich wie gewalttätig aus dem Inneren der Erde herausbrechen.

Aber das Gestein kommt niemals zur Ruhe, sondern wird – kaum hat es sich zu mächtigen Gebirgen aufgetürmt – durch die Kräfte der Erosion und Verwitterung wieder zerstört. Sonne, Sturm, Regen, Kälte, Gletscher und Bäche höhlen, nagen, spalten das Gestein, sprengen und zermahlen es und führen es über den Sturz der Bäche und die aus dem Fels gewaschenen Flusstäler bis zum Meer.

Noch wachsen durch die Energien aus dem Erdinneren Himalaya und Alpen jährlich um einige Zentimeter. Aber – so unvorstellbar es für uns ist – die steten Kräfte der Erosion werden auch diese majestätischen Gebirgsmassive in Millionen Jahren in Wüsten verwandeln.

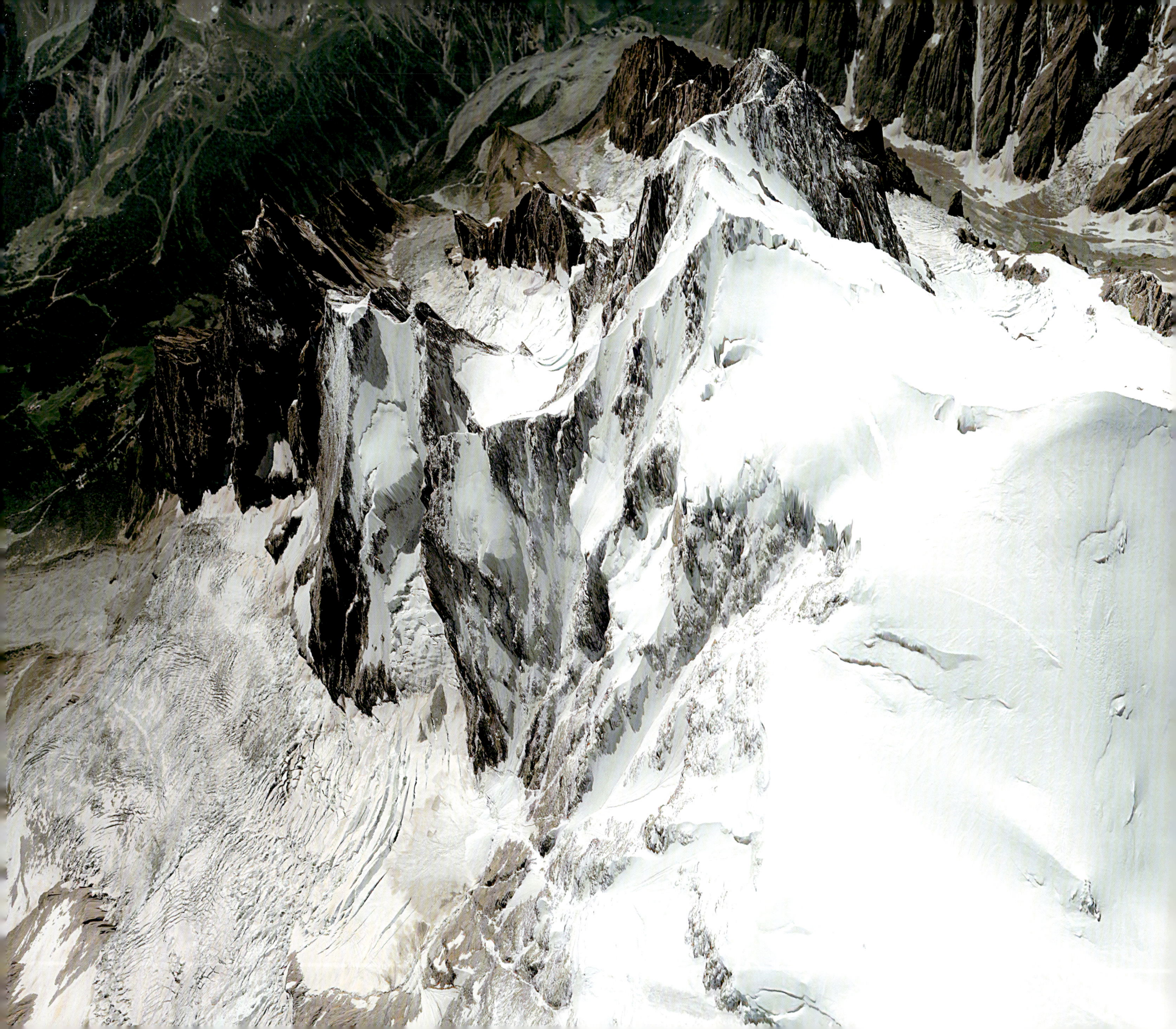

72
73

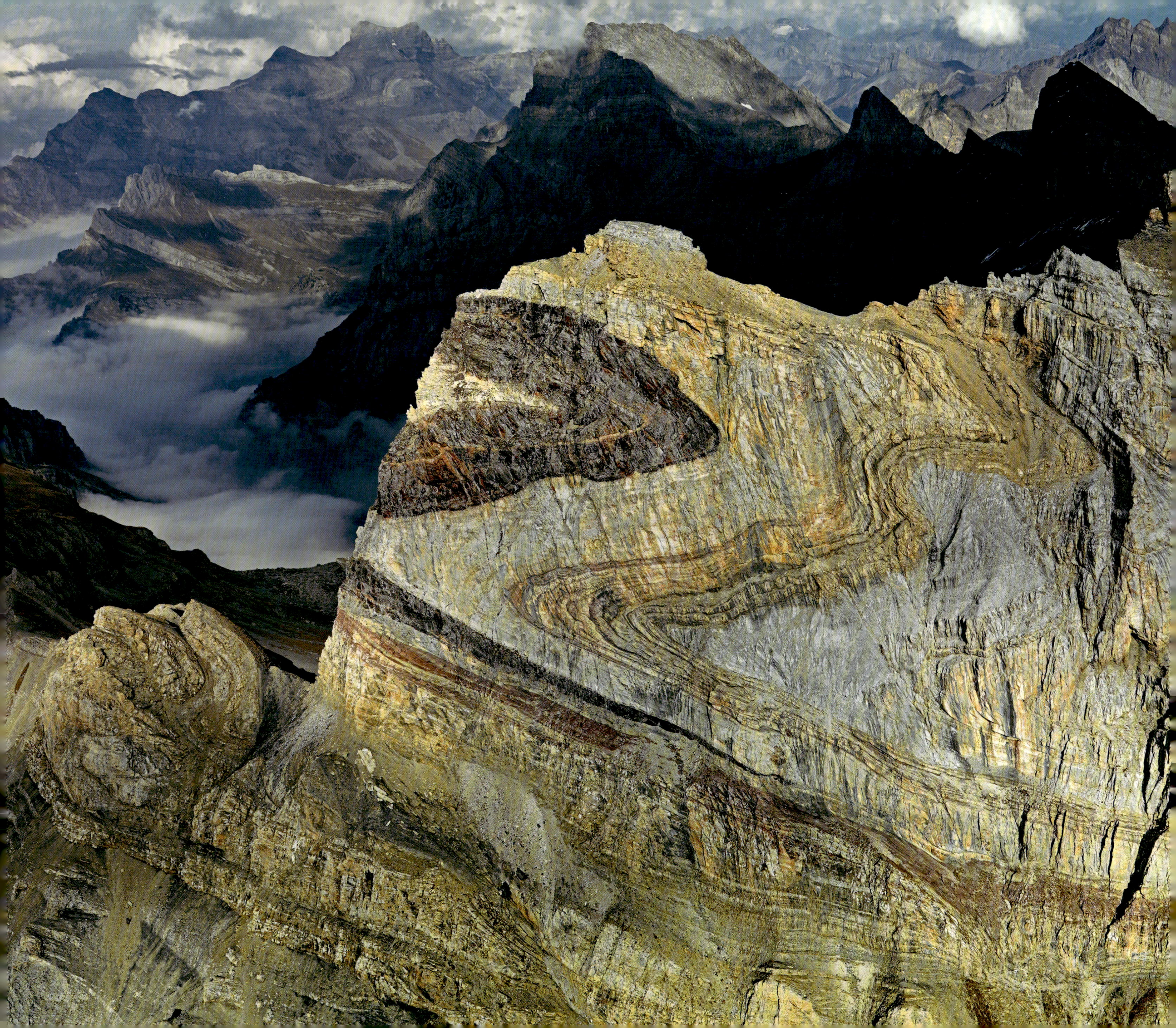

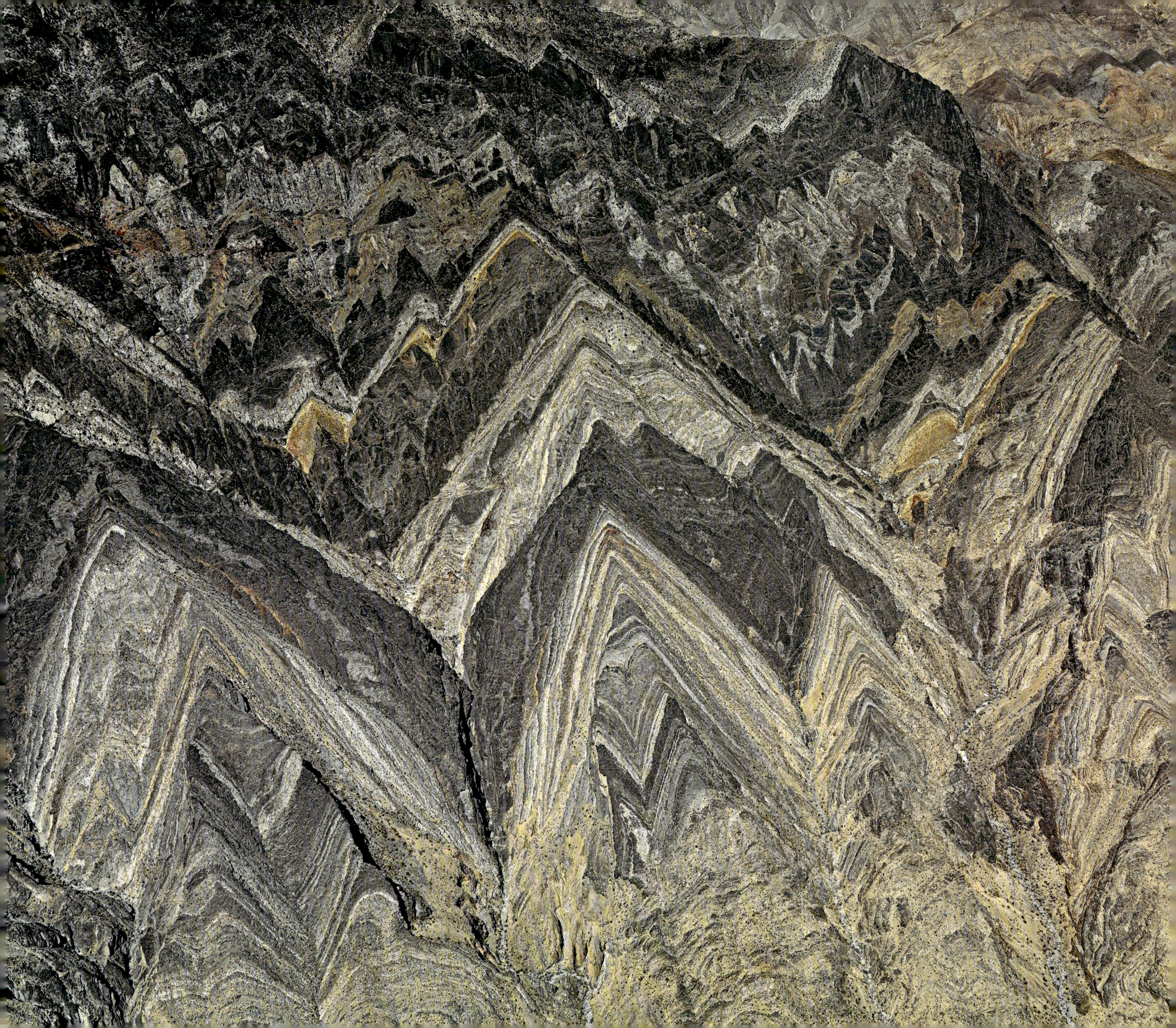

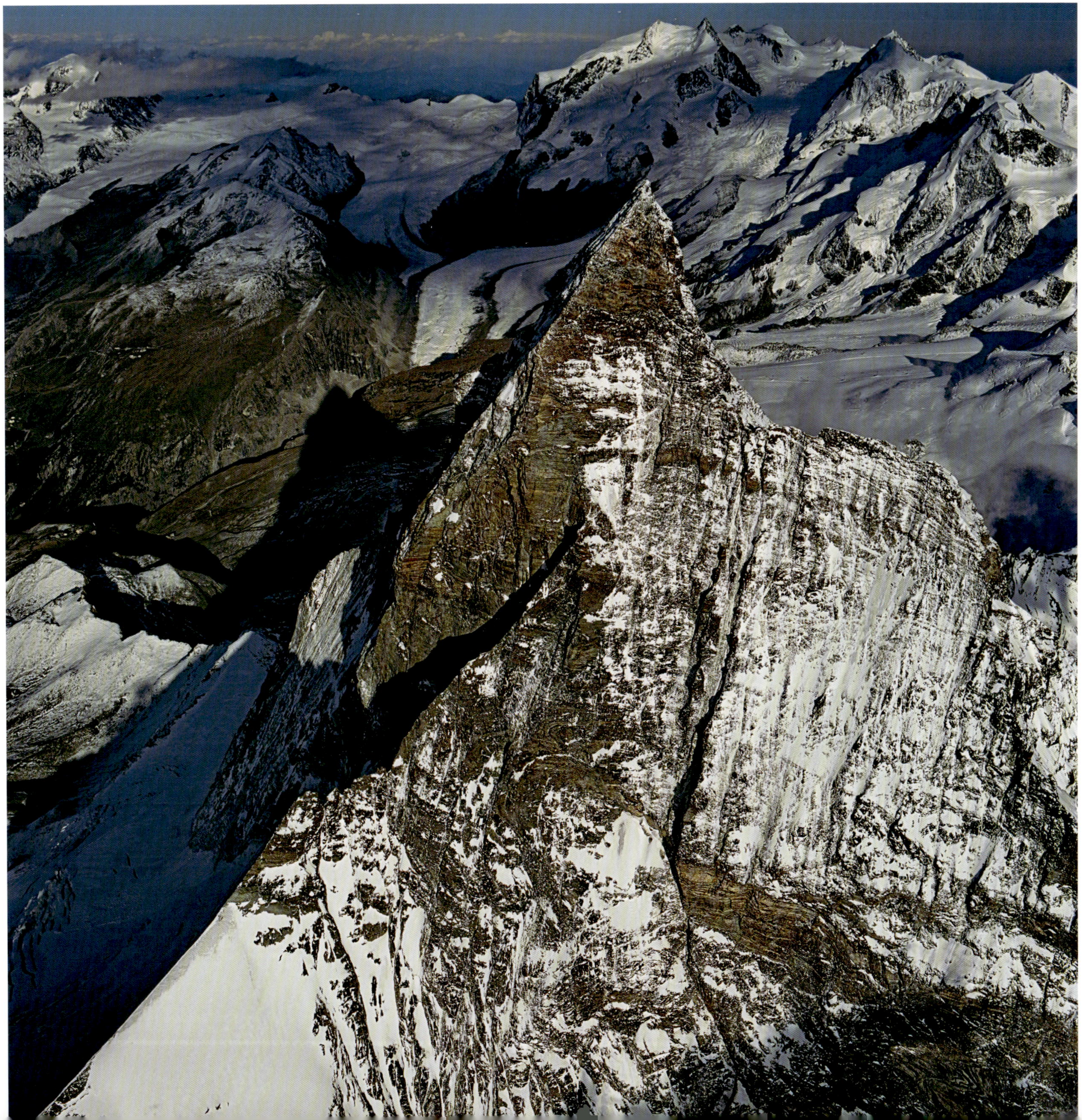

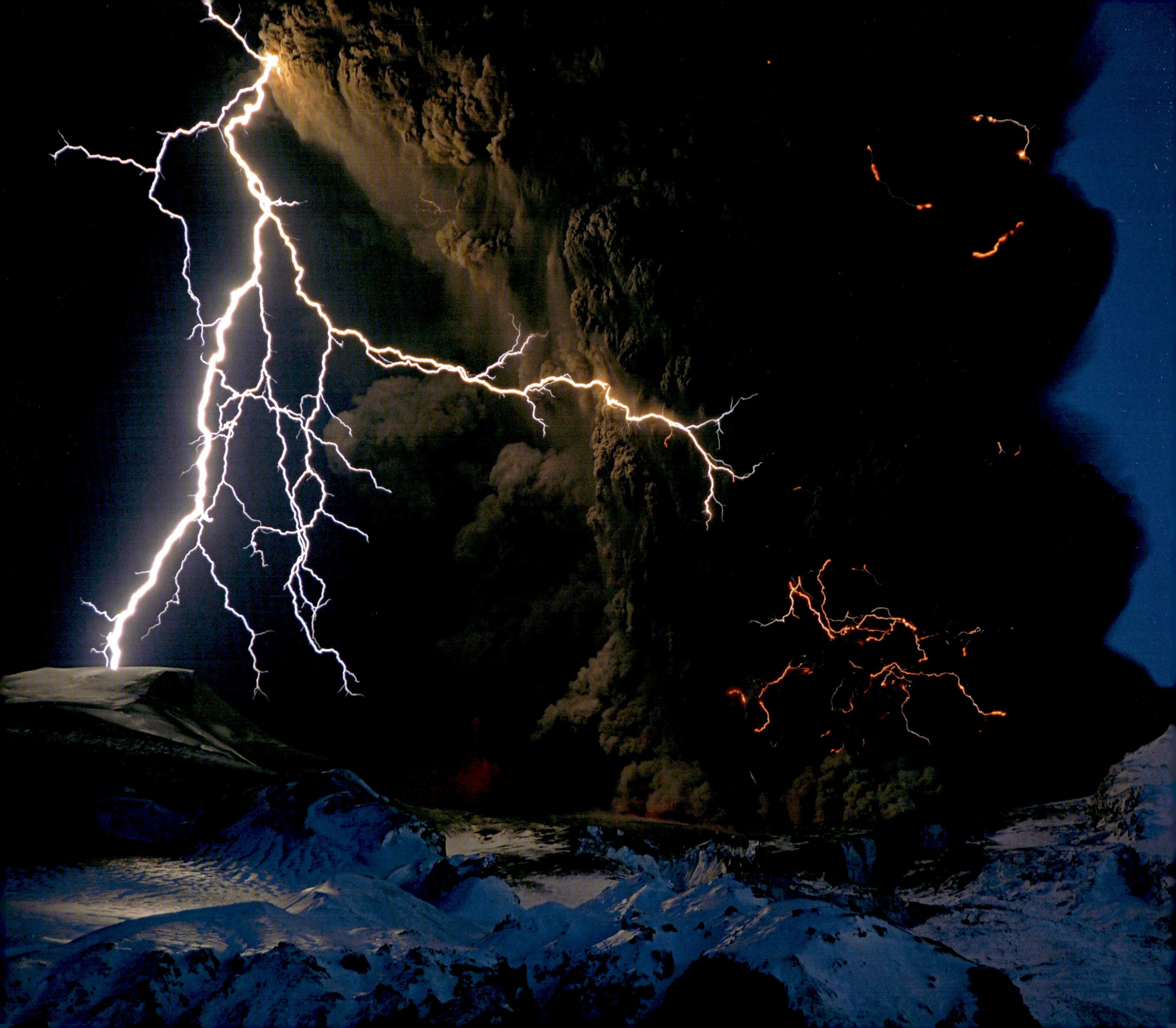

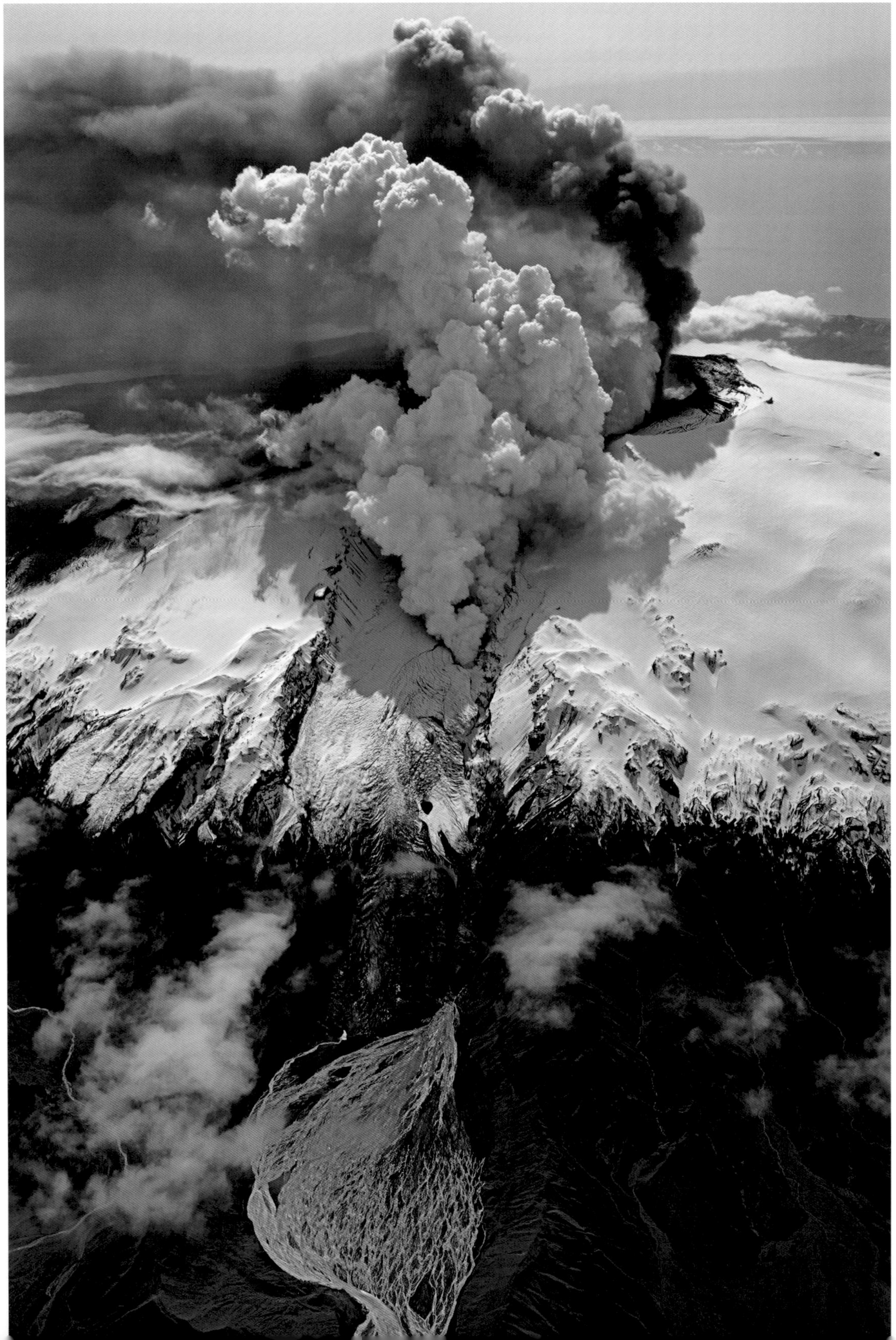

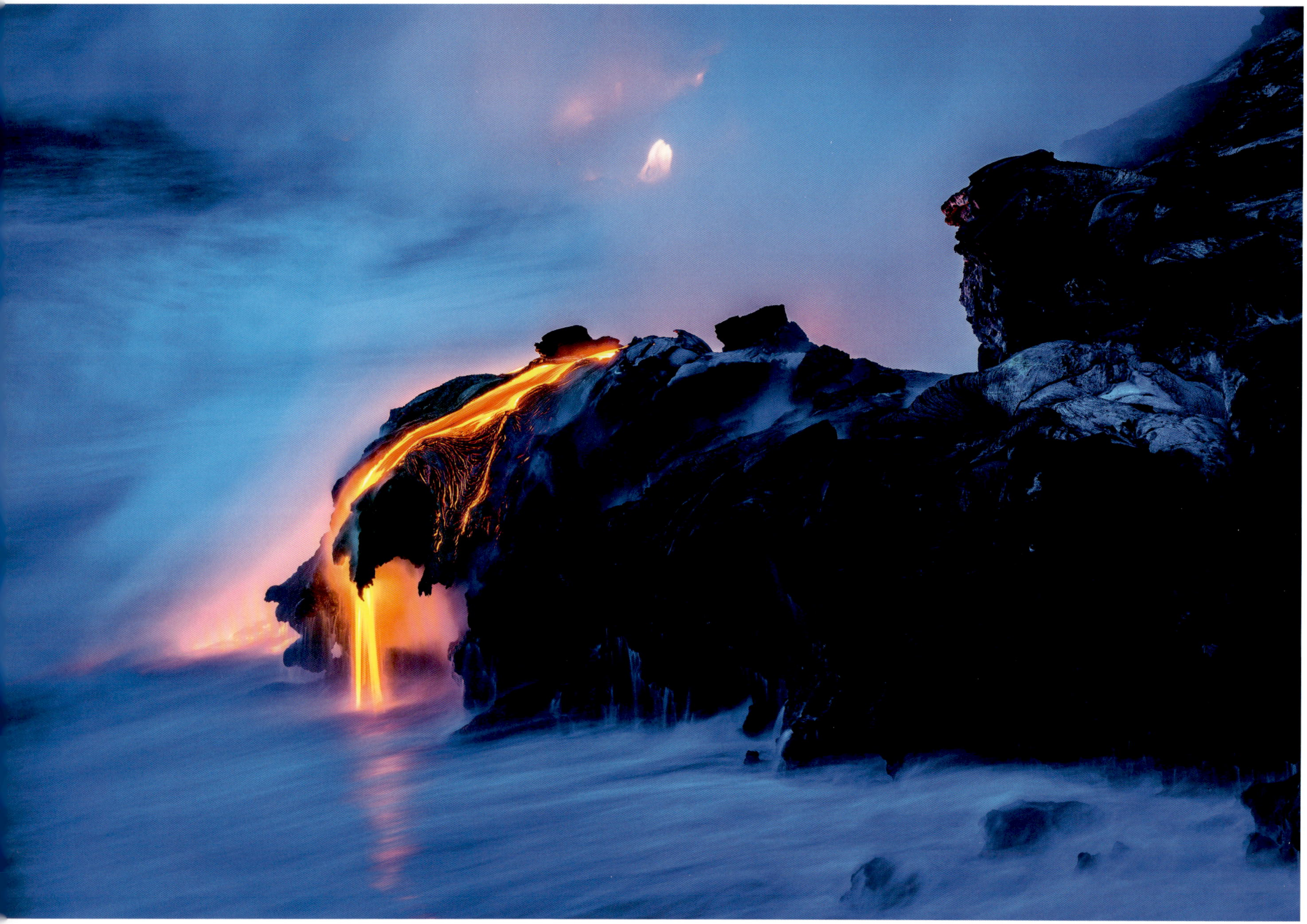

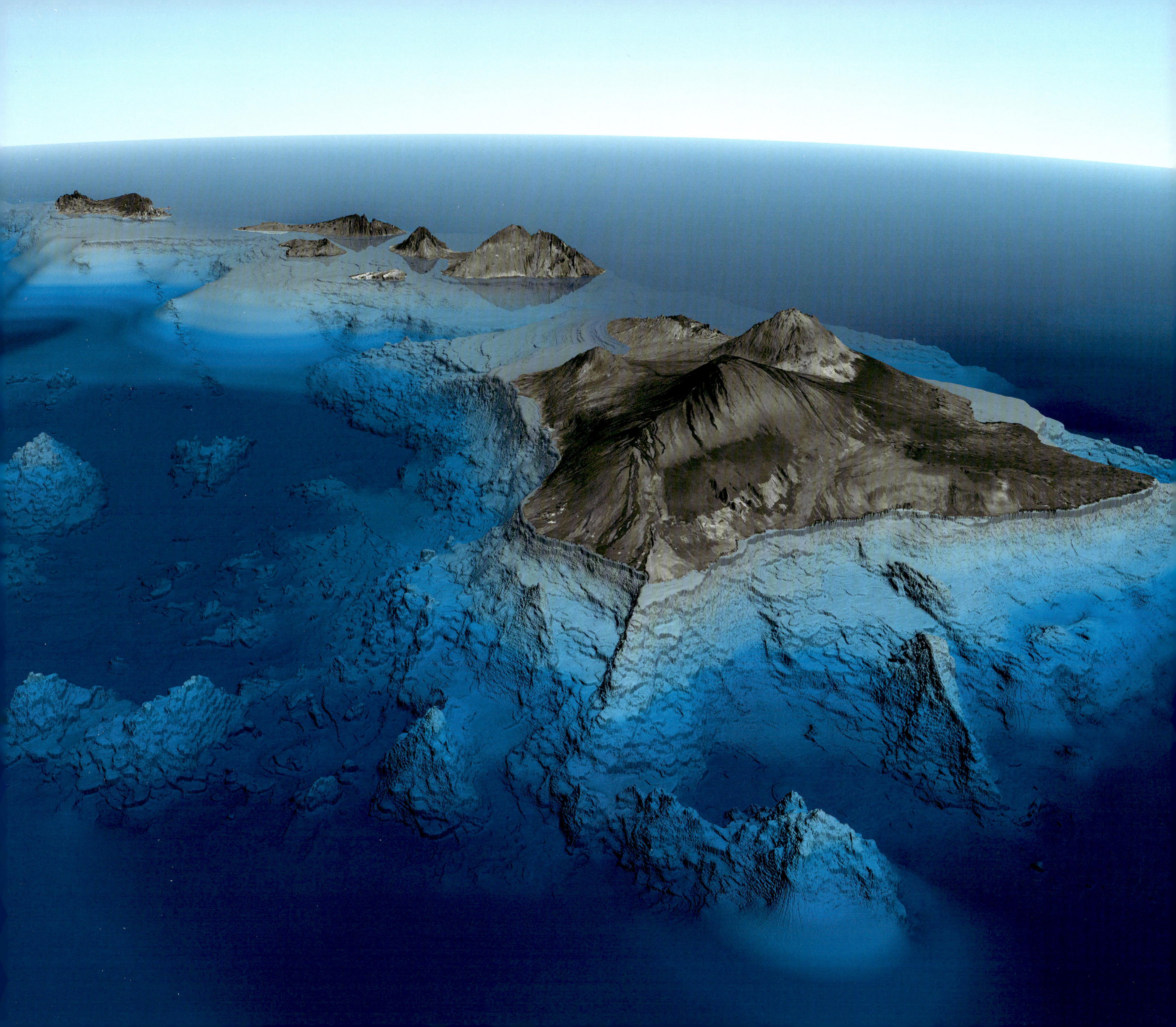

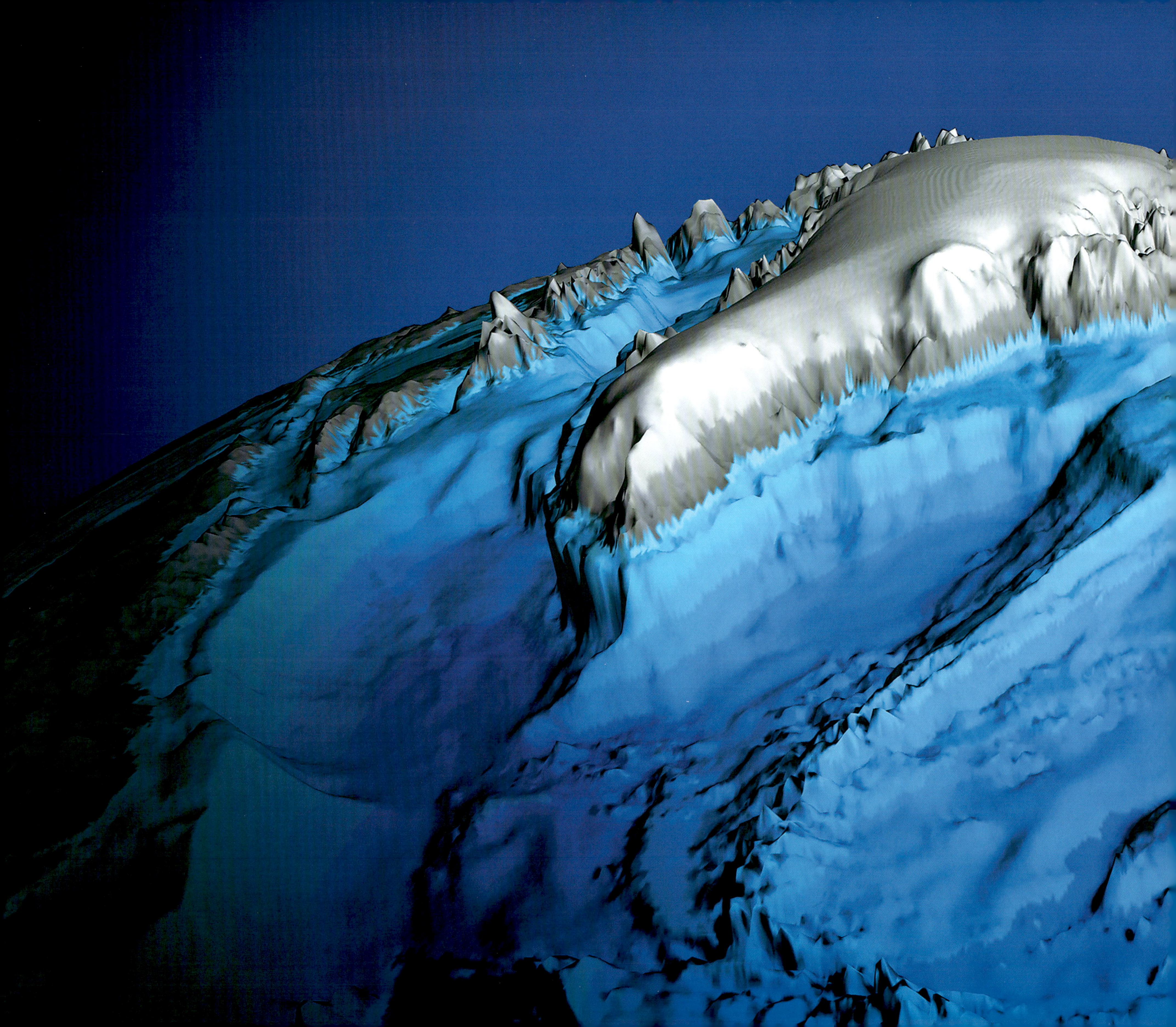

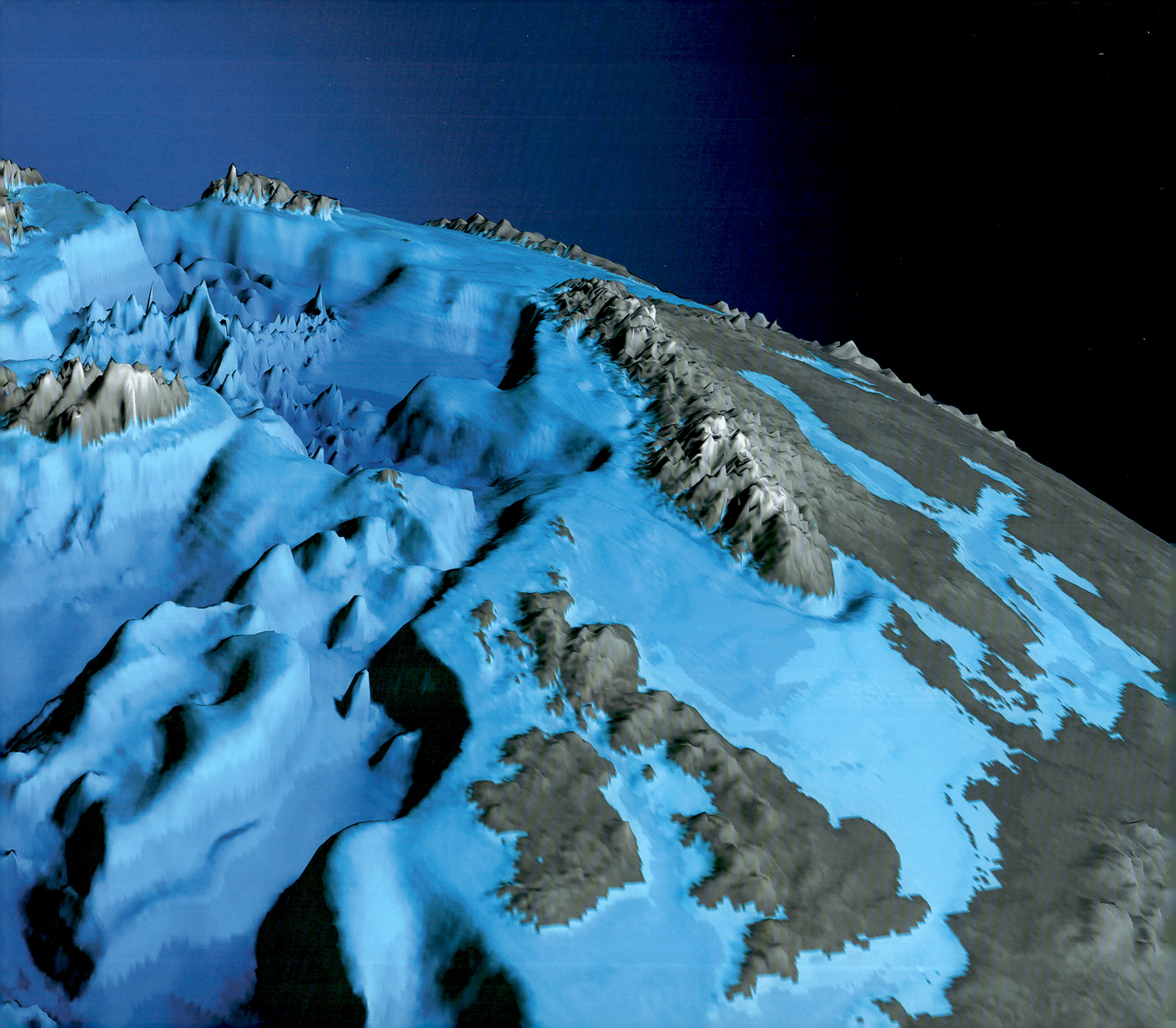

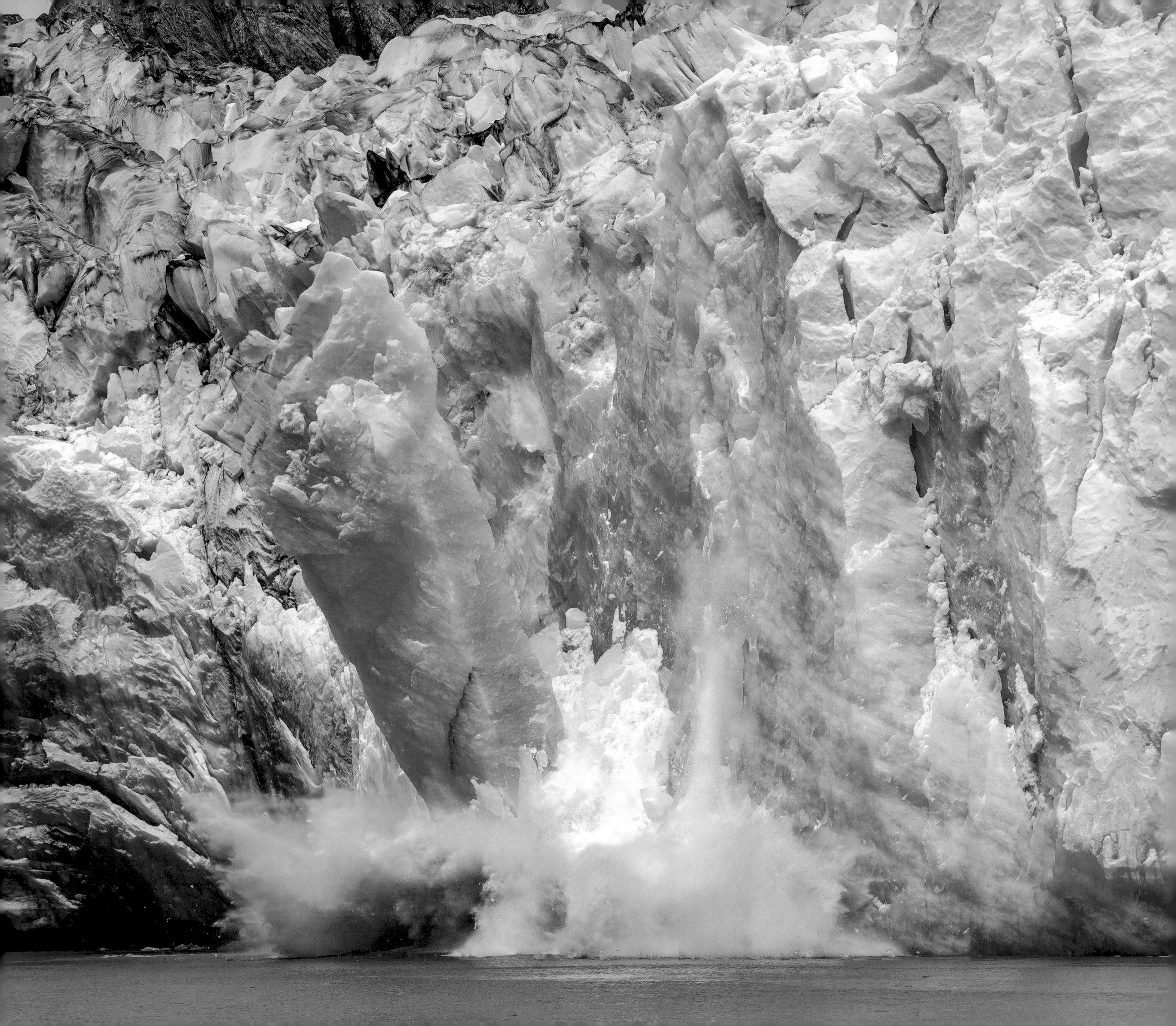

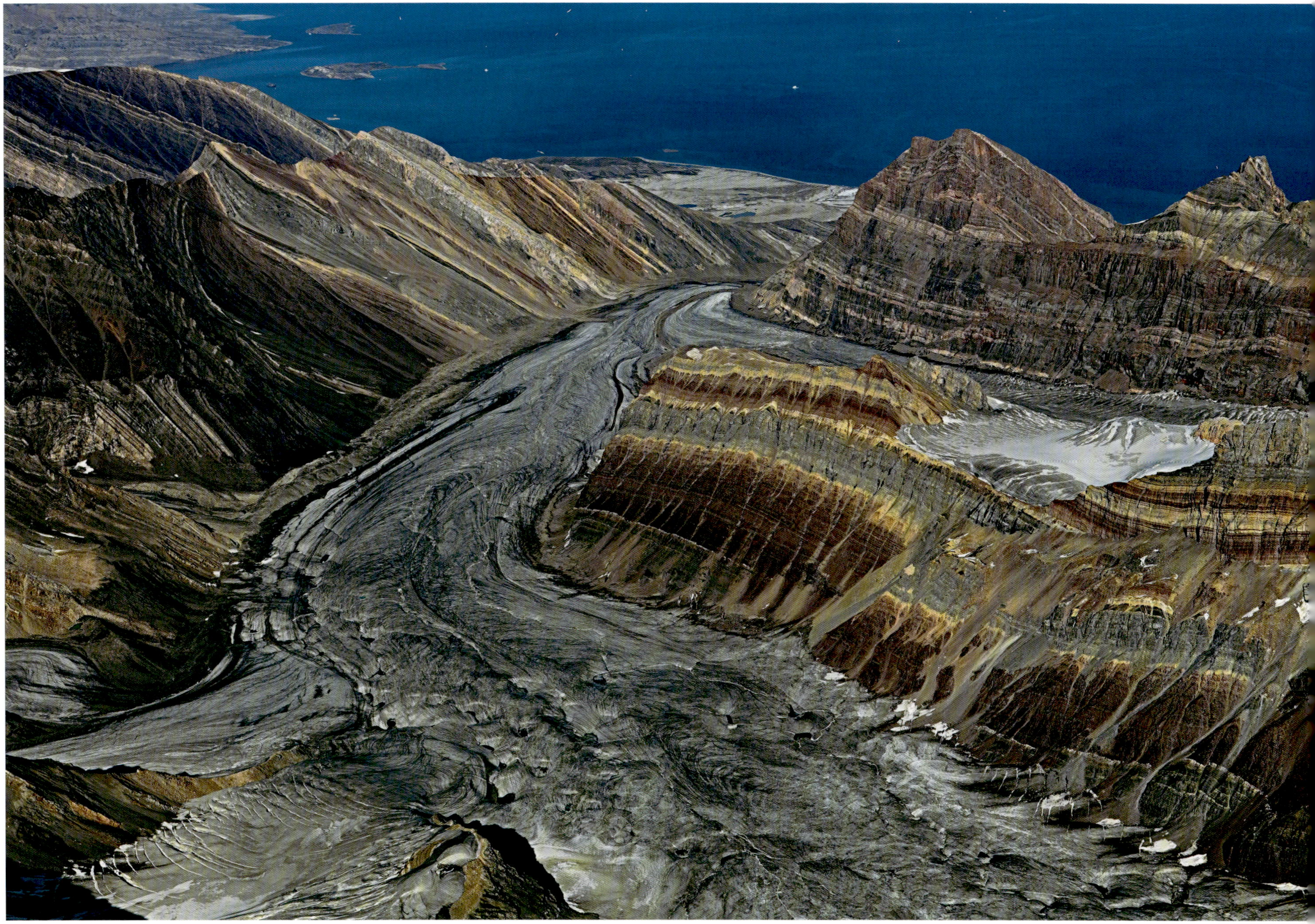

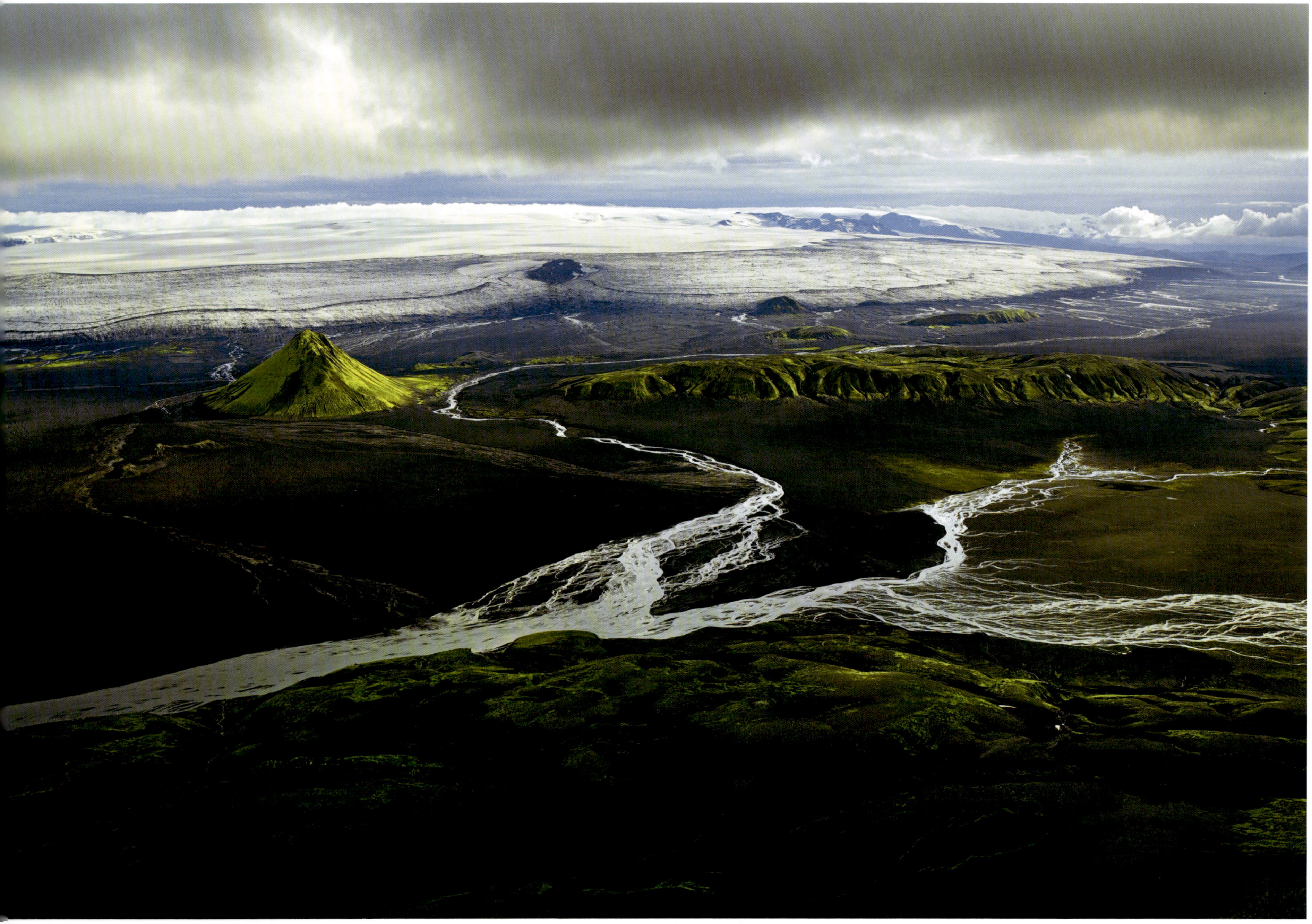

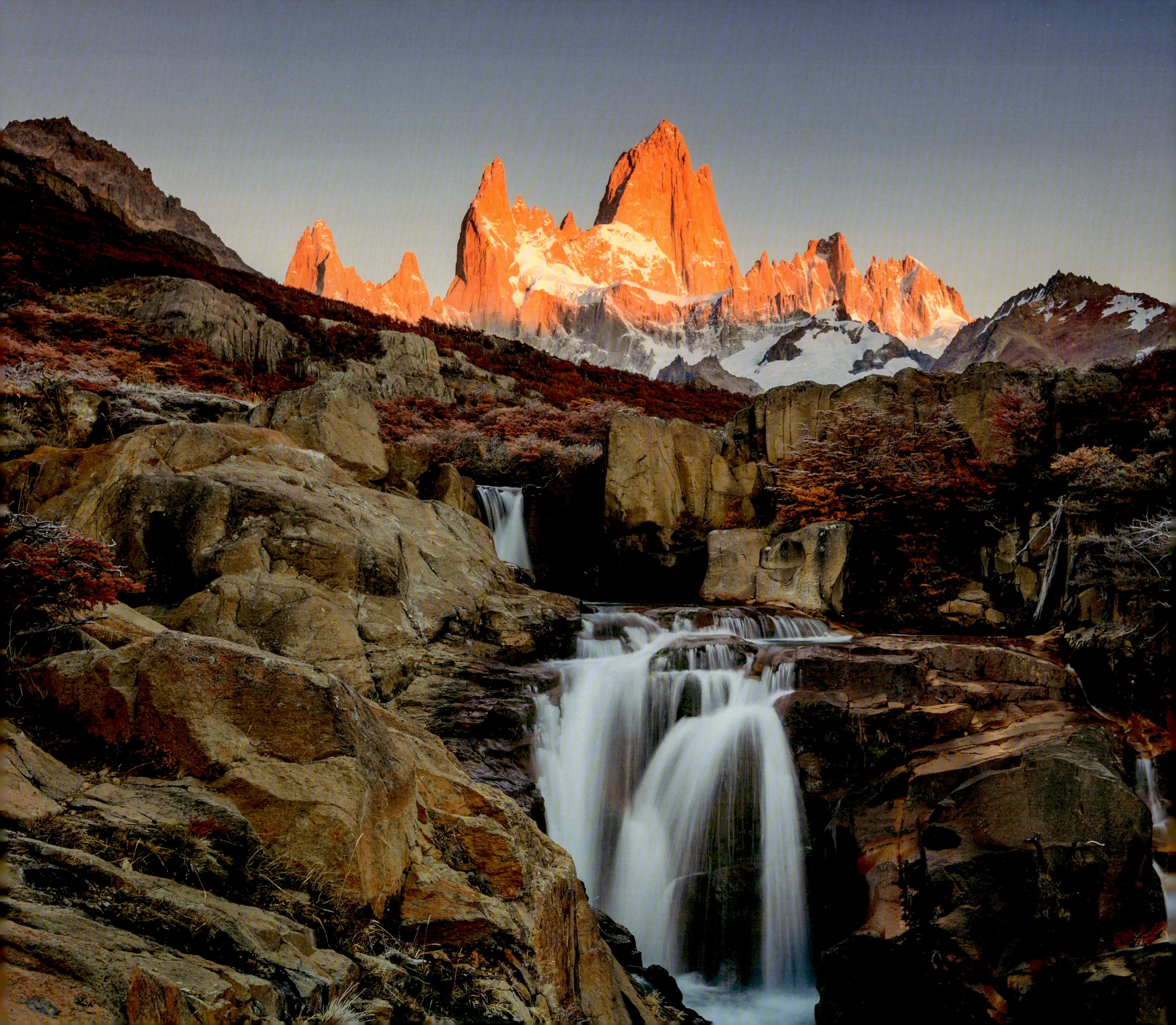

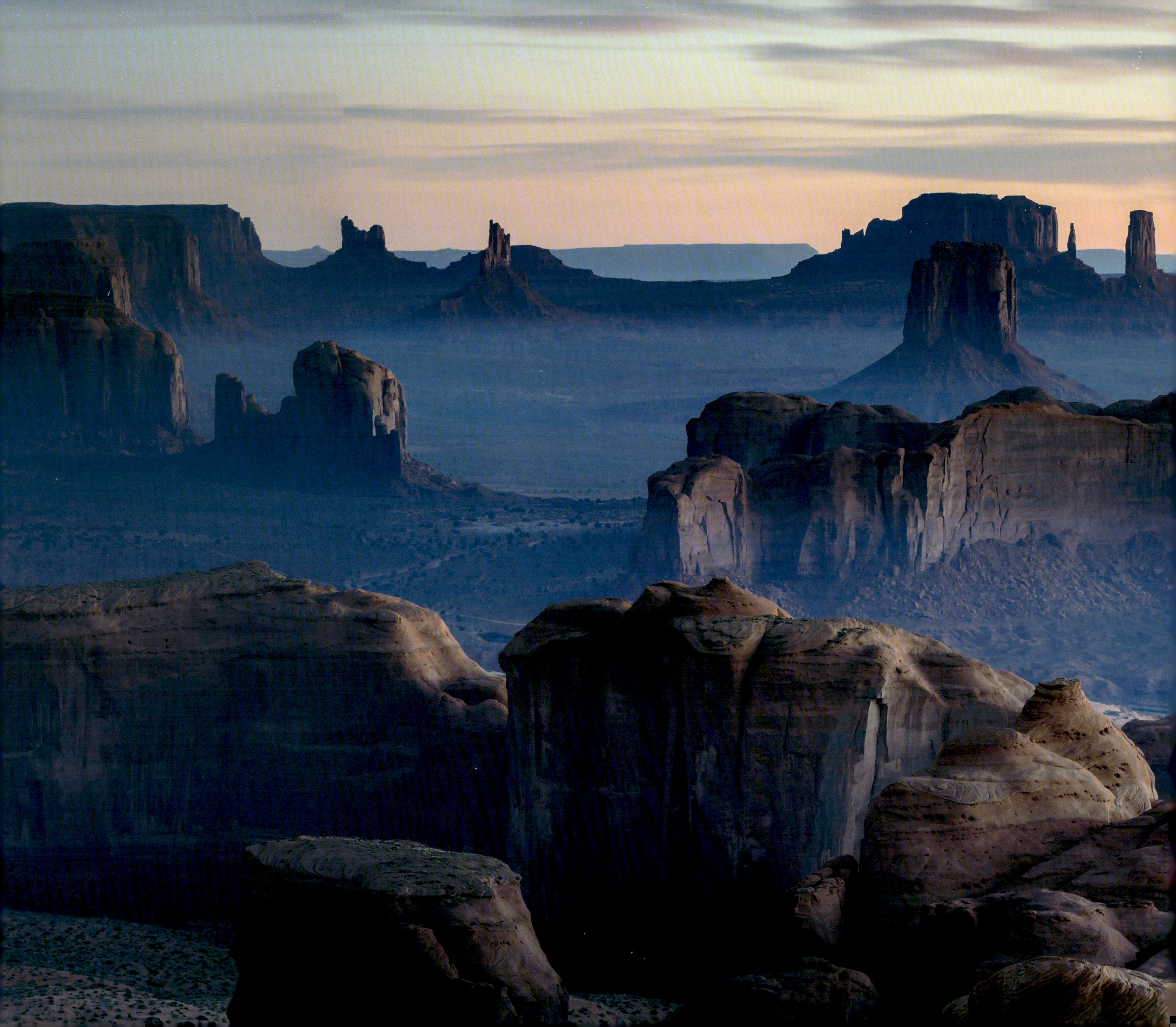

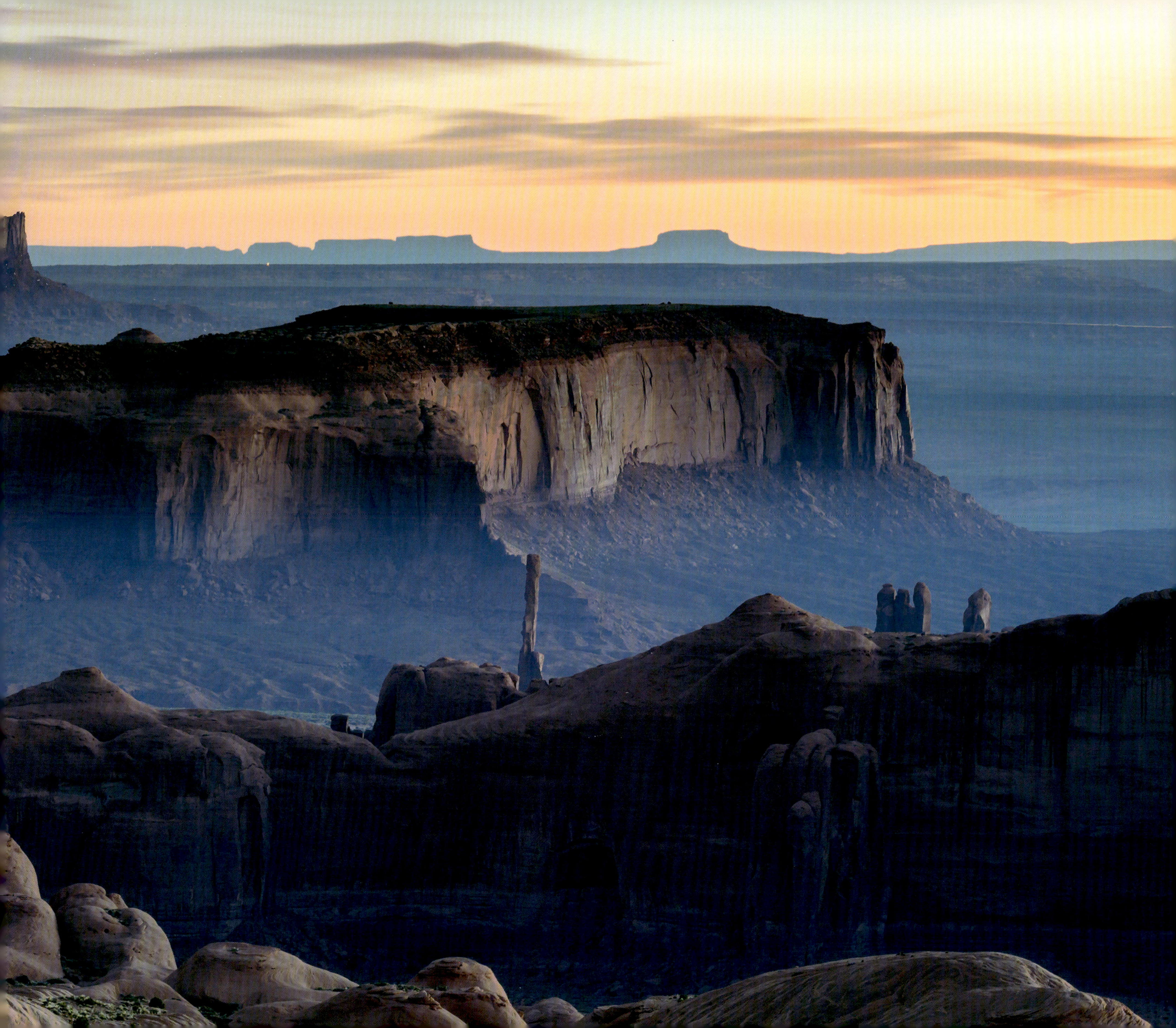

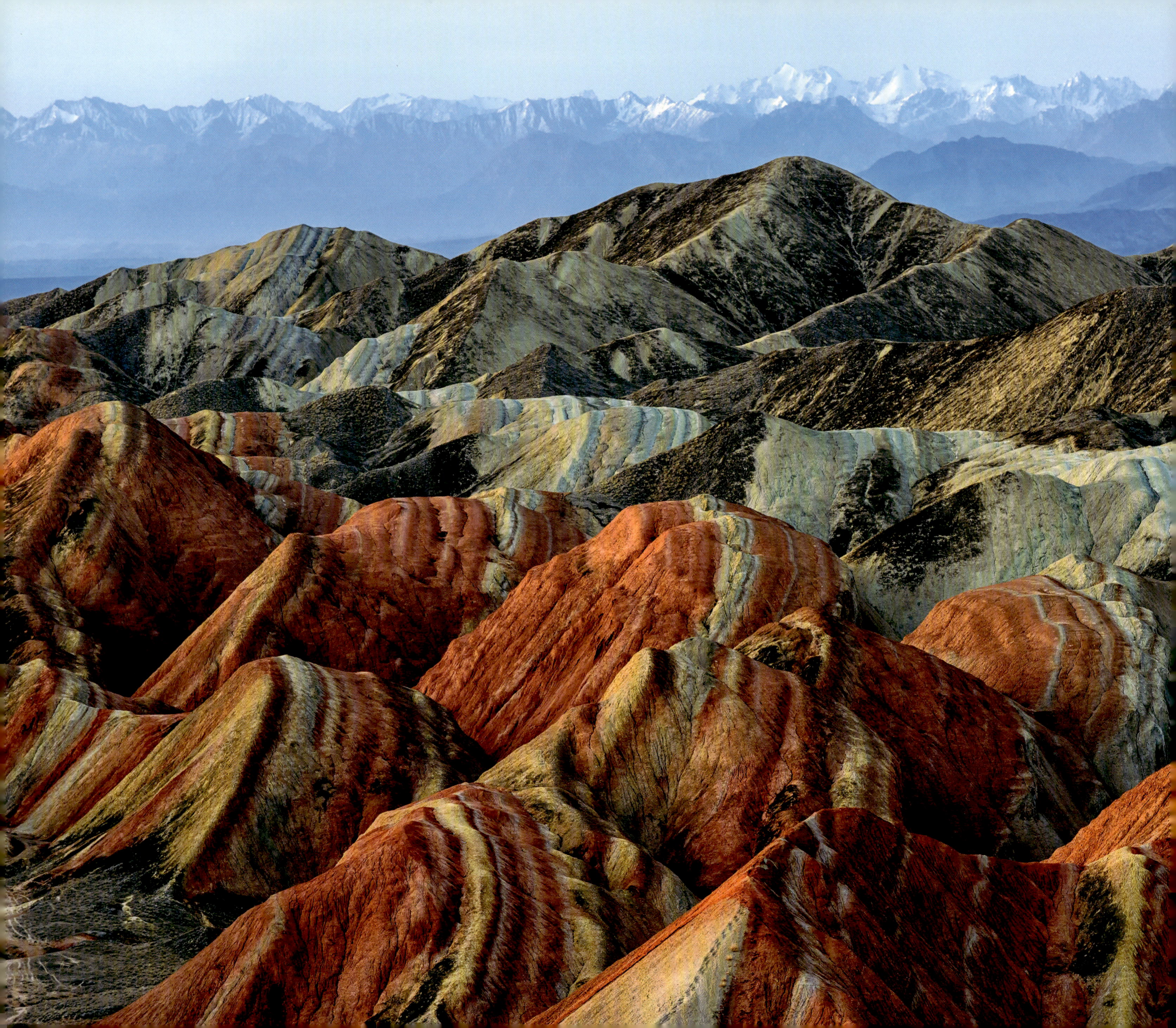

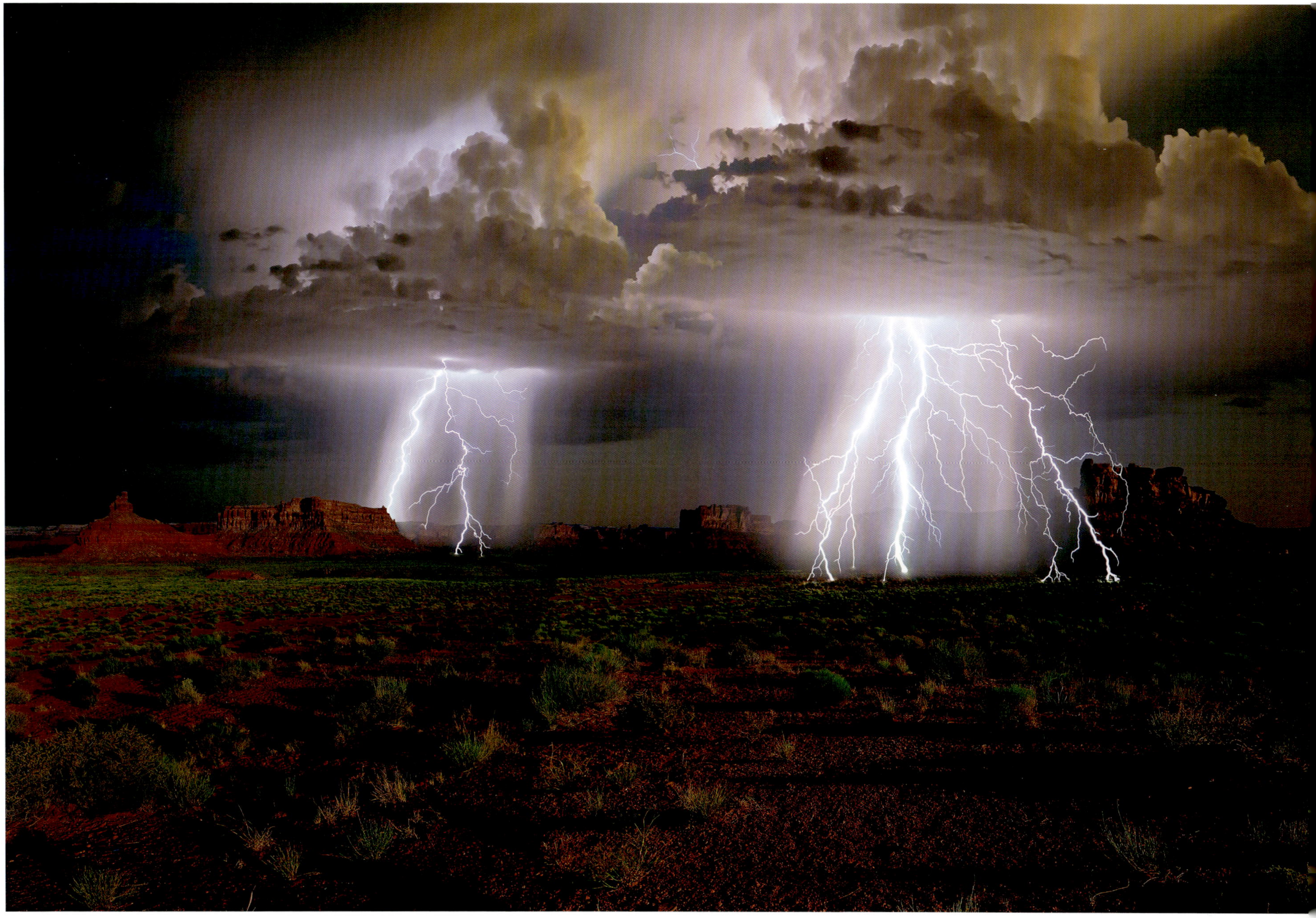

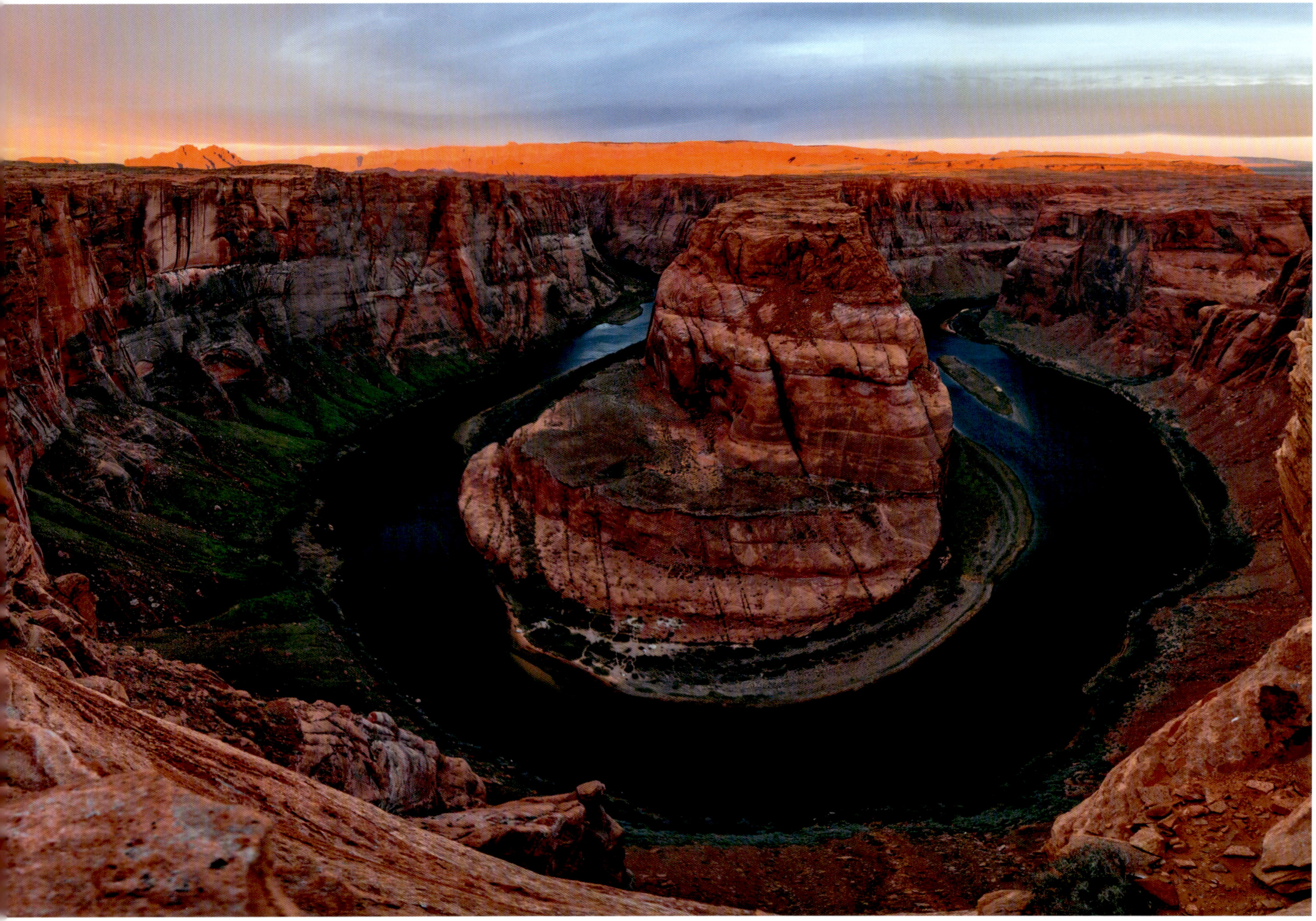

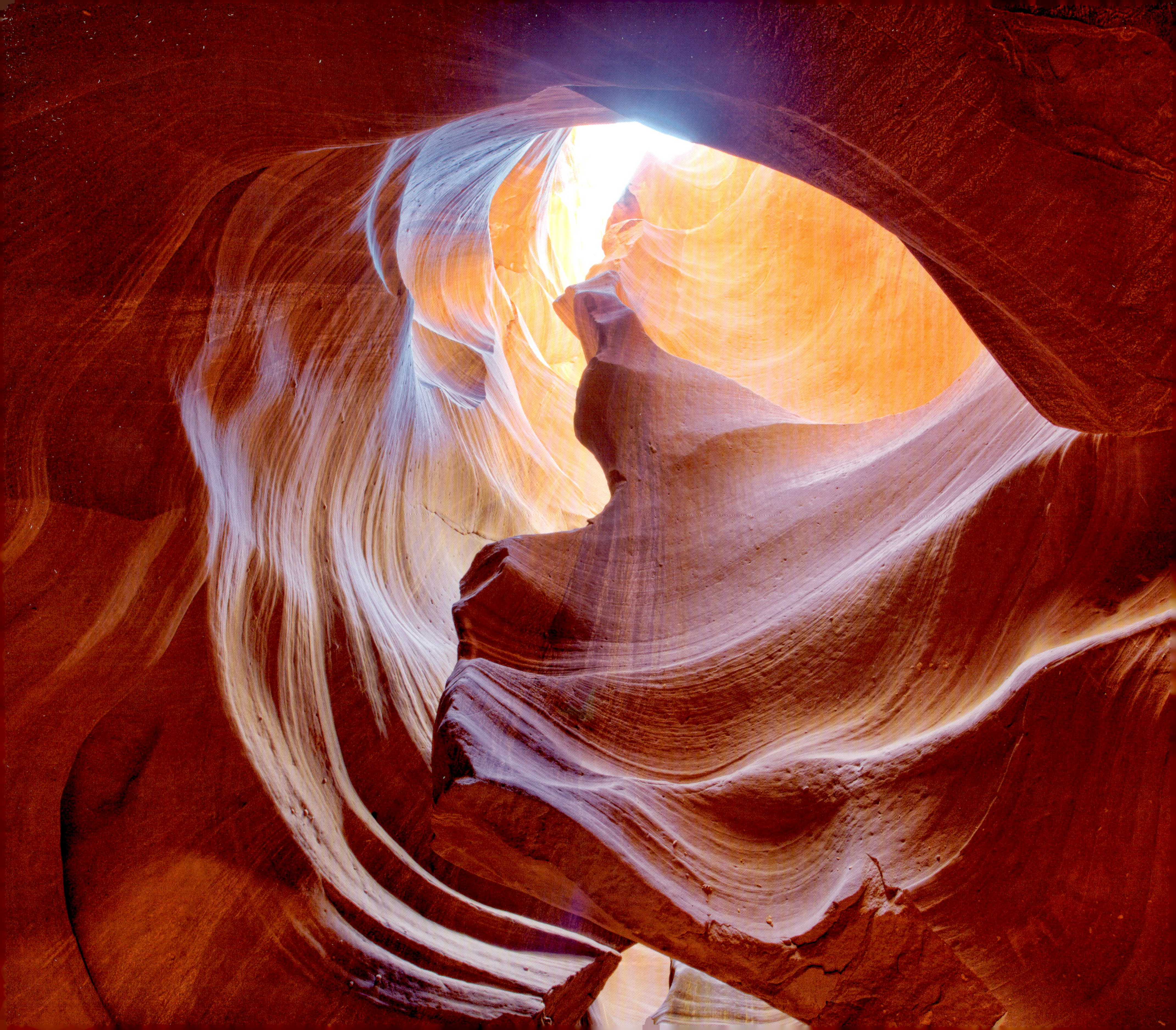

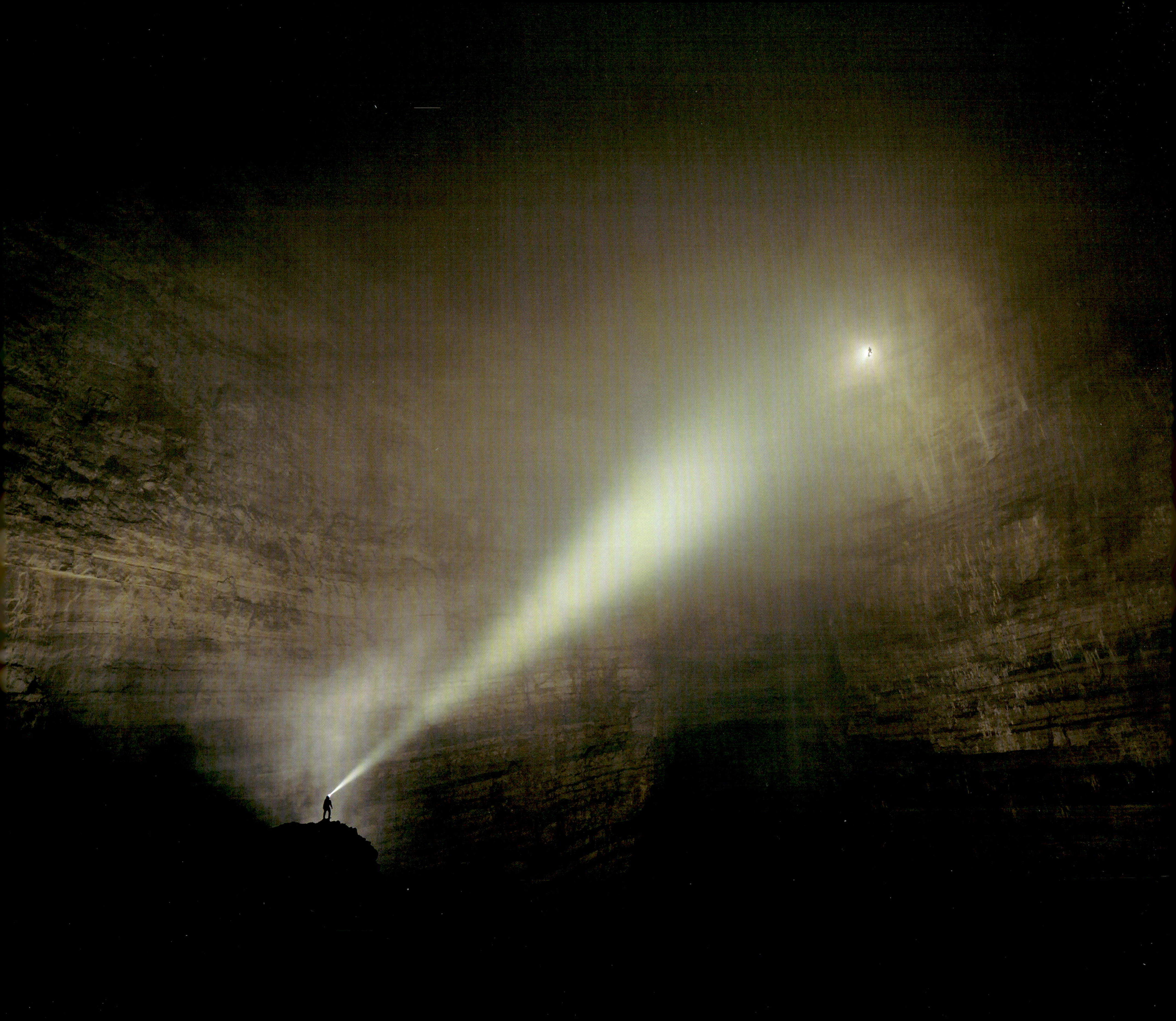

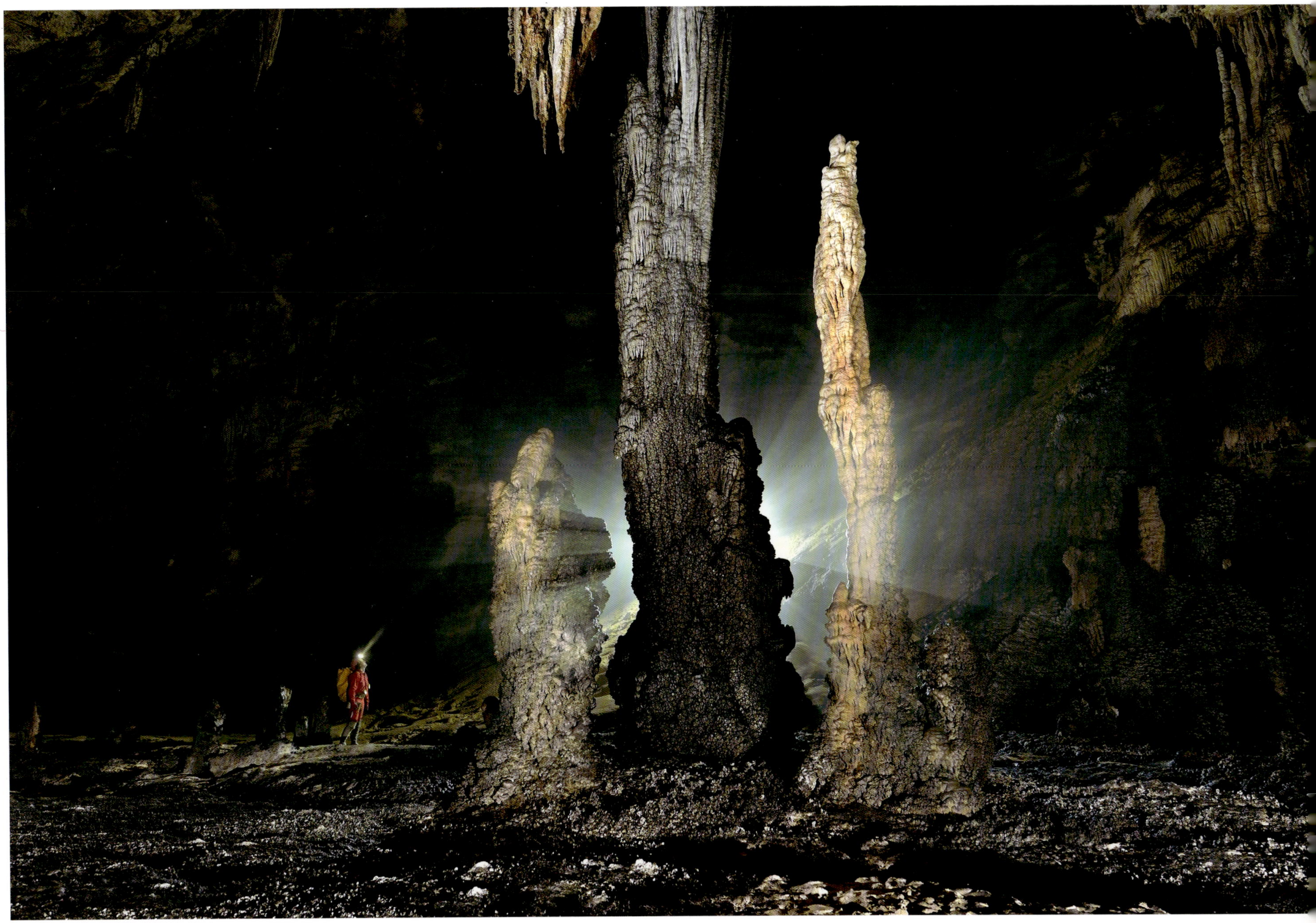

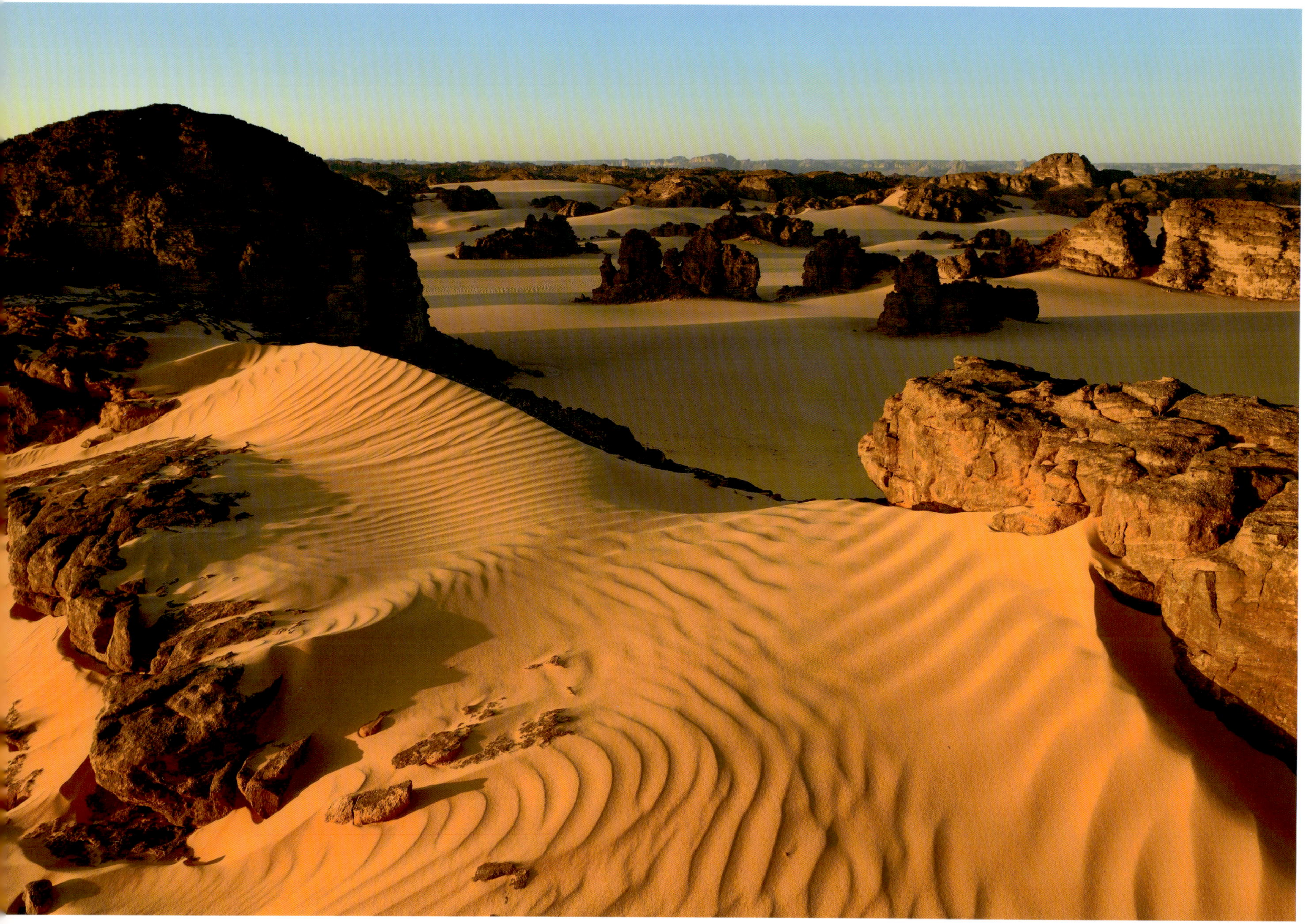

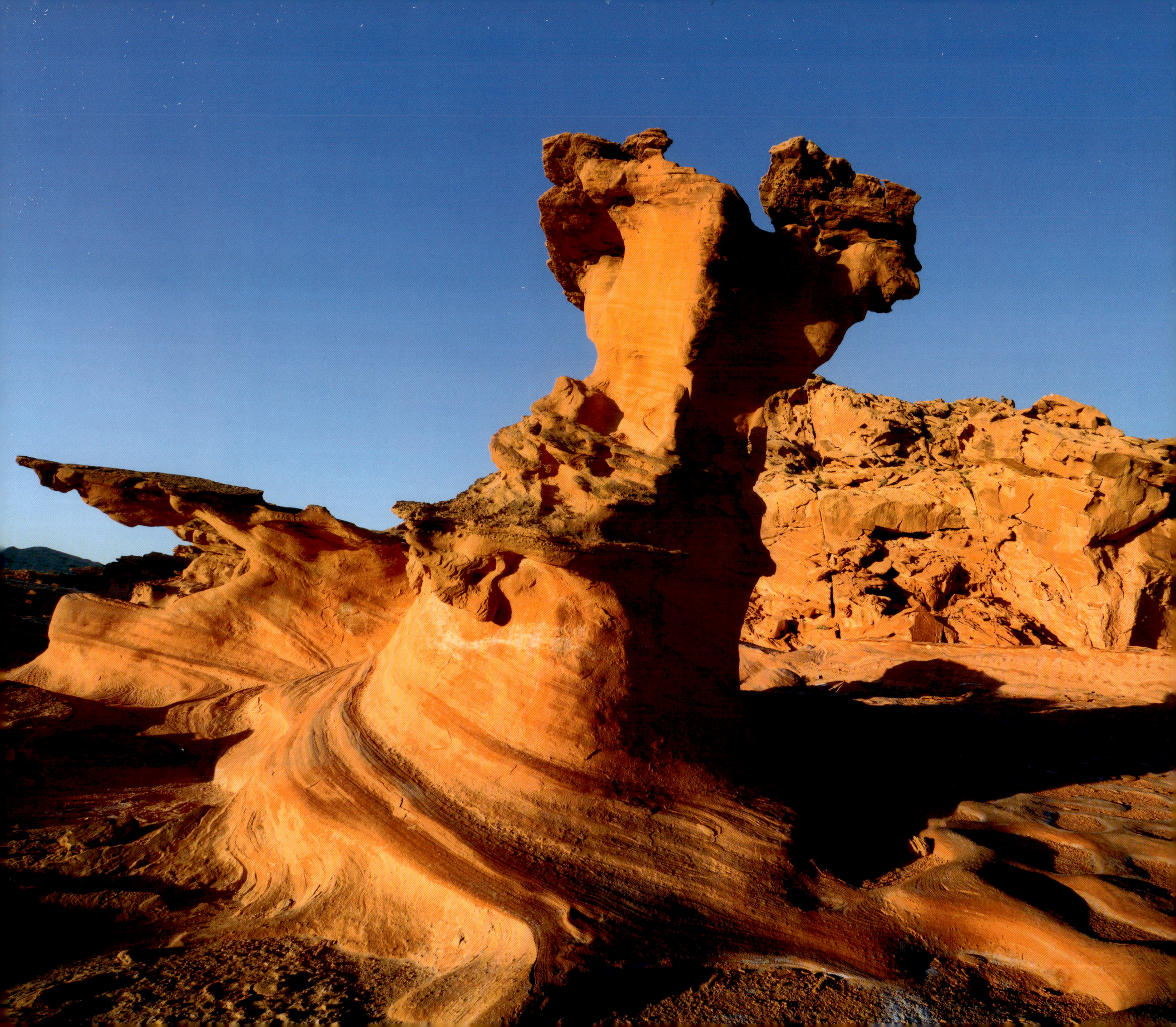

Outlines of BOTANICAL GEOGRAPHY.

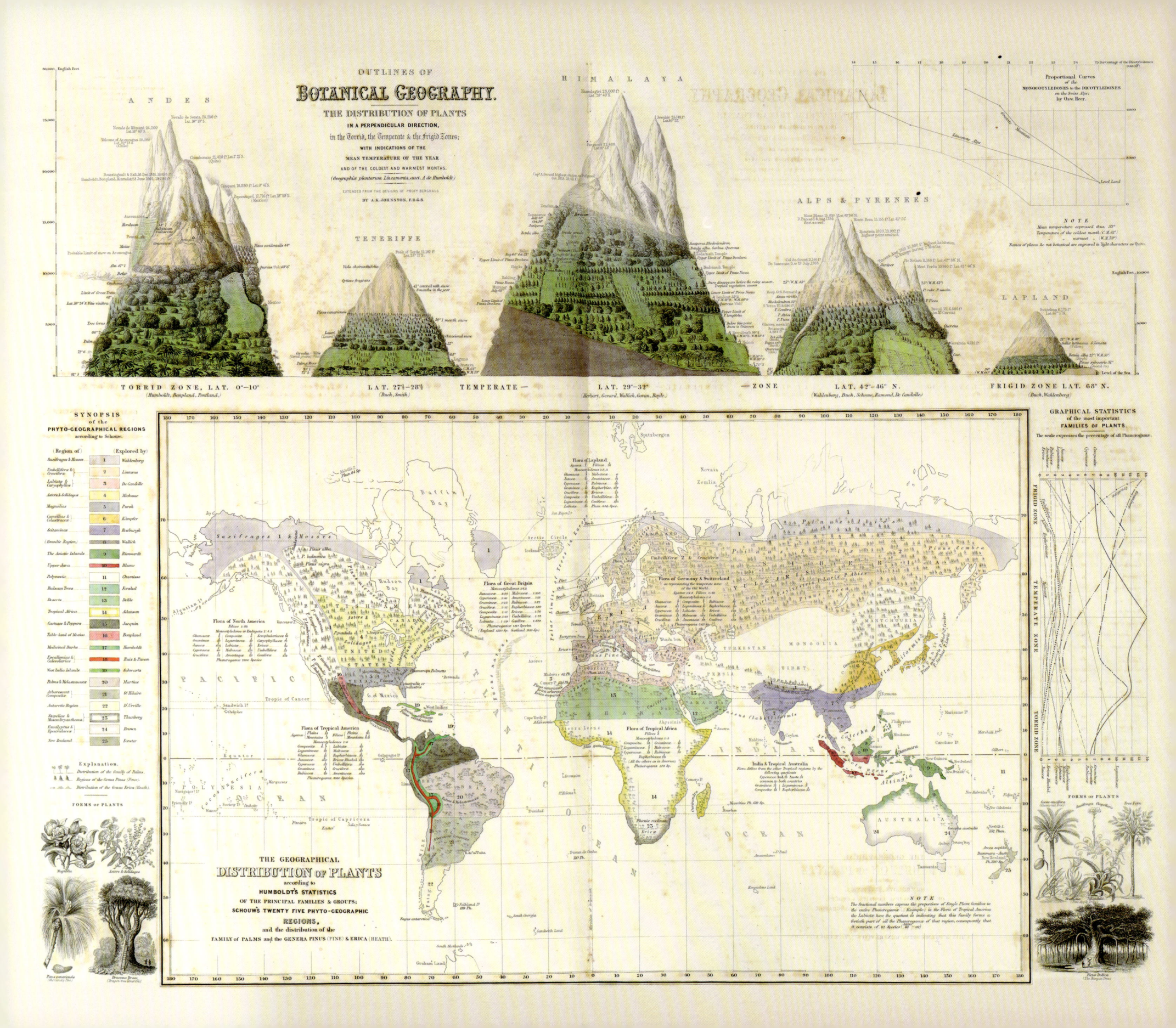

THE DISTRIBUTION OF PLANTS
IN A PERPENDICULAR DIRECTION,
in the Torrid, the Temperate & the Frigid Zones;
WITH INDICATIONS OF THE
MEAN TEMPERATURE OF THE YEAR
AND OF THE COLDEST AND WARMEST MONTHS.

(Geographie plantarum Lineamenta, auct. A. de Humboldt.)

EXTENDED FROM THE DESIGNS OF PROFR BERGHAUS
BY A.K. JOHNSTON, F.R.G.S.

ANDES — TORRID ZONE, LAT. 0°–10° (Humboldt, Bonpland, Boussingault)

TENERIFFE — LAT. 27½°–28½° (Buch, Smith)

HIMALAYA — LAT. 29°–32° TEMPERATE — (Herbert, Gerard, Wallich, Govan, Royle)

ALPS & PYRENEES — LAT. 42°–46° N. (Wahlenberg, Buch, Schouw, Ramond, De Candolle)

LAPLAND — FRIGID ZONE LAT. 68° N. (Buch, Wahlenberg)

Proportional Curves of the MONOCOTYLEDONES to the DICOTYLEDONES on the Swiss Alps by Osw. Heer.

Level Land

NOTE. — Mean temperature expressed thus..35°. Temperature of the coldest month..C.M.6°. warmest..W.M.72°. Names of places not ascertained are engraved in light characters as thus.

SYNOPSIS of the PHYTO-GEOGRAPHICAL REGIONS according to Schouw.

Region of	No.	Explored by
Saxifrages & Mosses	1	Wahlenberg
Umbelliferae & Cruciferae	2	Linnæus
Labiatae & Caryophylleæ	3	De Candolle
Asters & Solidagos	4	Michaux
Magnolias	5	Pursh
Cupuliferae & Calanthaceae	6	Gaudichaud
Scitamineae	7	Roxburgh
(Semedo Region)	8	Wallich
The Asiatic Islands	9	Blumenbach
Upper chain	10	Blume
Polynesia	11	Chamisso
Balsam Trees	12	Forskal
Deserts	13	Delile
Tropical African	14	Adanson
Cactuses & Peppers	15	Jacquin
Table-land of Mexico	16	Bonpland
Medicinal Barks	17	Humboldt
Escallonieae & Calceolarieae	18	Ruiz & Pavon
West India Islands	19	Schwartz
Palms & Melastomaceae	20	Martius
Arborescent Compositae	21	M.Hilaire
Antarctic Region	22	D'Urville
Stapeliae & Mesembryanthemeae	23	Thunberg
Eucalypti & Epacrideae	24	Brown
New Zealand	25	Forster

Explanation.
Distribution of the family of Palms.
Regions of the Genus Pinus.
Distribution of the Genus Erica (Heath).

FORMS of PLANTS

THE GEOGRAPHICAL DISTRIBUTION OF PLANTS
according to HUMBOLDT'S STATISTICS
OF THE PRINCIPAL FAMILIES & GROUPS;
SCHOUW'S TWENTY FIVE PHYTO-GEOGRAPHIC REGIONS,
and the distribution of the
FAMILY of PALMS and the GENERA PINUS (PINE) & ERICA (HEATH).

NOTE. The fractional numbers express the proportions of Single Plant families to the entire Phanerogamia. Example: in the Flora of Tropical America the labister here in printed as indicating that this family forms a fortieth part of all the Phanerogamia of that region, consequently that it consists of 10 species.

GRAPHICAL STATISTICS of the most important FAMILIES OF PLANTS.

The scale expresses the percentage of all Phanerogams.

FRIGID ZONE — TEMPERATE ZONE — TORRID ZONE

FORMS OF PLANTS

EIN LEBENDER ORGANISMUS

„Was ich nicht erlernt habe, habe ich erwandert."
(Johann Wolfgang von Goethe, 18. Jh.)

Zu den Wundern der Bergwelt gehört, dass sich auf jeder Höhenstufe eines Gebirges entsprechend den klimatischen Bedingungen Lebensräume mit einer unverwechselbaren Flora und Fauna entwickeln. Die Vielfalt und die Schönheit dieser Vegetationsstufen vermag man, sagt der berühmte Naturforscher John Muir, am intensivsten wahrzunehmen und zu genießen, wenn man wandert. Man erlebt dann mit allen Sinnen, wie sich die Gestalt, das Klima, der Geruch und die Geräusche ändern. Aus dem Laubwald steigt man durch den Nadelwald bis zur Baumgrenze auf, wo die Bergwiesen mit ihren Gräsern, Kräutern, Blumen und den Krüppelbäumen gedeihen. Dann erreicht man den felsigen Gipfelbereich, in dem nur noch Flechten, Moose und Polsterpflanzen wachsen.

Unsere besondere Aufmerksamkeit gilt zwar jenen Tieren der Bergwelt, die wie der Schneeleopard, der Andenkondor oder der Steinbock eine besonders majestätische Ausstrahlung haben. Oder die wie Pandabären, Schneemakaken, Murmeltiere oder Alpendohlen uns durch ihre ausgefallenen Verhaltensweisen Vergnügen bereiten. Faszinierender aber ist, dass die auf einer Höhenstufe lebenden Pflanzen und Tiere durch eine Vielzahl von Lebensbeziehungen untrennbar miteinander verbunden sind. So können die Zirbelwälder sich nur deshalb ständig verjüngen, weil der Tannenhäher die Samen dieses Baumes erntet und davon so viele vergräbt, dass er sich im Winter davon ernähren kann und dennoch genügend Samen im Boden verbleiben, um im Frühjahr zu keimen.

Manche dieser überlebenswichtigen Symbiosen sind uns nicht einmal bewusst. So können die Alpenwiesen nur deshalb jedes Jahr in ihrer Schönheit erblühen, weil die Erdhummeln – anders als die „fleißigen" aber frostempfindlichen Bienen – durch ihren Körperbau so kältetolerant sind, dass sie die Arbeit der Bestäubung der Blüten schon bei Temperaturen um den Gefrierpunkt ausführen können.

Man kann das Leben in den großen Bergmassiven der Erde nur verstehen, wenn man die Pflanzen und Tiere nicht einzeln betrachtet, sondern in ihren wechselseitigen Beziehungen. Ein Geflecht, in dem das Kleine und das Große unauflösbar miteinander verbunden sind. Es ist, um es mit den Worten Alexander von Humboldts auszudrücken *„ein netzartig verschlungenes Gewebe – ein lebender Organismus".*

„Wenn die Biene einmal von der Erde verschwindet", prophezeite Albert Einstein, *„hat der Mensch nur noch vier Jahre zu leben. Keine Biene mehr, keine Bestäubung mehr, keine Pflanzen mehr, keine Tiere mehr, kein Mensch mehr."*

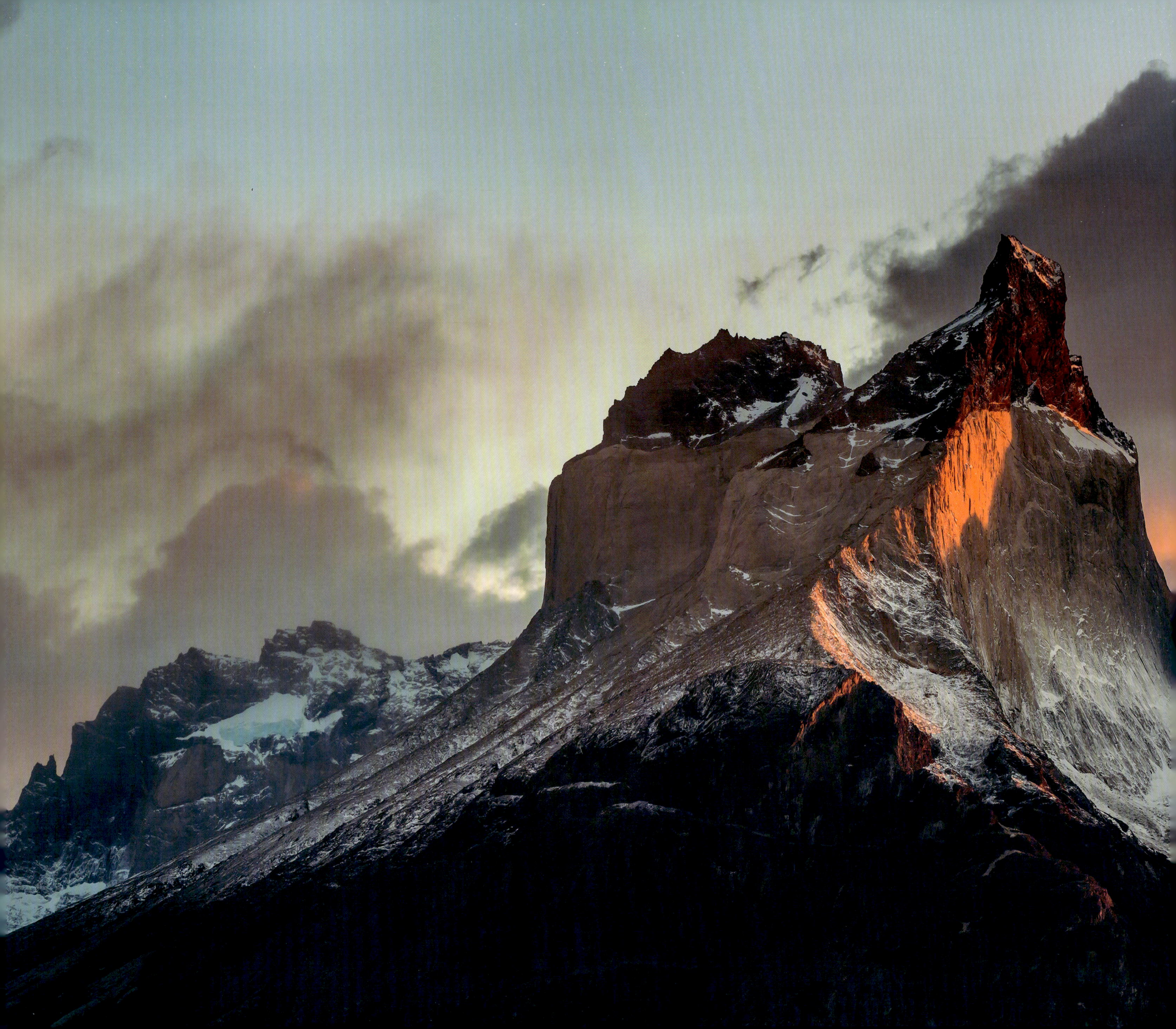

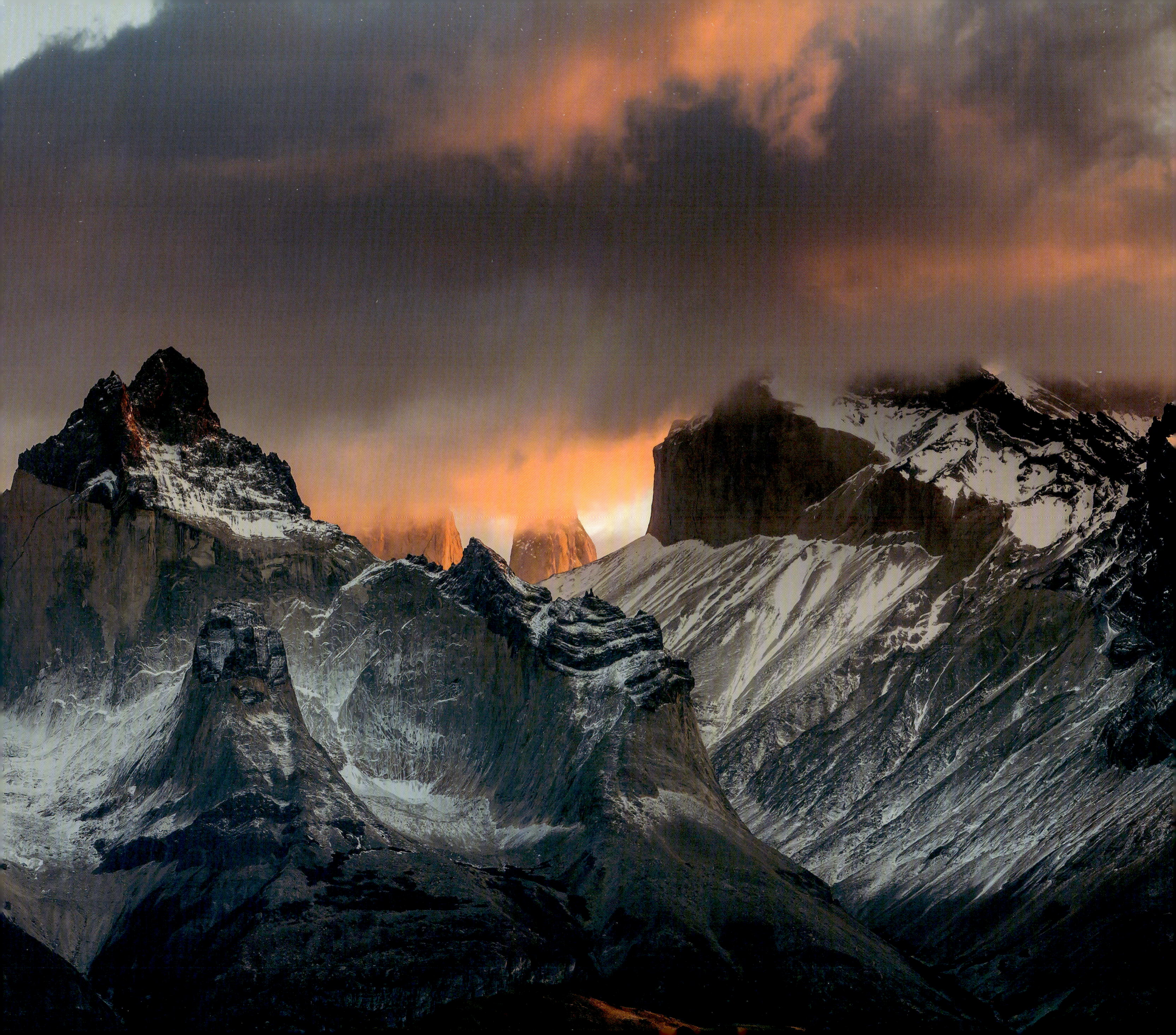

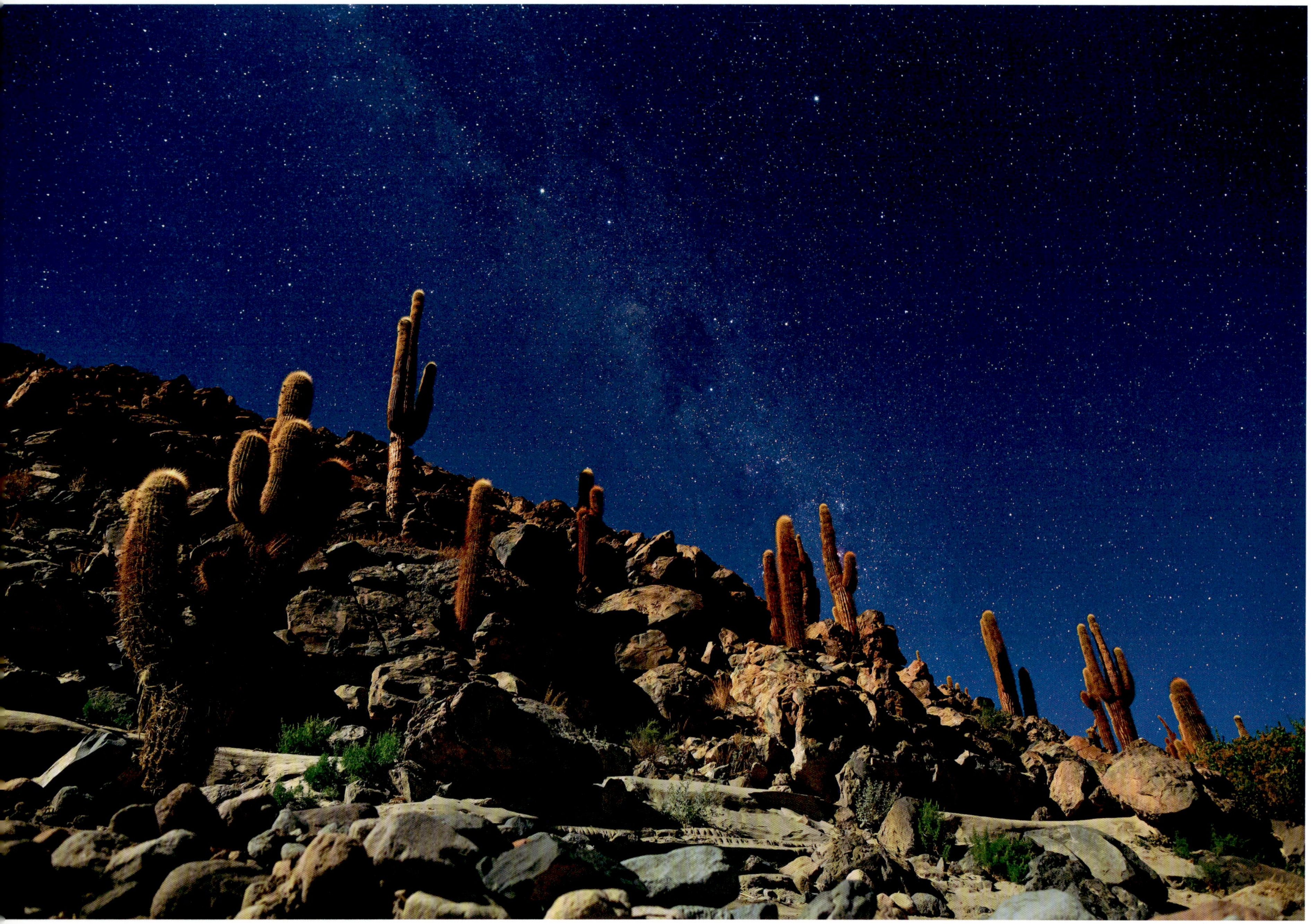

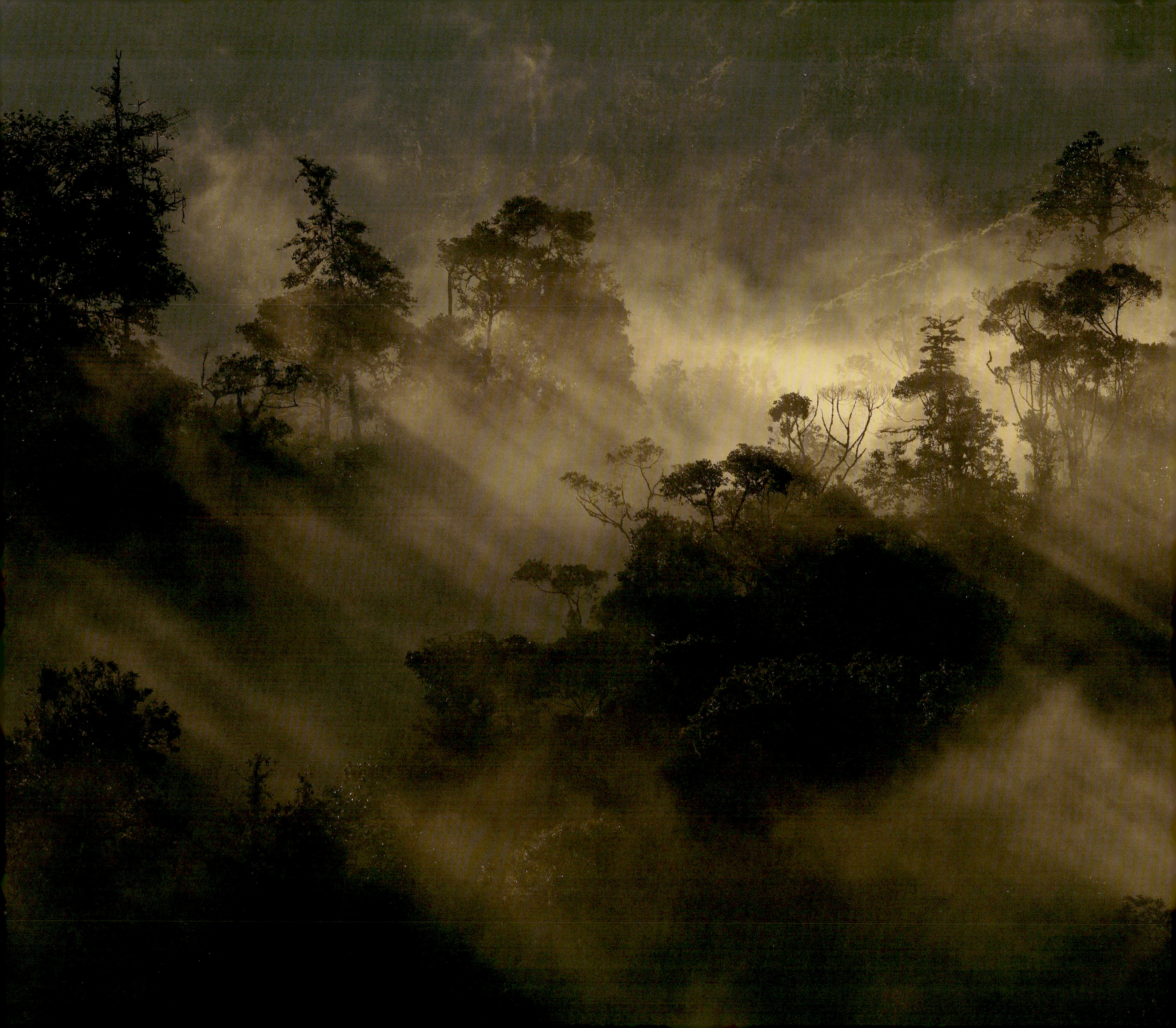

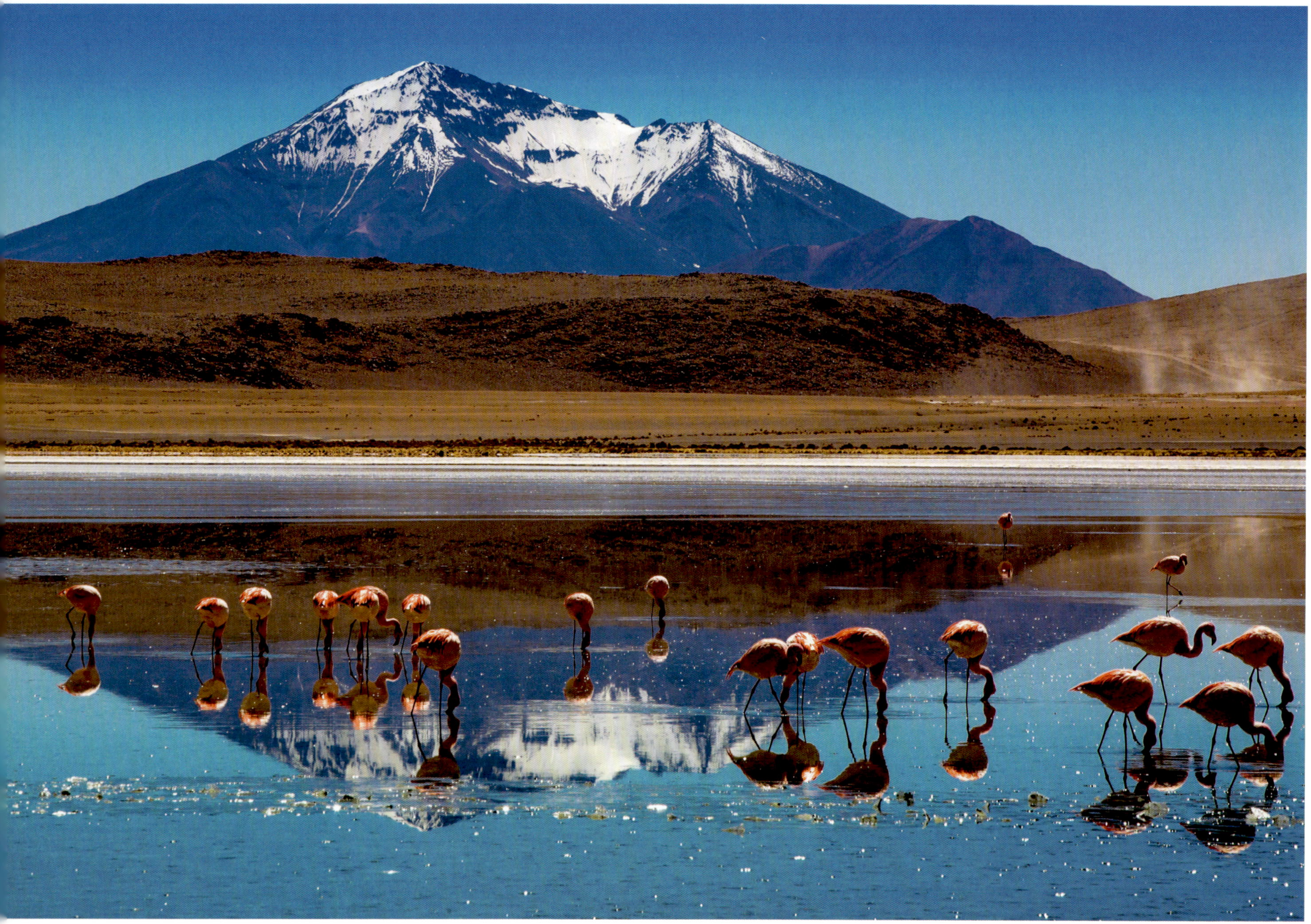

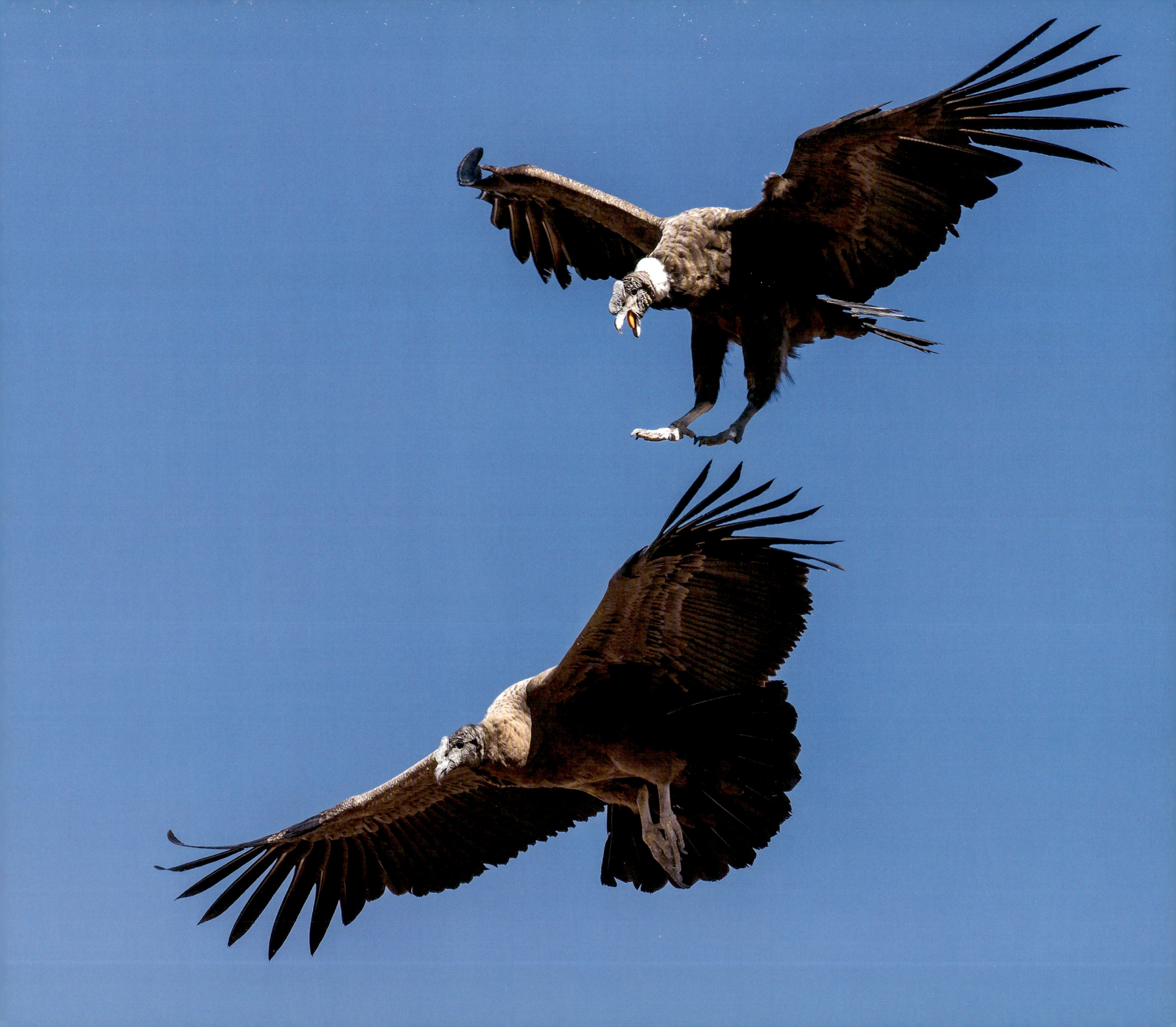

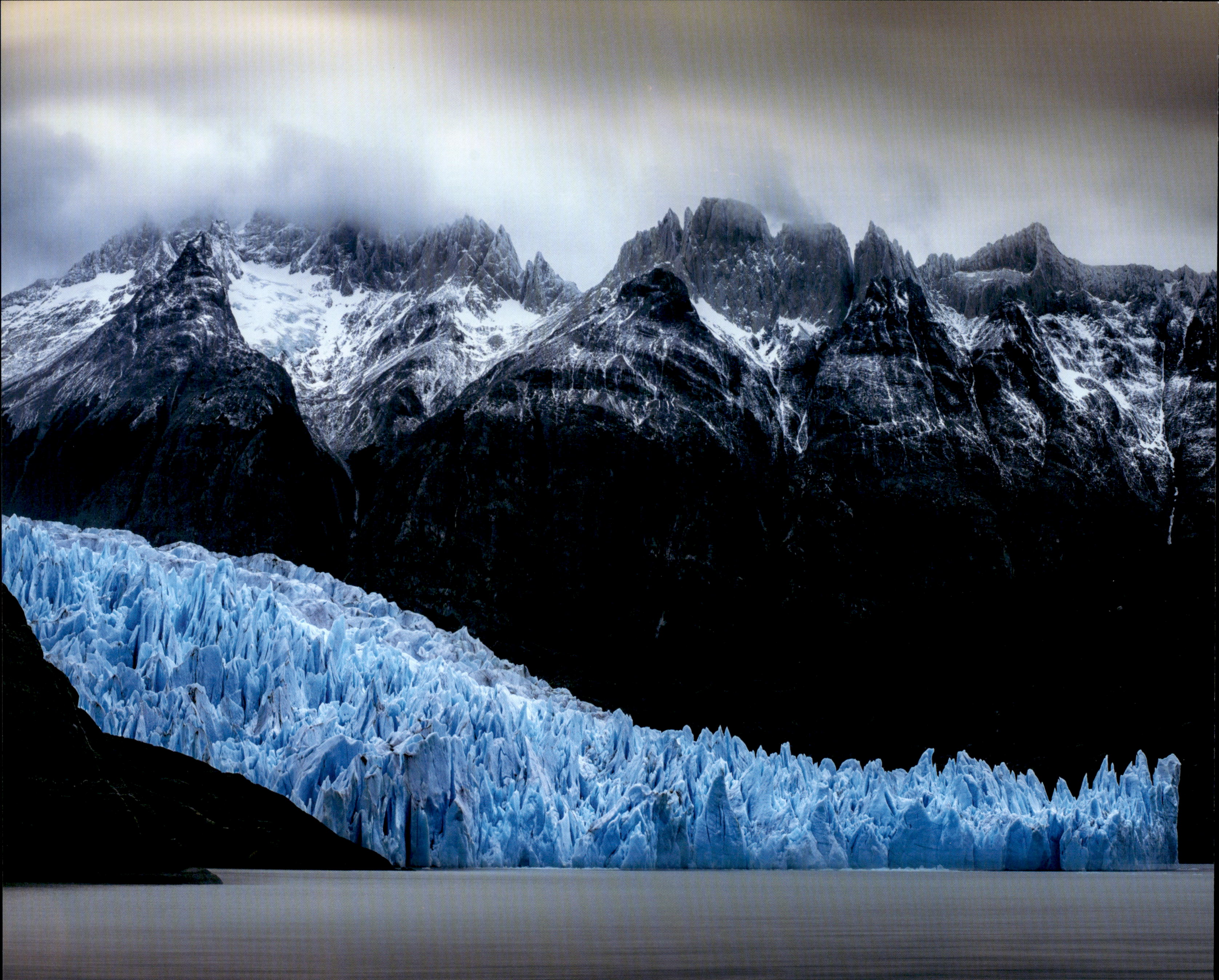

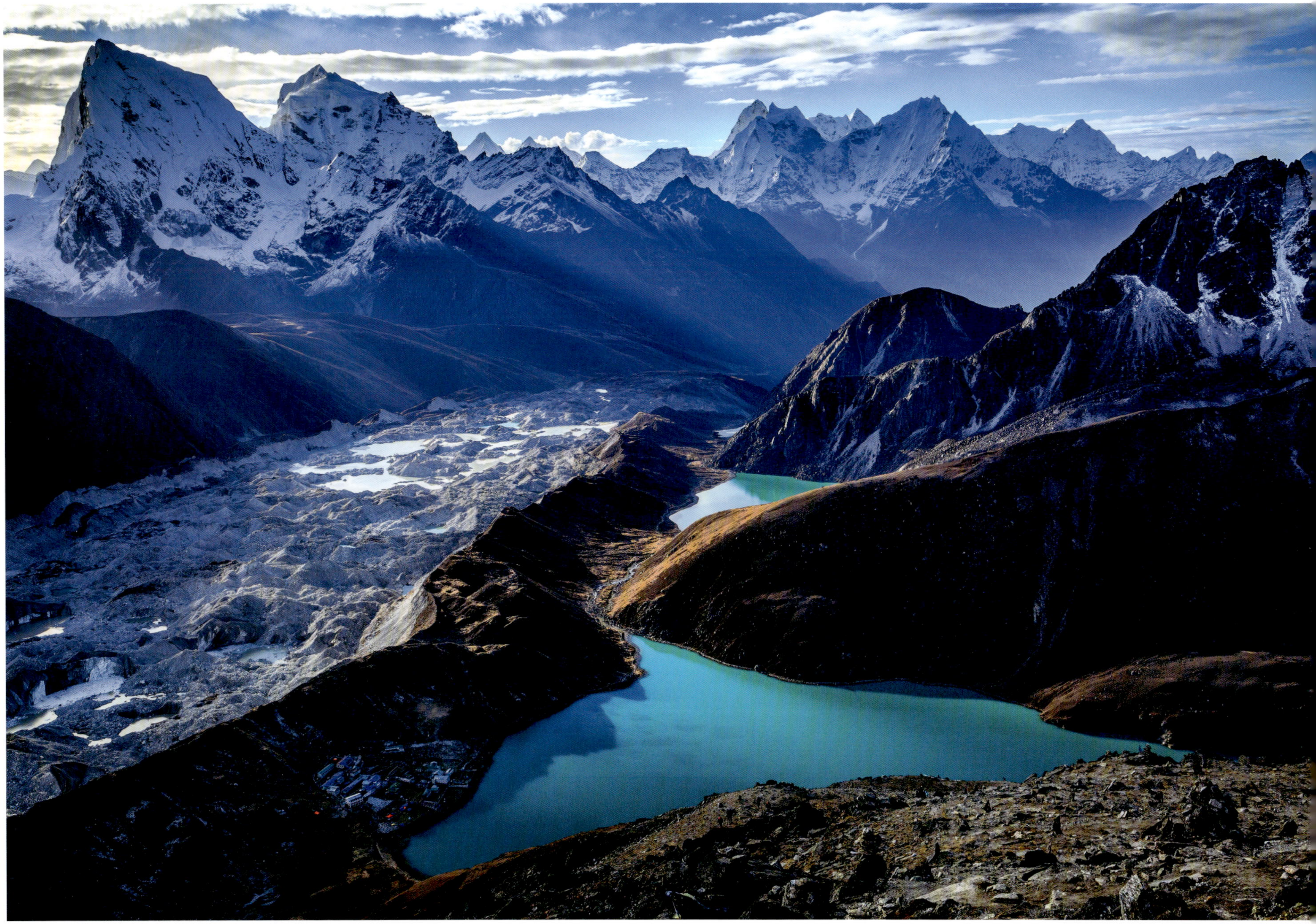

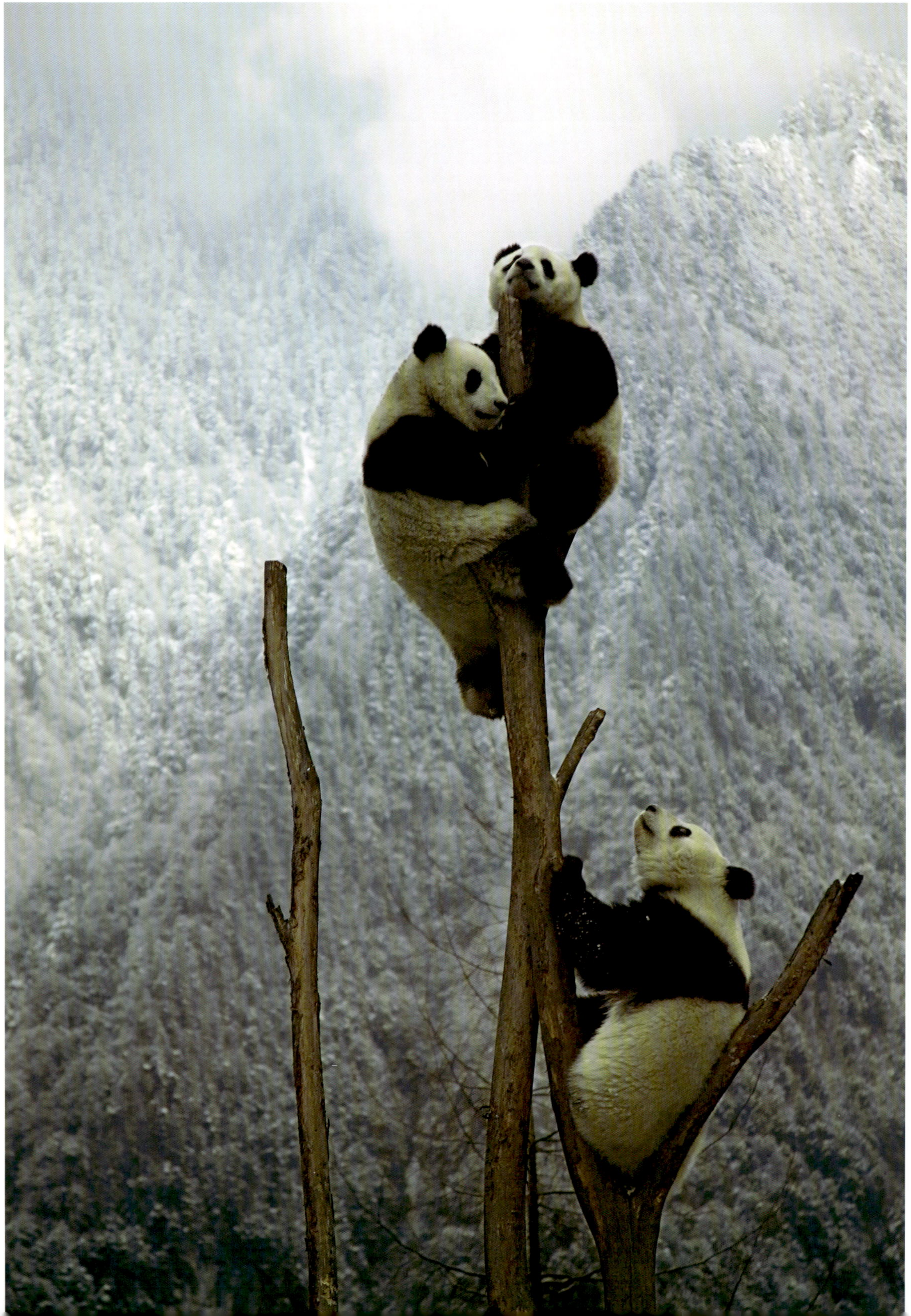

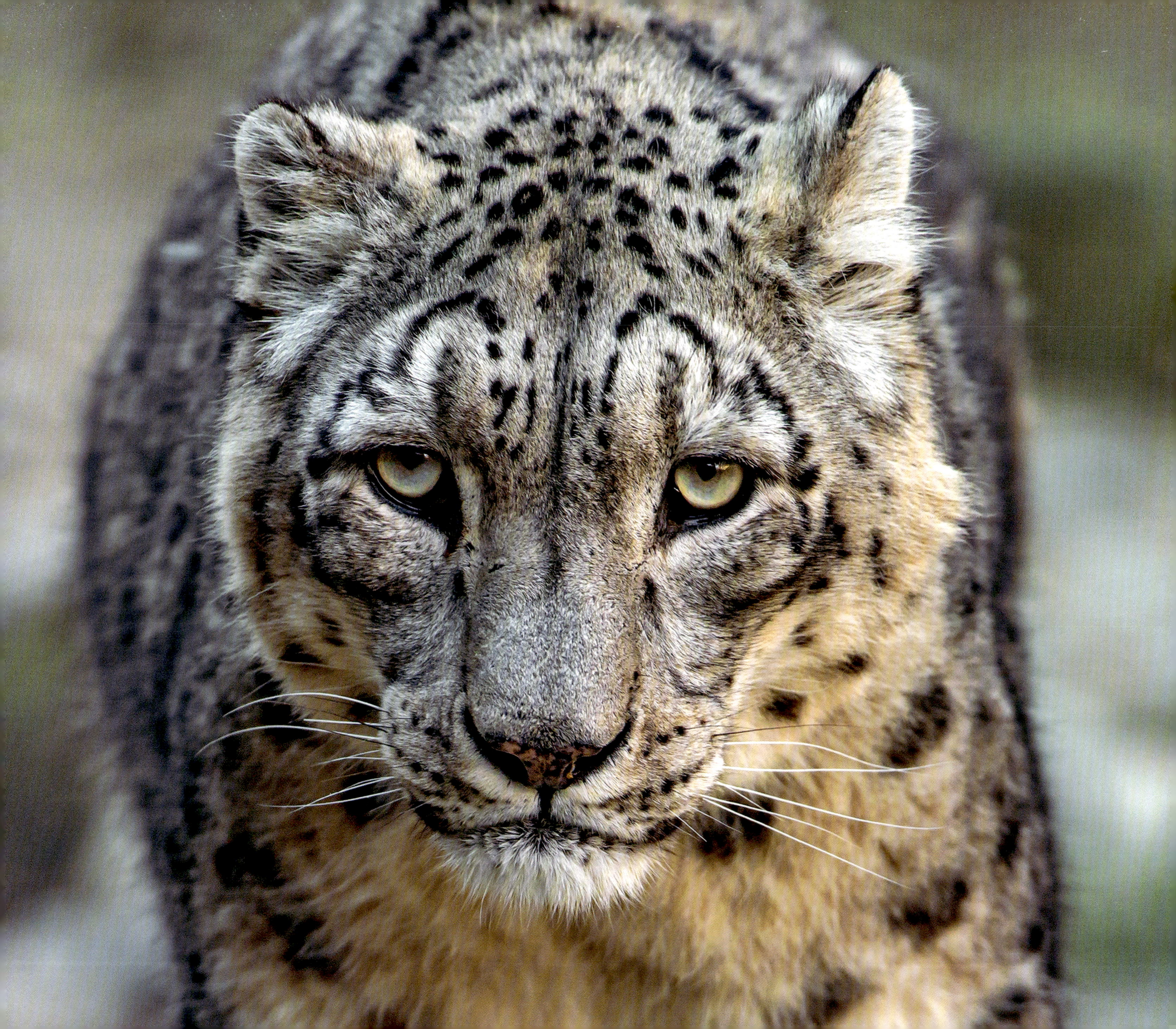

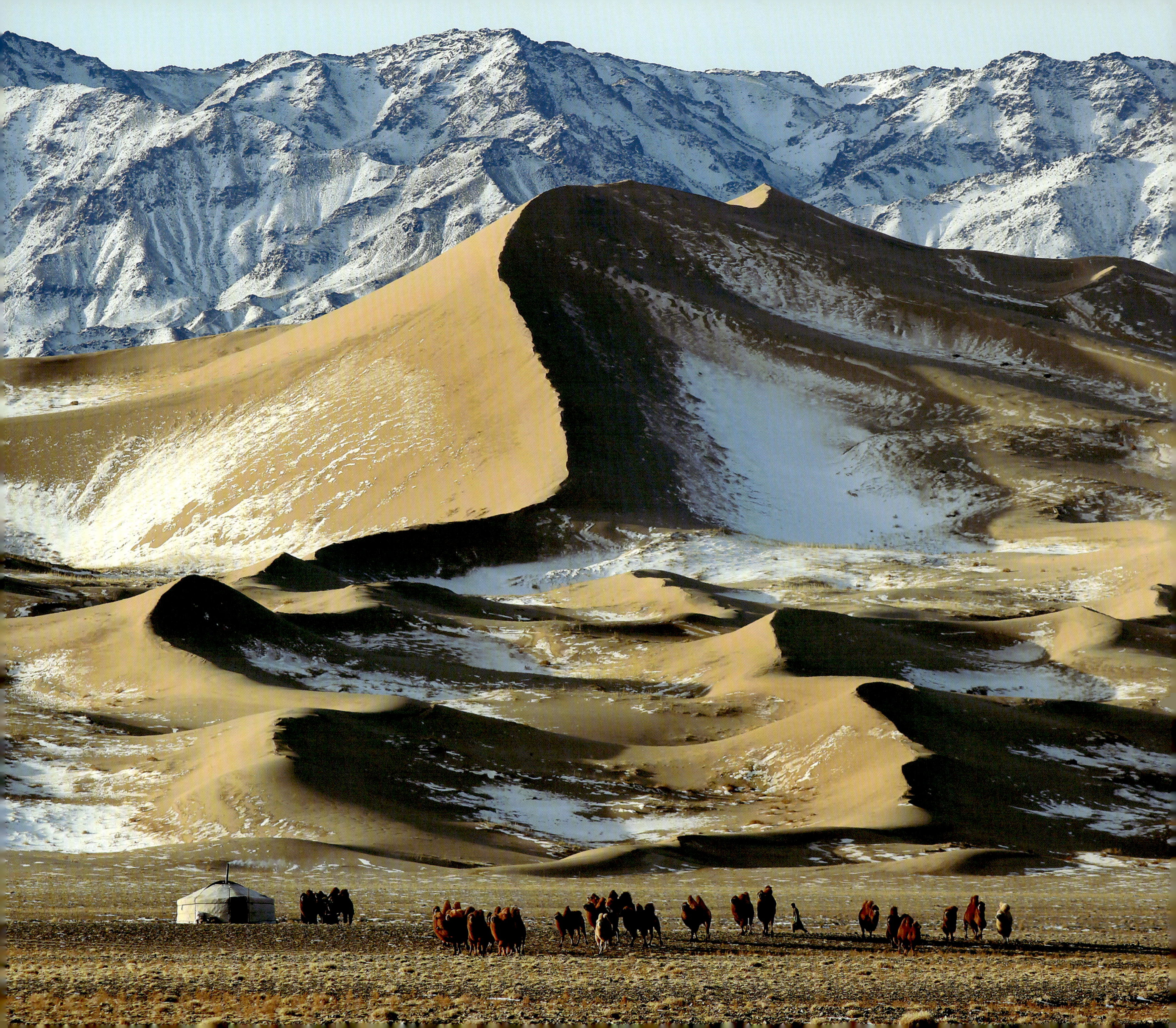

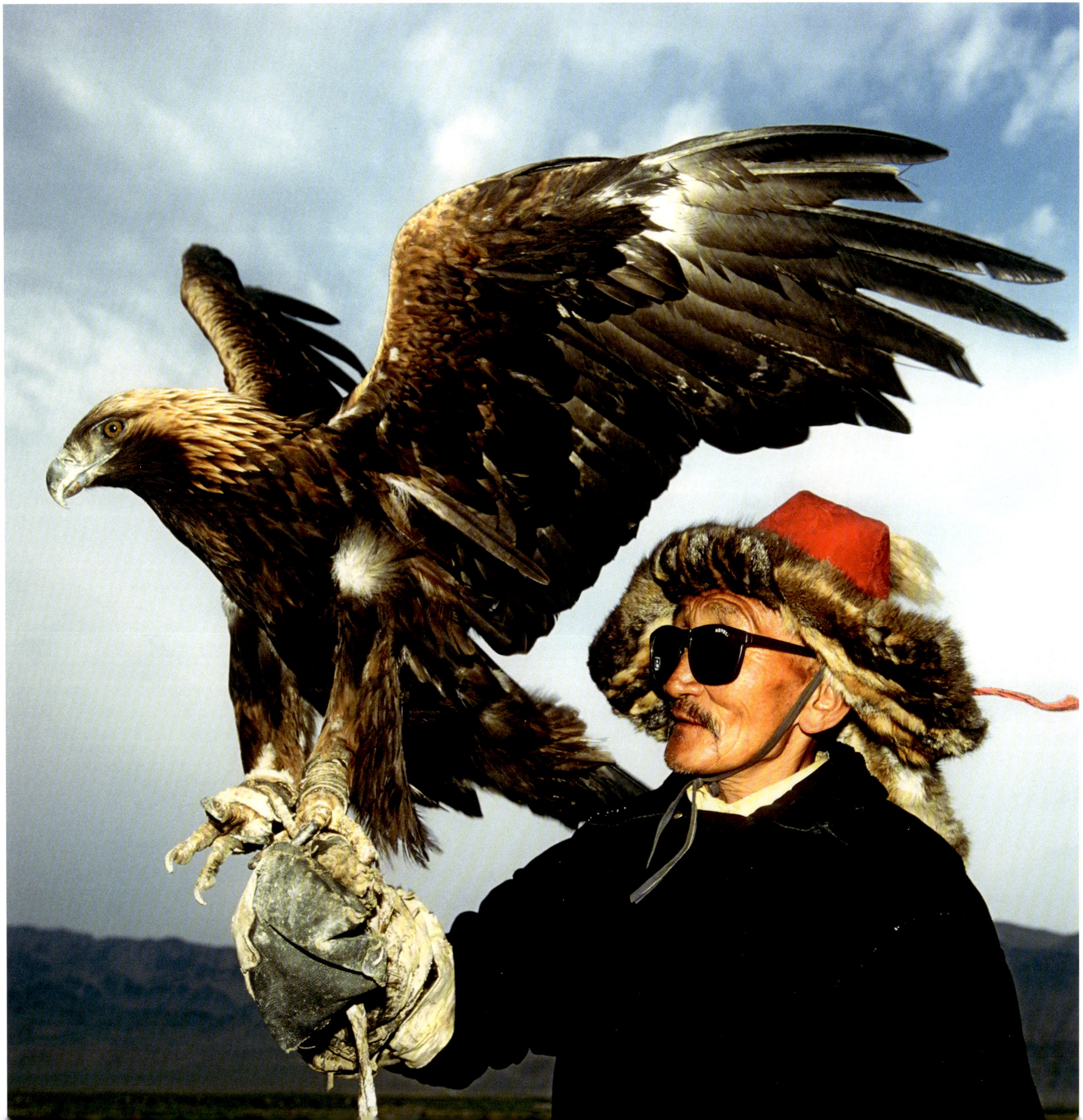

„Und es gehen die Menschen hin, zu bestaunen die Höhen der Berge,
die ungeheuren Fluten des Meeres, die breit dahinfließenden Ströme, die Weite des Ozeans
und die Bahnen der Gestirne und vergessen darüber sich selbst."
(Francesco Petrarca, 14. Jh.)

„Vor den Alpen, die in der Entfernung von einigen Stunden hierherum sind,
stehe ich immer noch betroffen, ich habe wirklich einen solchen Eindruck nie erfahren,
sie sind wie eine wunderbare Sage aus der Heldenjugend unserer Mutter Erde
und mahnen an das alte bildende Chaos, indes sie niedersehn in ihrer Ruhe, und über ihrem Schnee
in hellem Blau die Sonne und die Sterne bei Tag und Nacht erglänzen."
(Friedrich Hölderlin, 18. Jh.)

„Jedes Gebirge ist ein universelles Lebensgewebe, in dem alles – vom Kleinsten bis zum Größten –
miteinander verbunden und auseinander hervorgegangen ist."
(Alexander von Humboldt, 18. Jh.)

„Wir wissen, dass der weiße Mann unsere Art nicht versteht ... Die Erde ist
sein Bruder nicht, sondern Feind, und wenn er sie erobert hat, schreitet er weiter ... Sein Hunger
wird die Erde verschlingen und nichts zurücklassen als eine Wüste.
Unsere Art ist anders als die Eure ... Denn das wissen wir. Alles ist miteinander verbunden.
Der Mensch schuf nicht das Gewebe des Lebens, er ist darin nur eine Faser. Was immer Ihr dieser Erde antut,
das tut Ihr Euch selbst an."
(Stammeshäuptling Seattle, 19. Jh.)

„Was Zeit und Menschen zerstören, entsteht in neuen
Formen wieder, und die Fee, die allem einen neuen Anfang gibt, ist die Natur."
(George Sand, 19. Jh.)

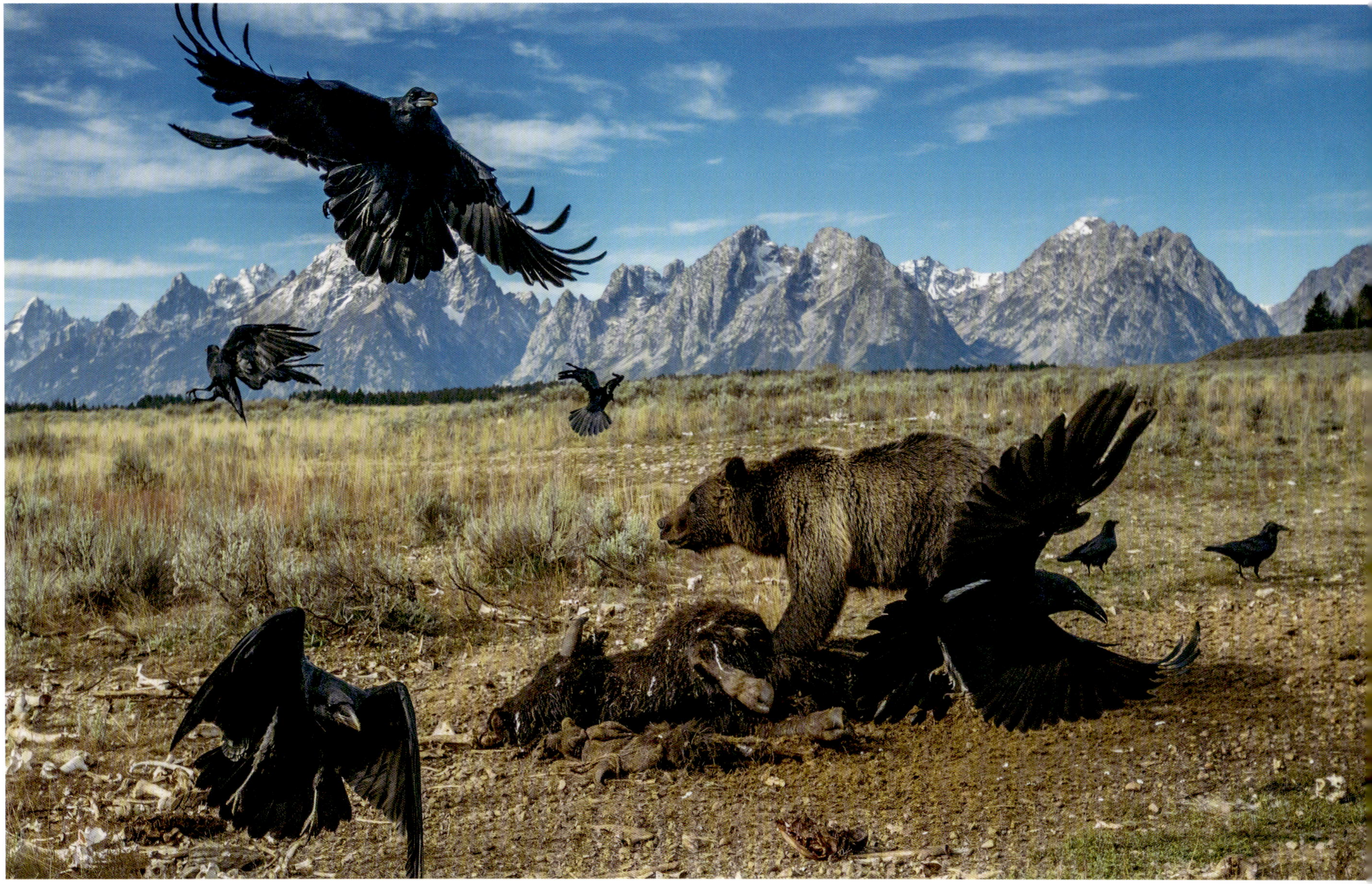

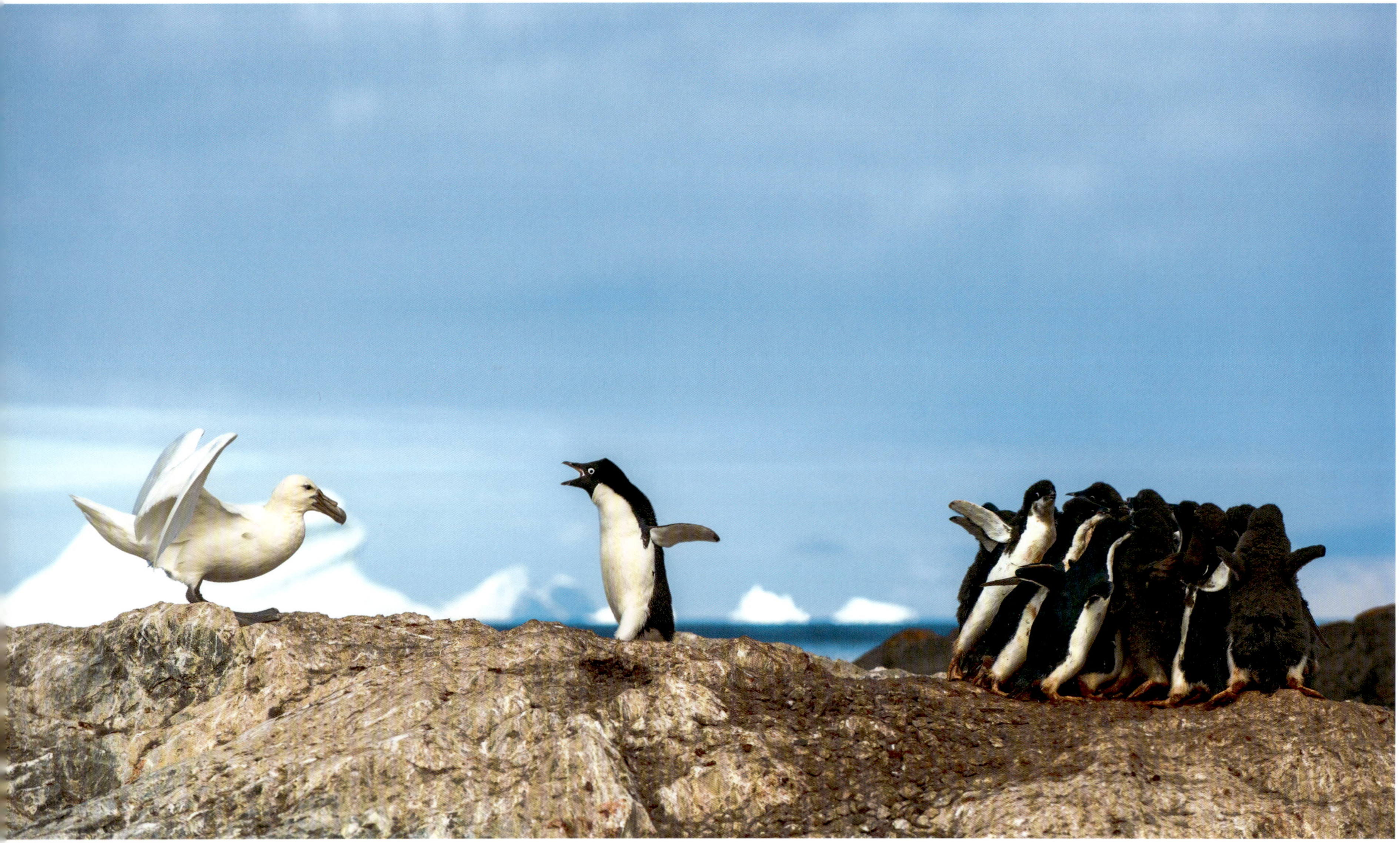

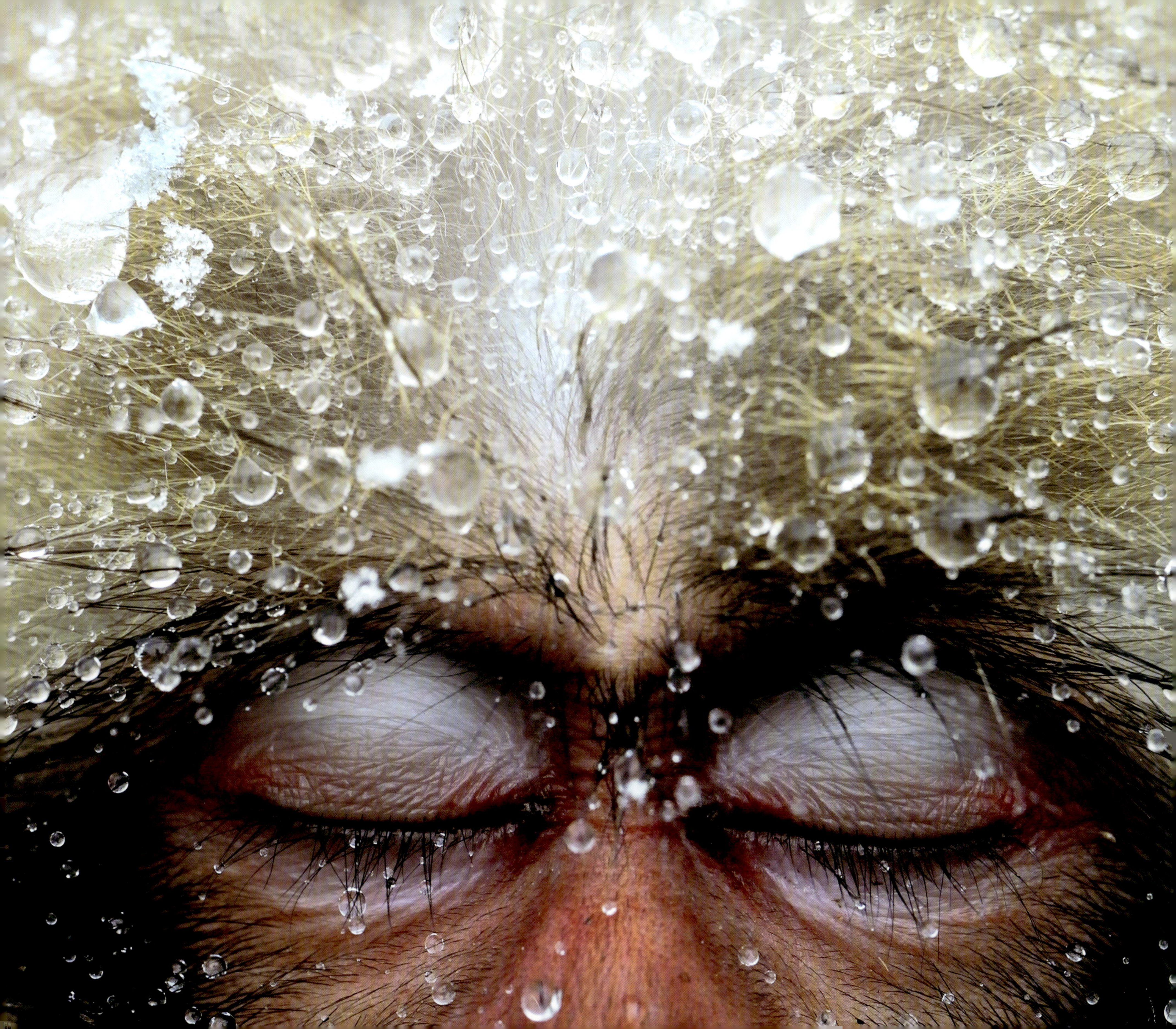

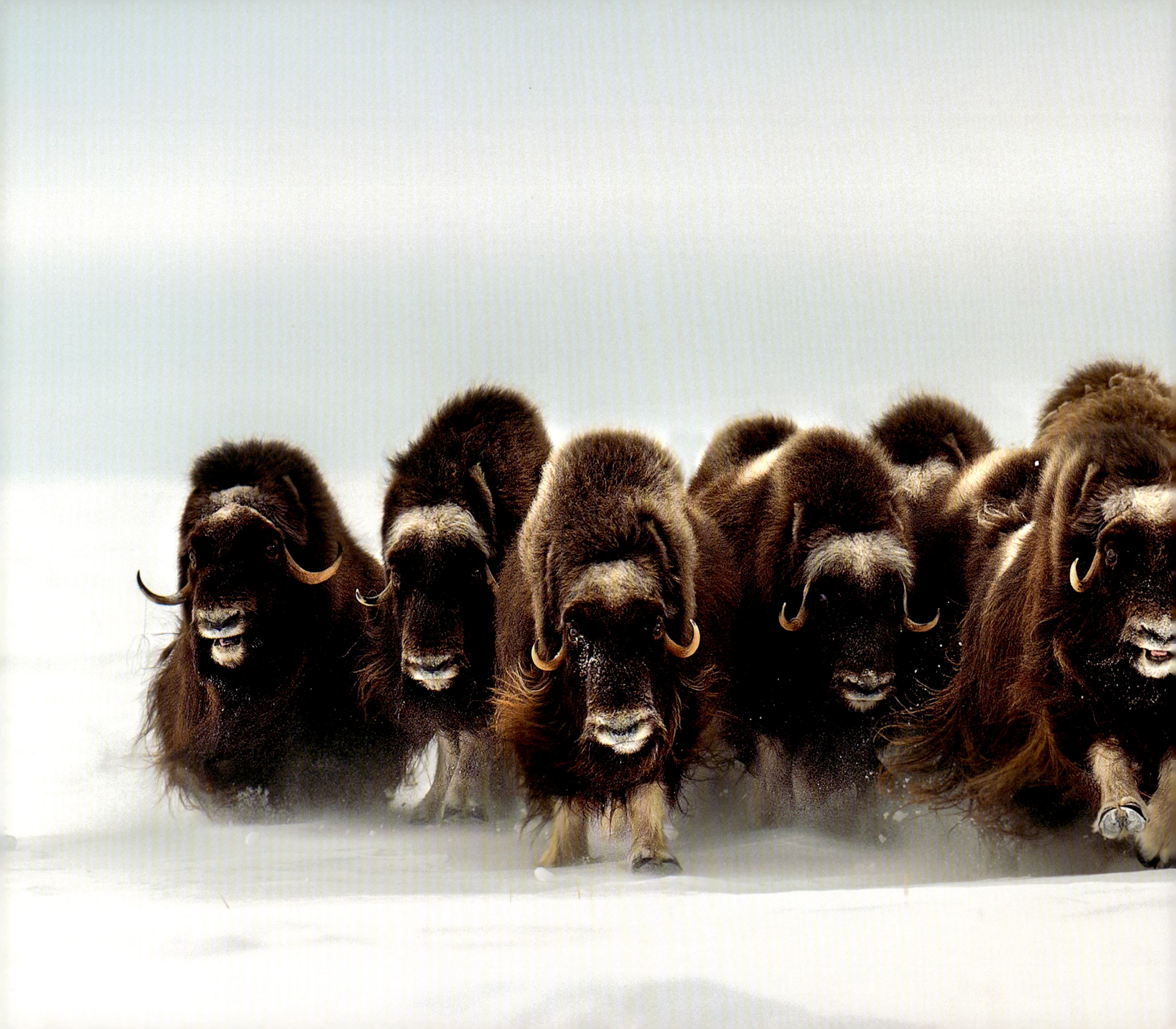

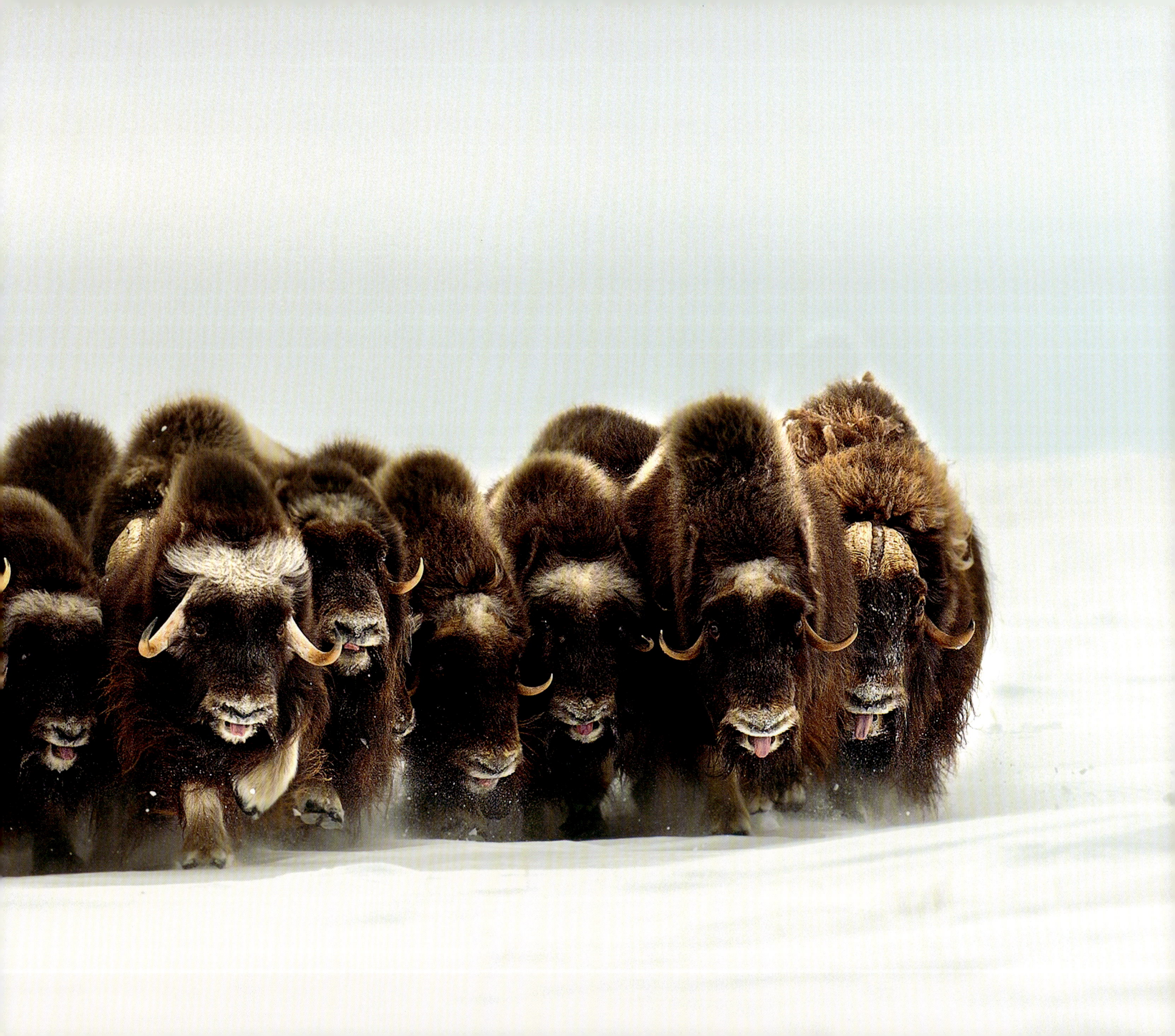

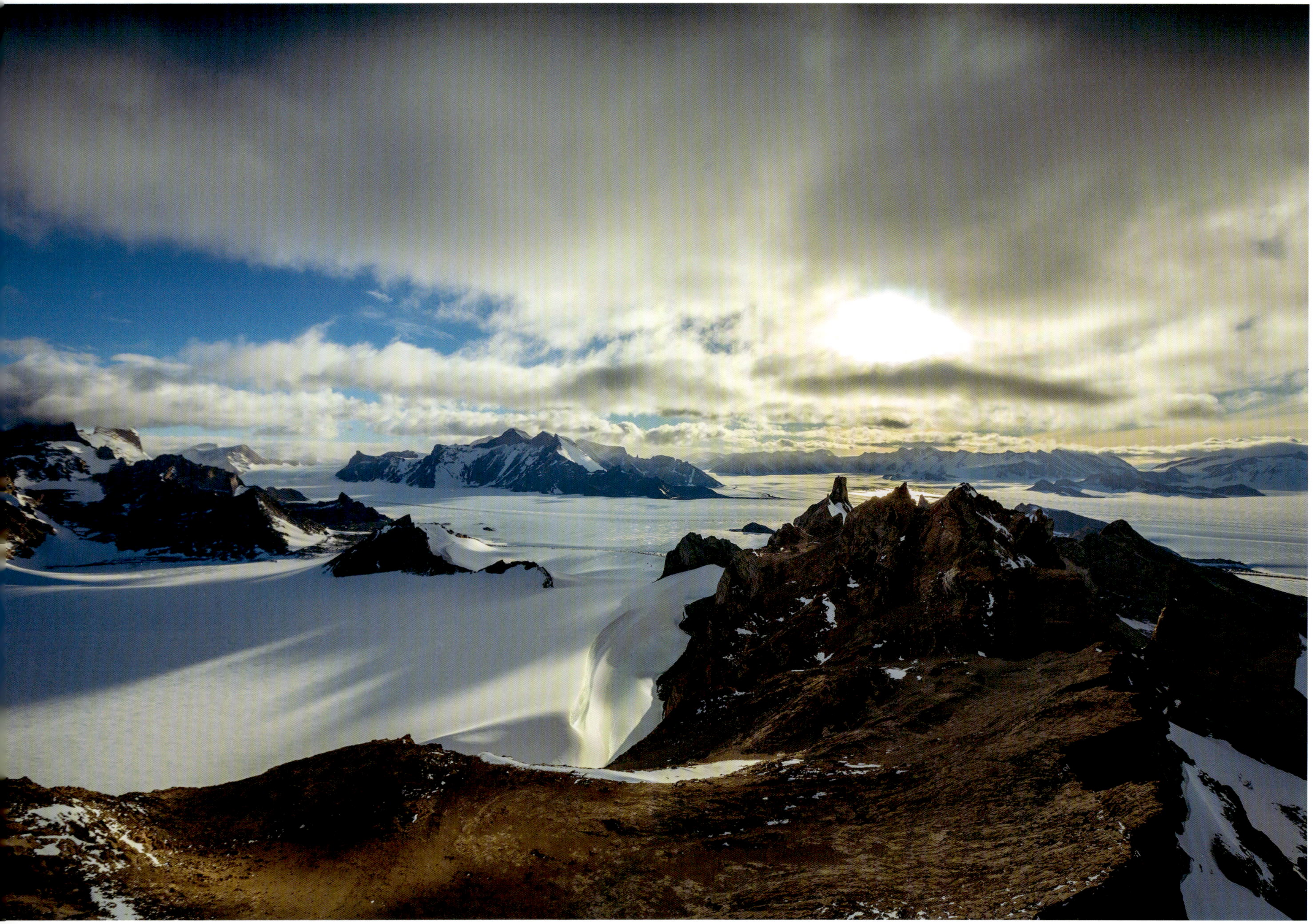

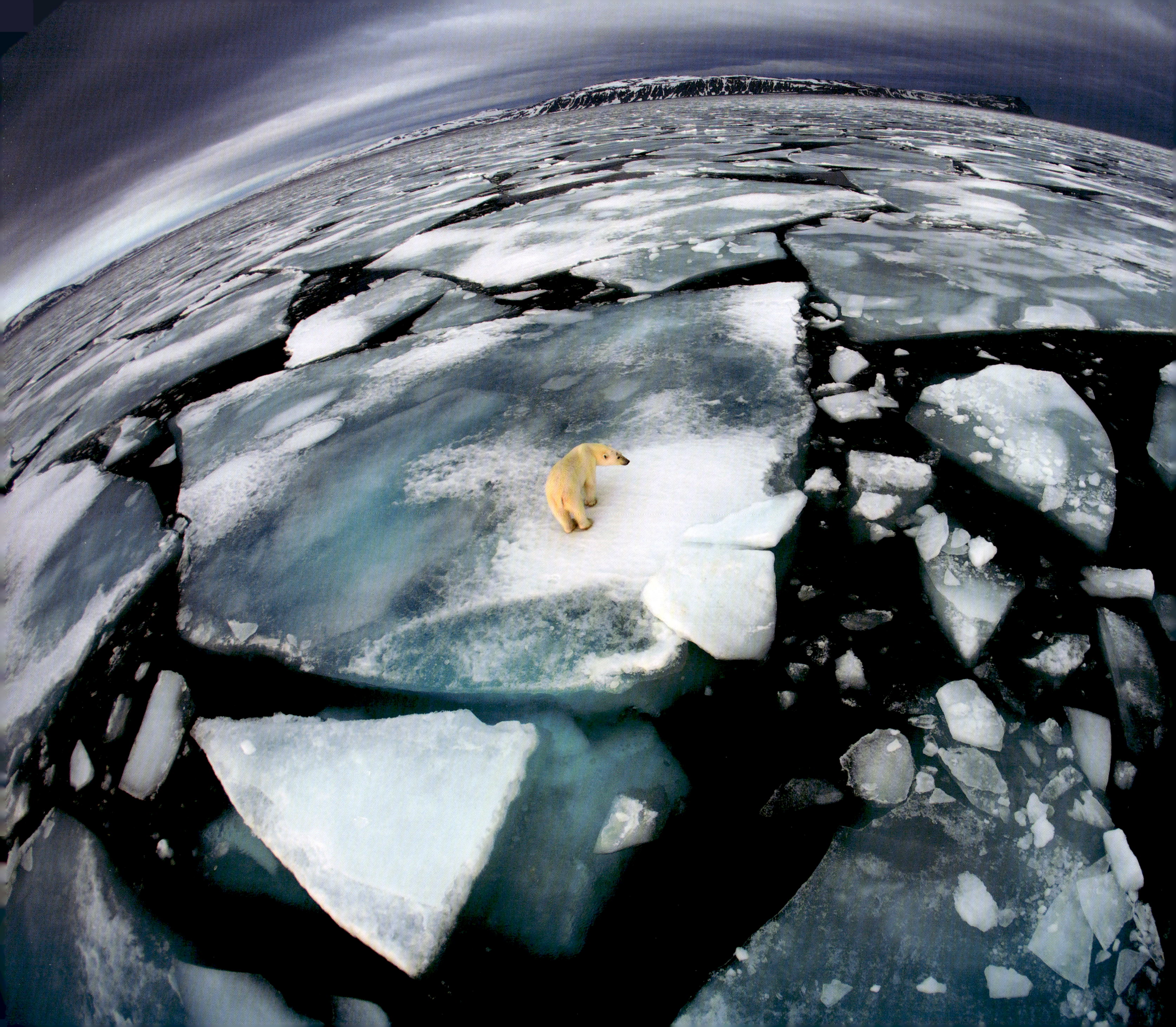

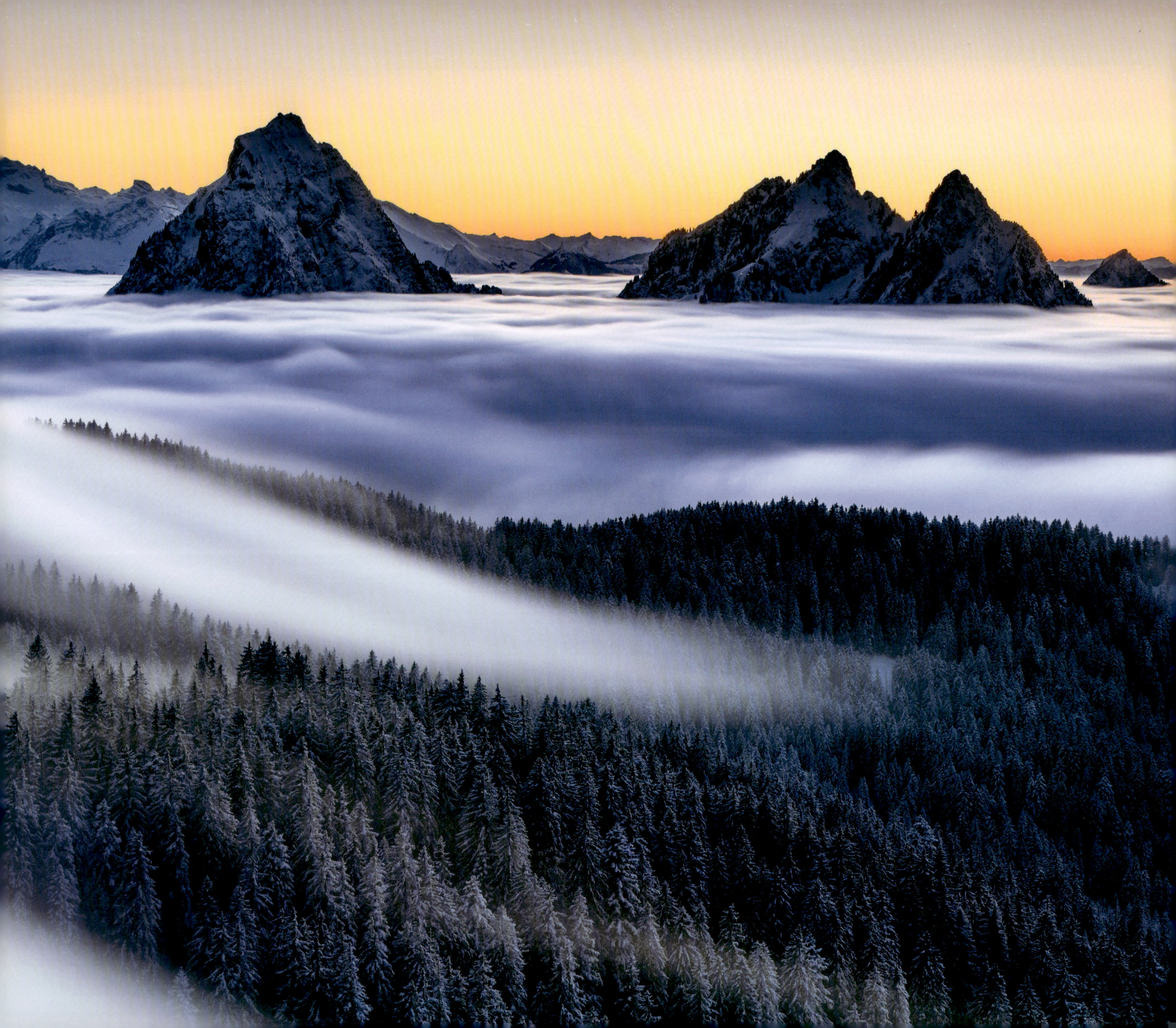

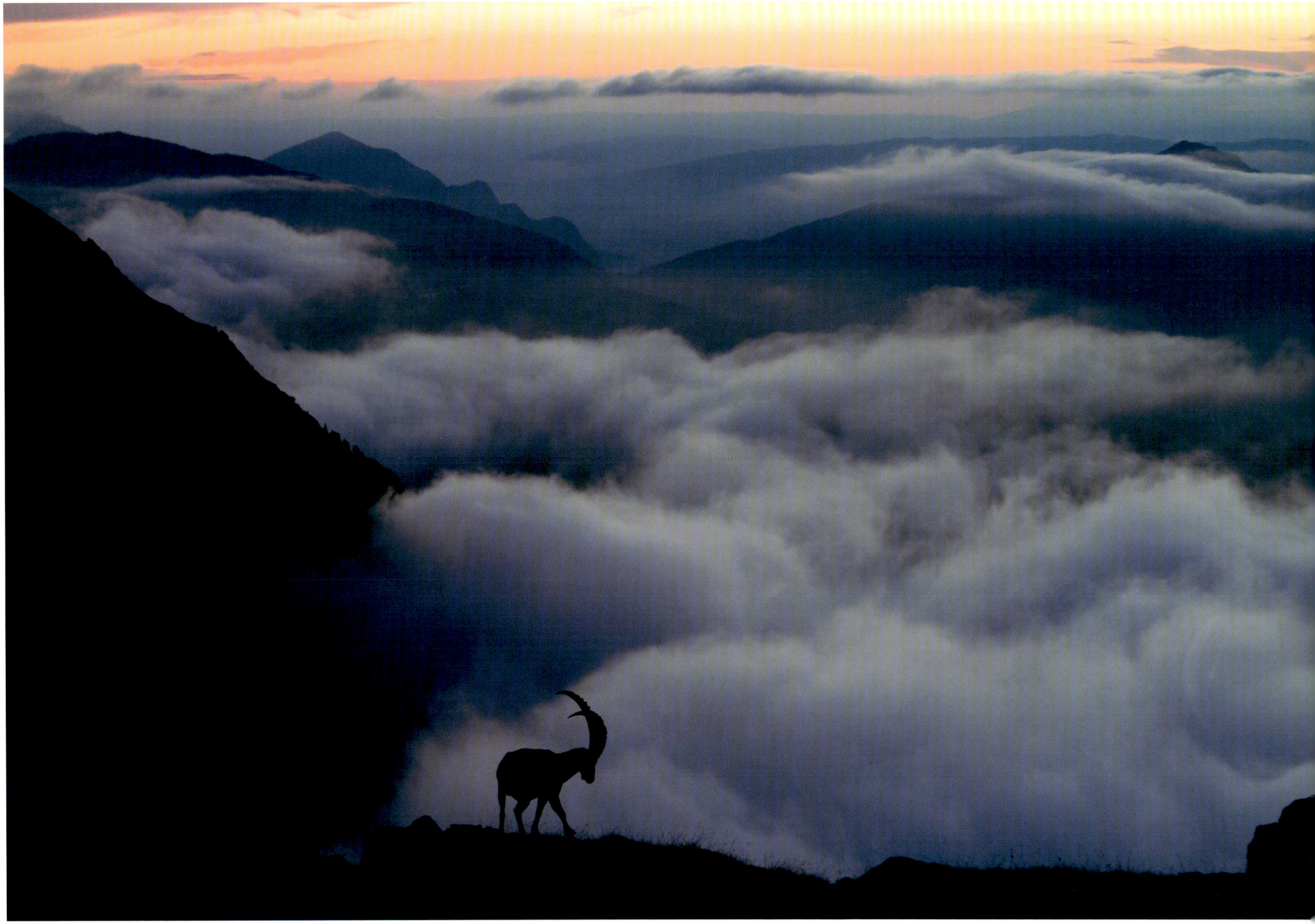

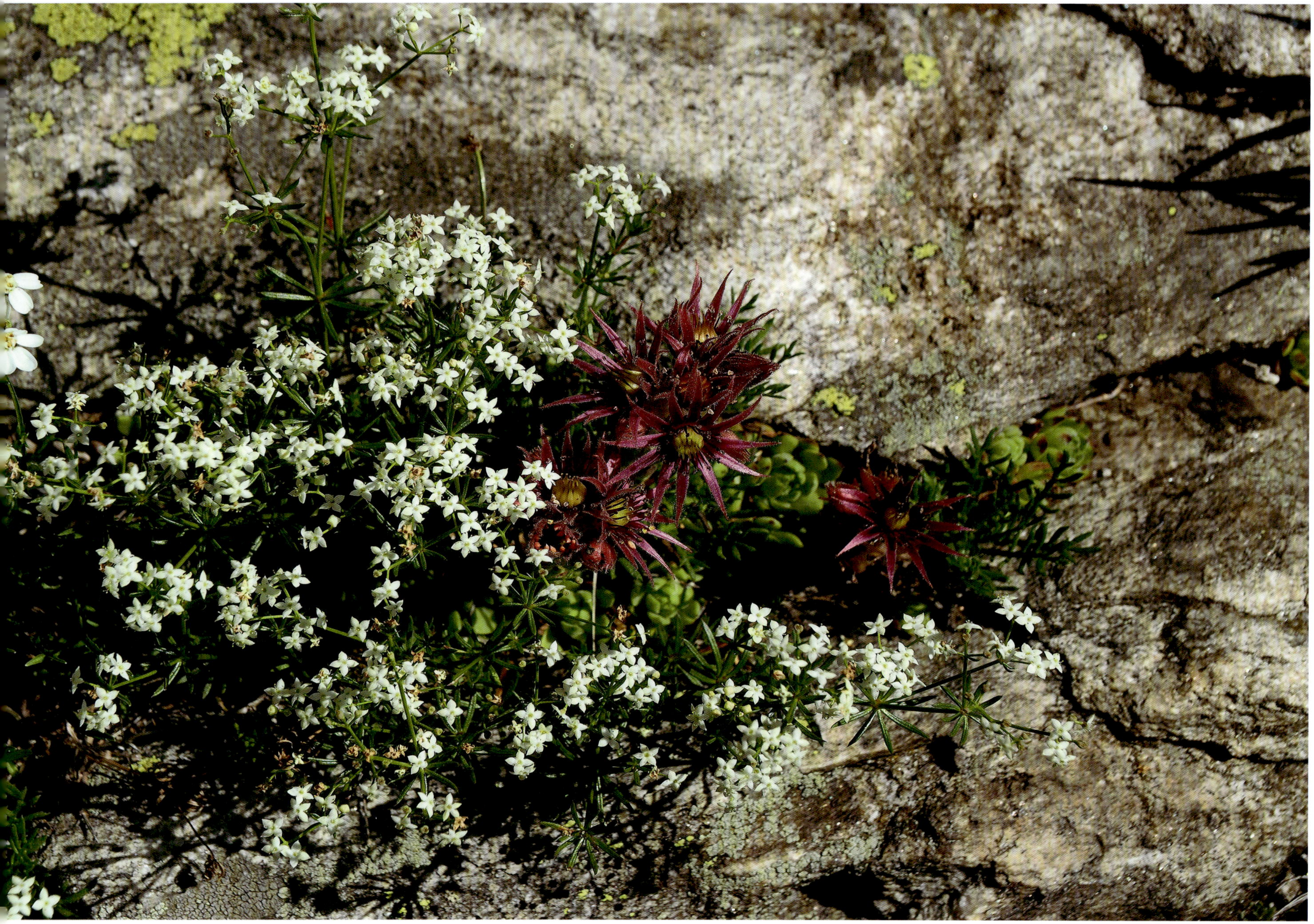

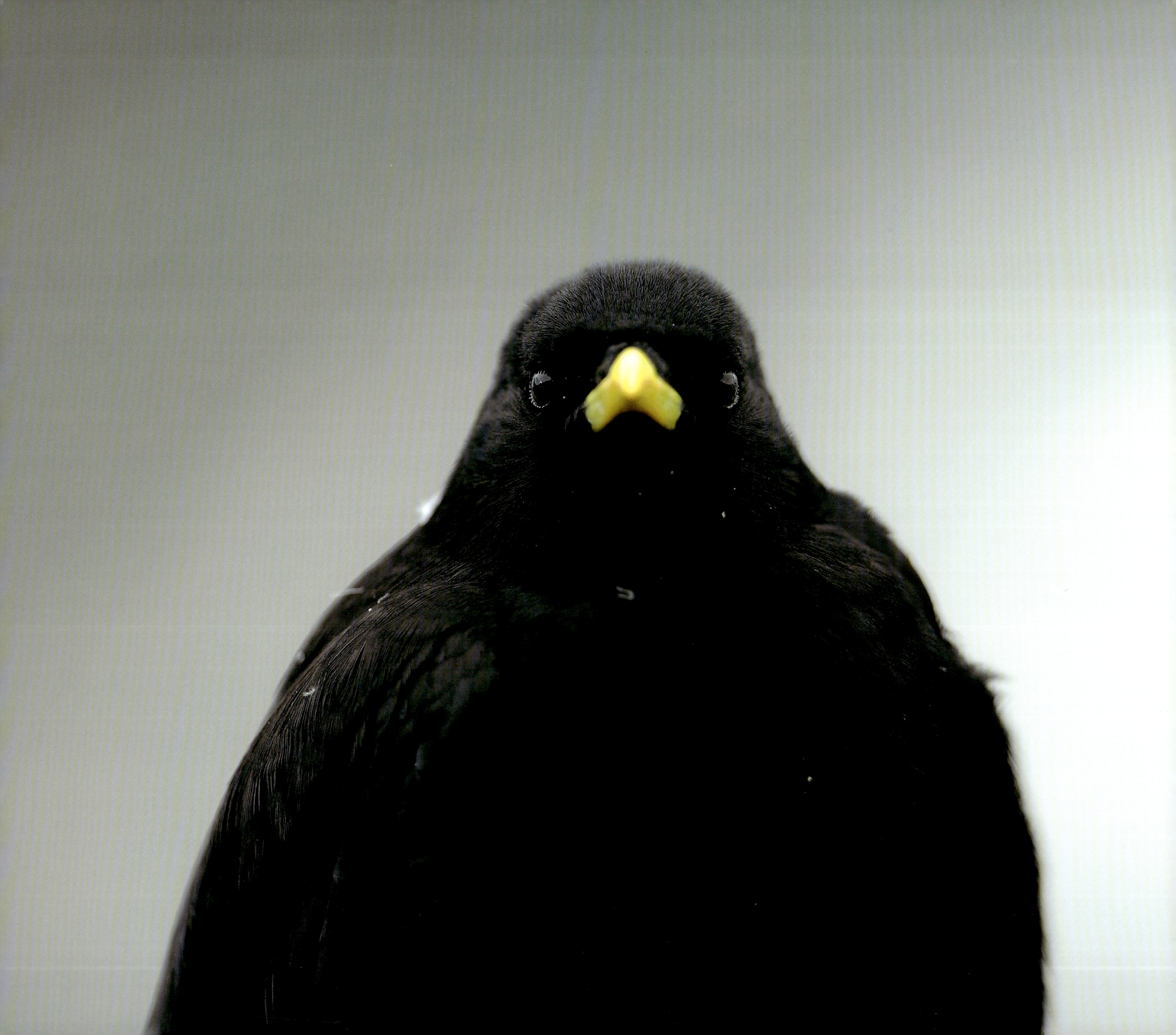

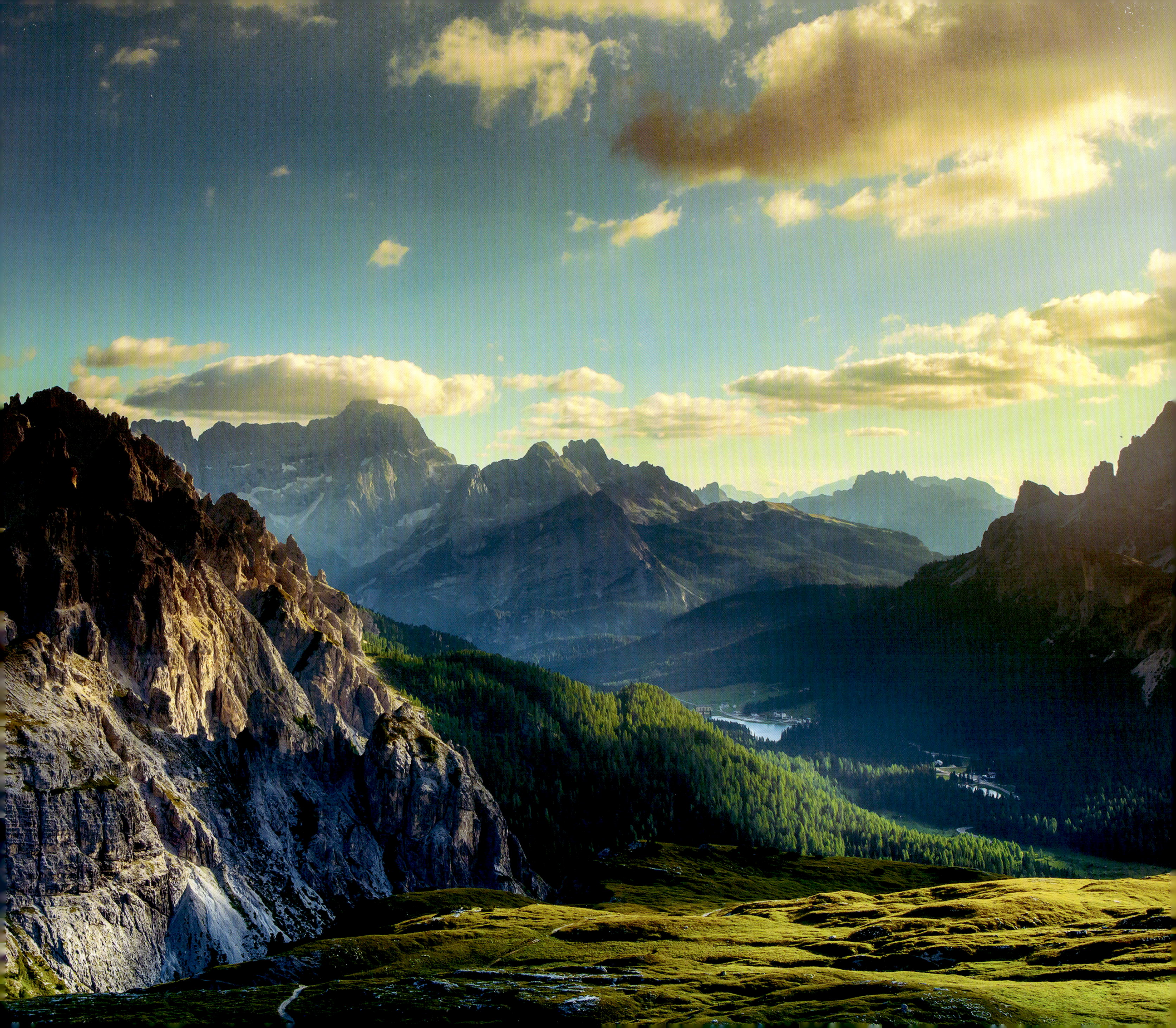

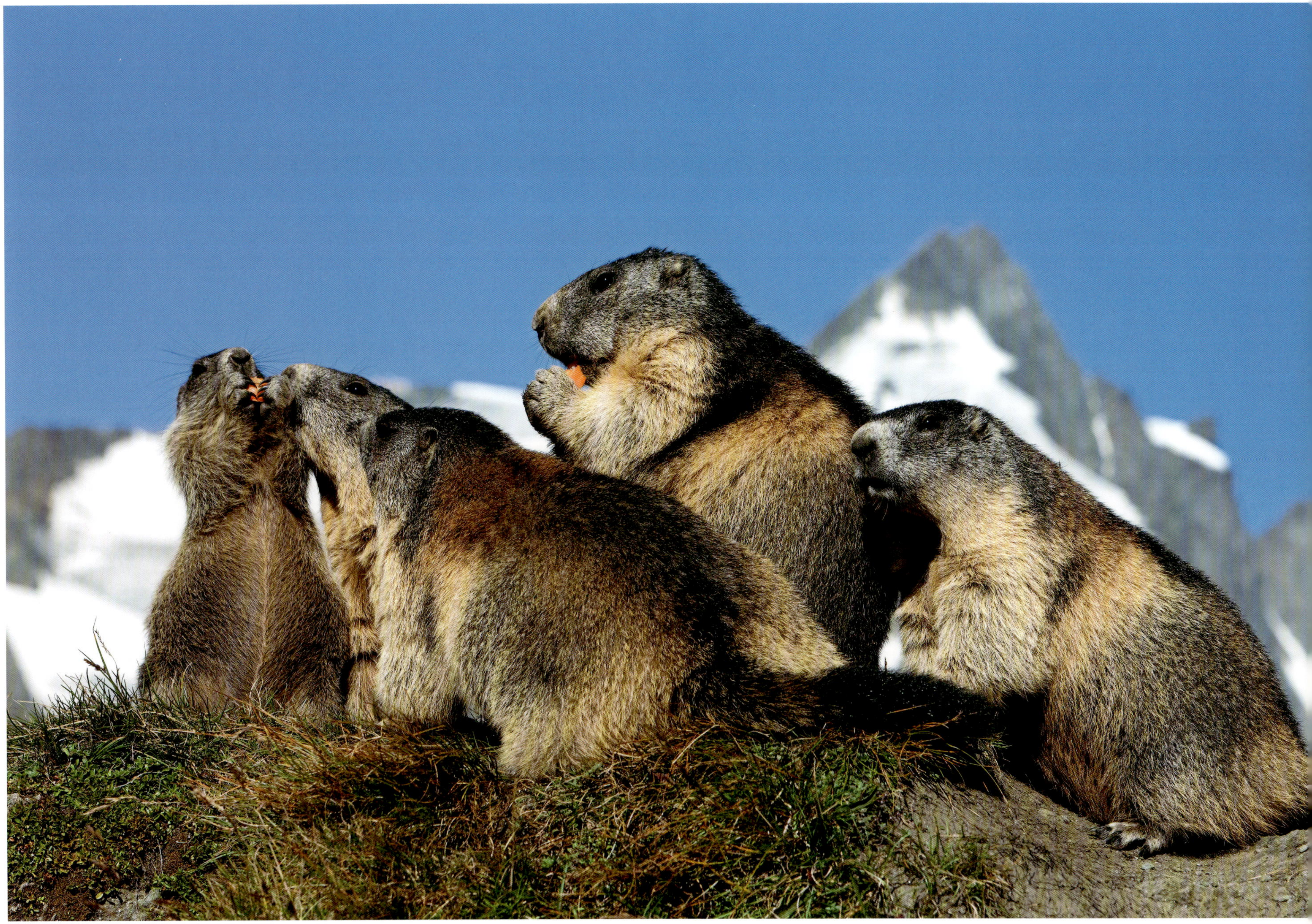

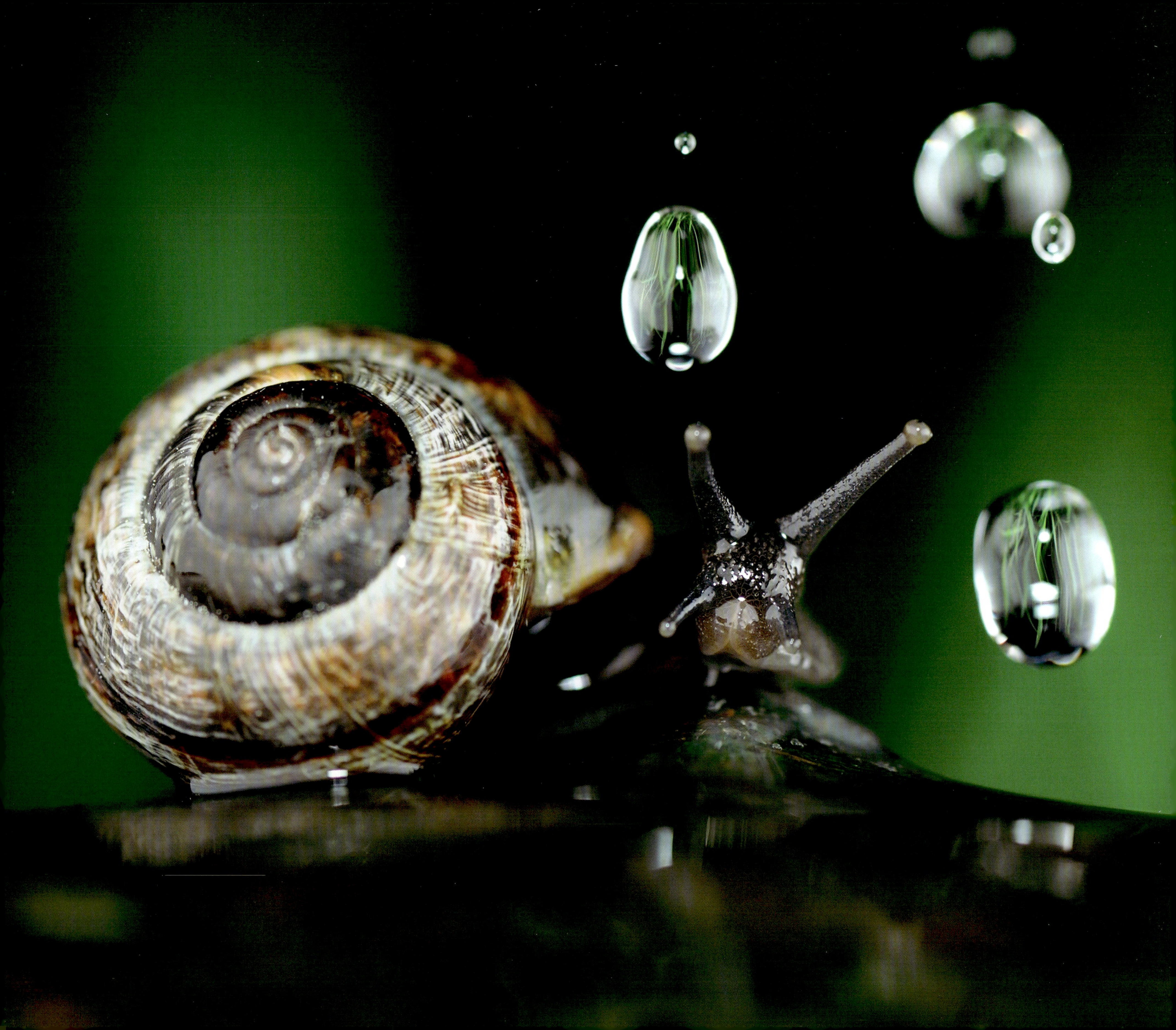

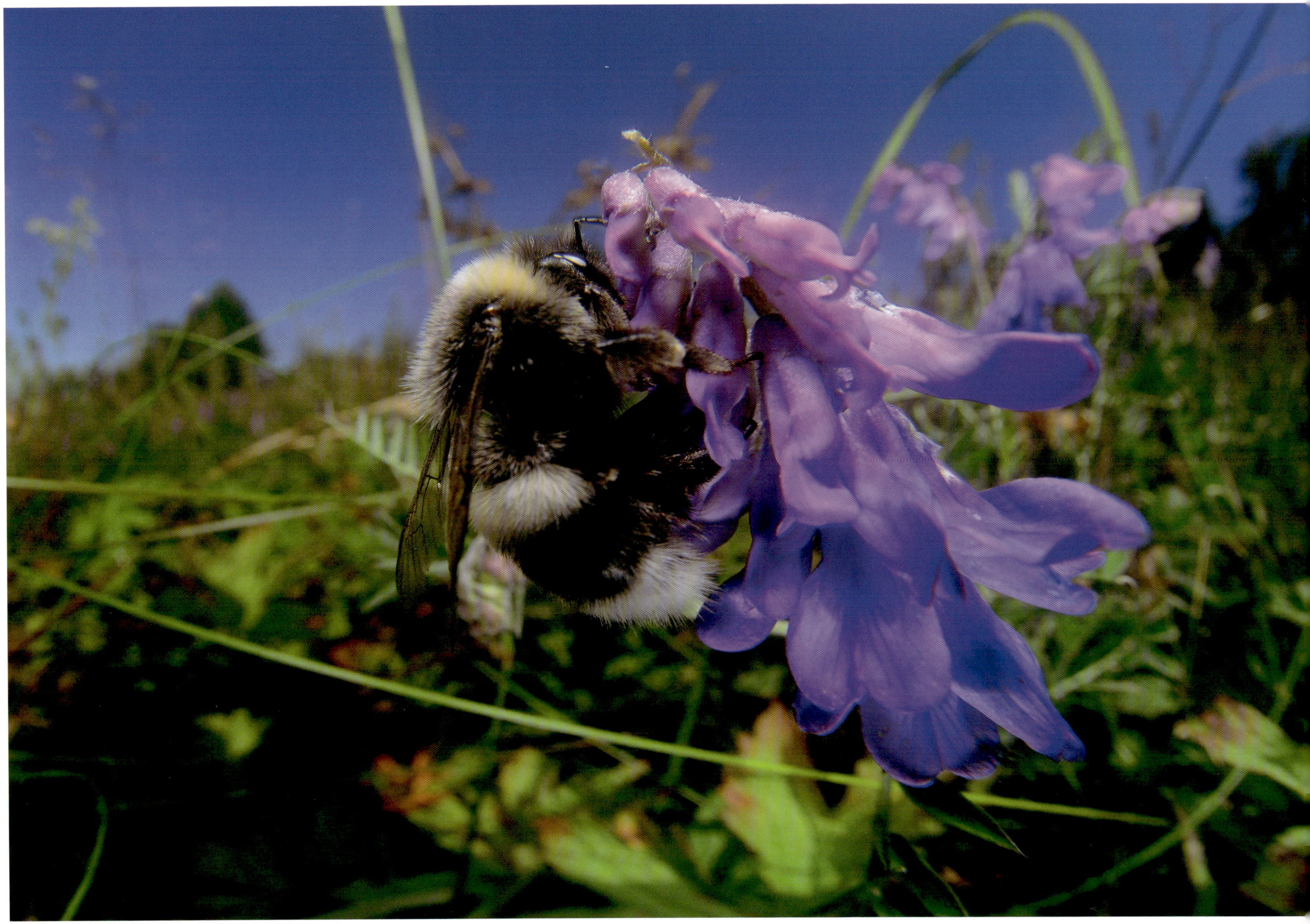

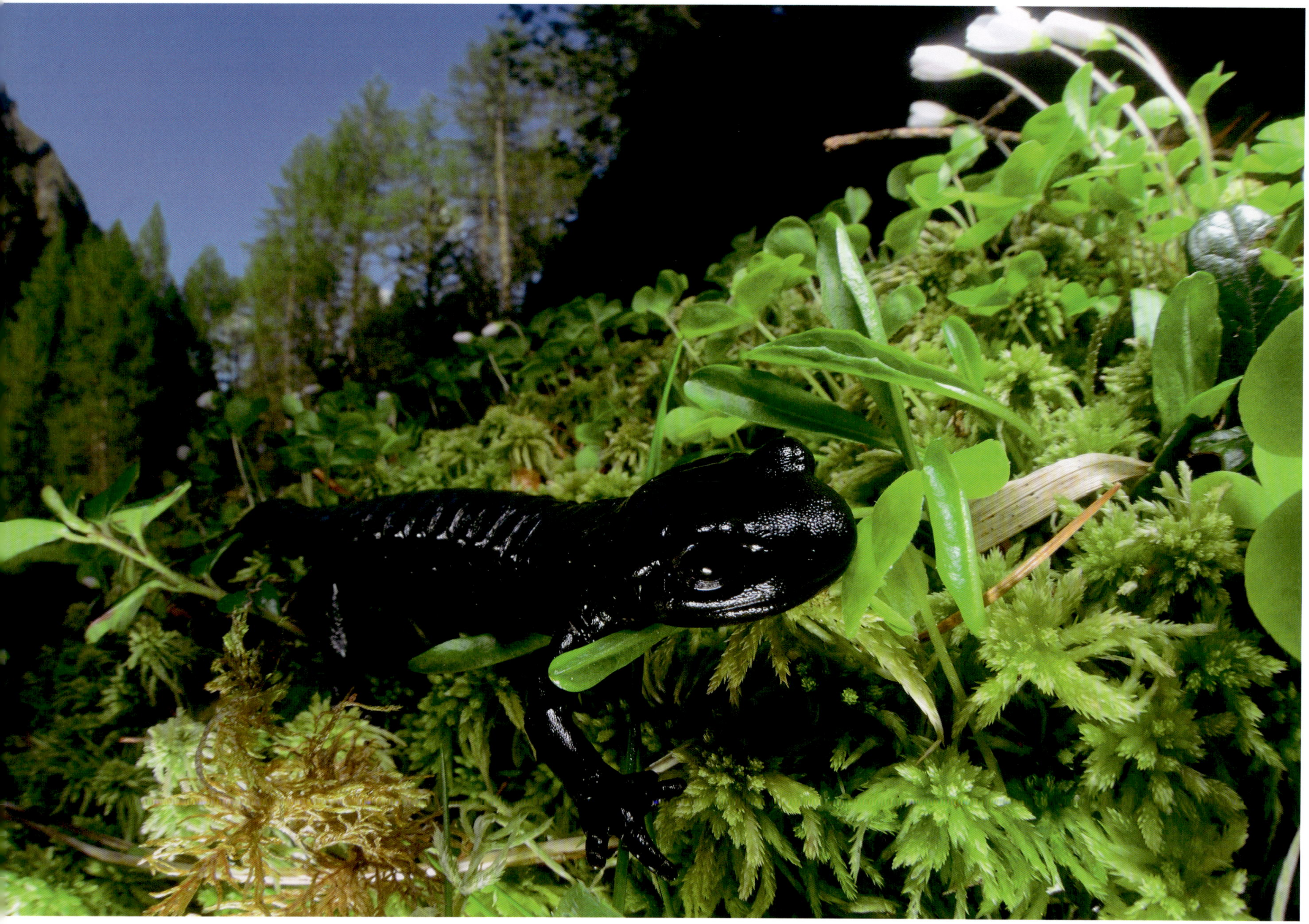

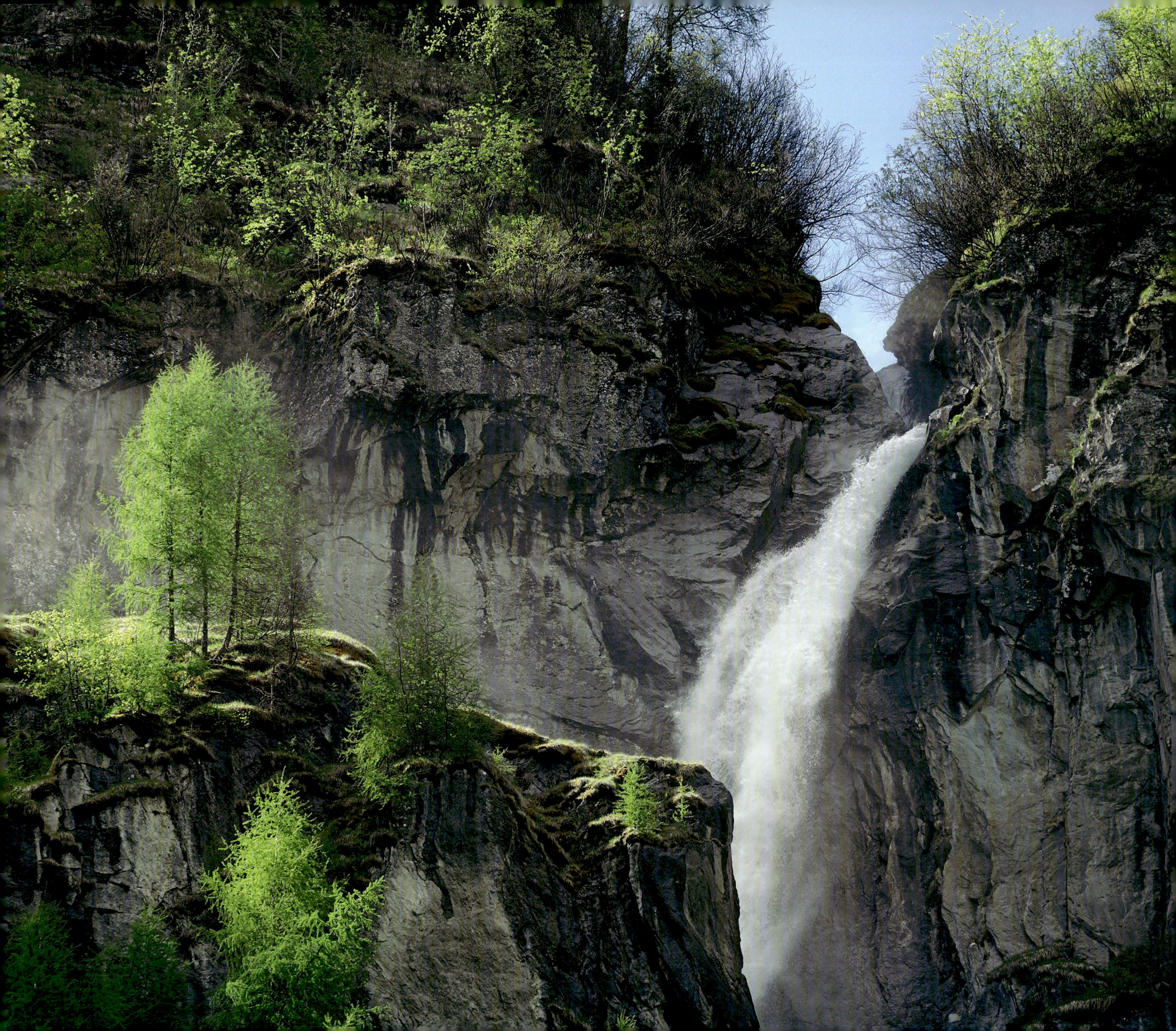

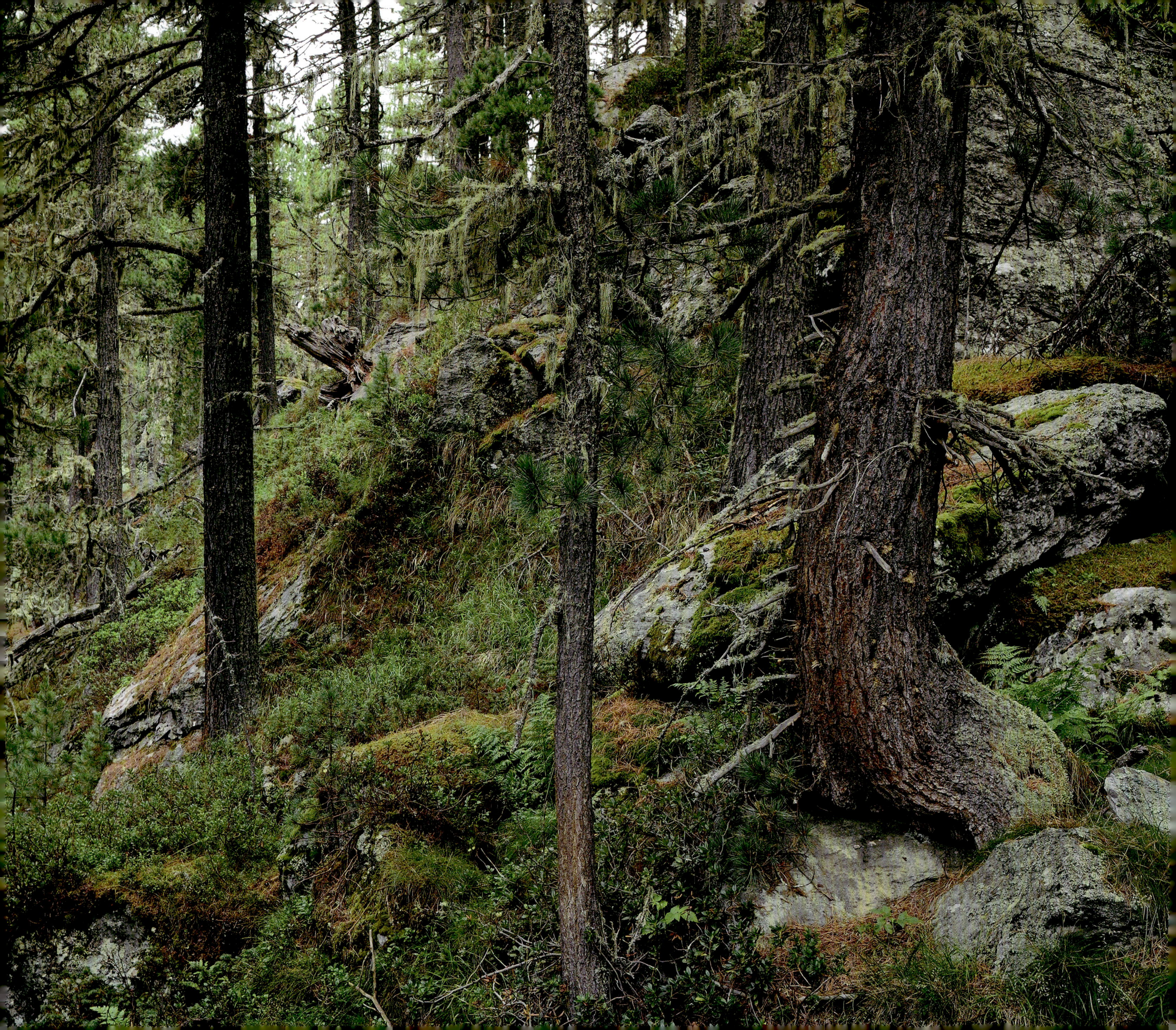

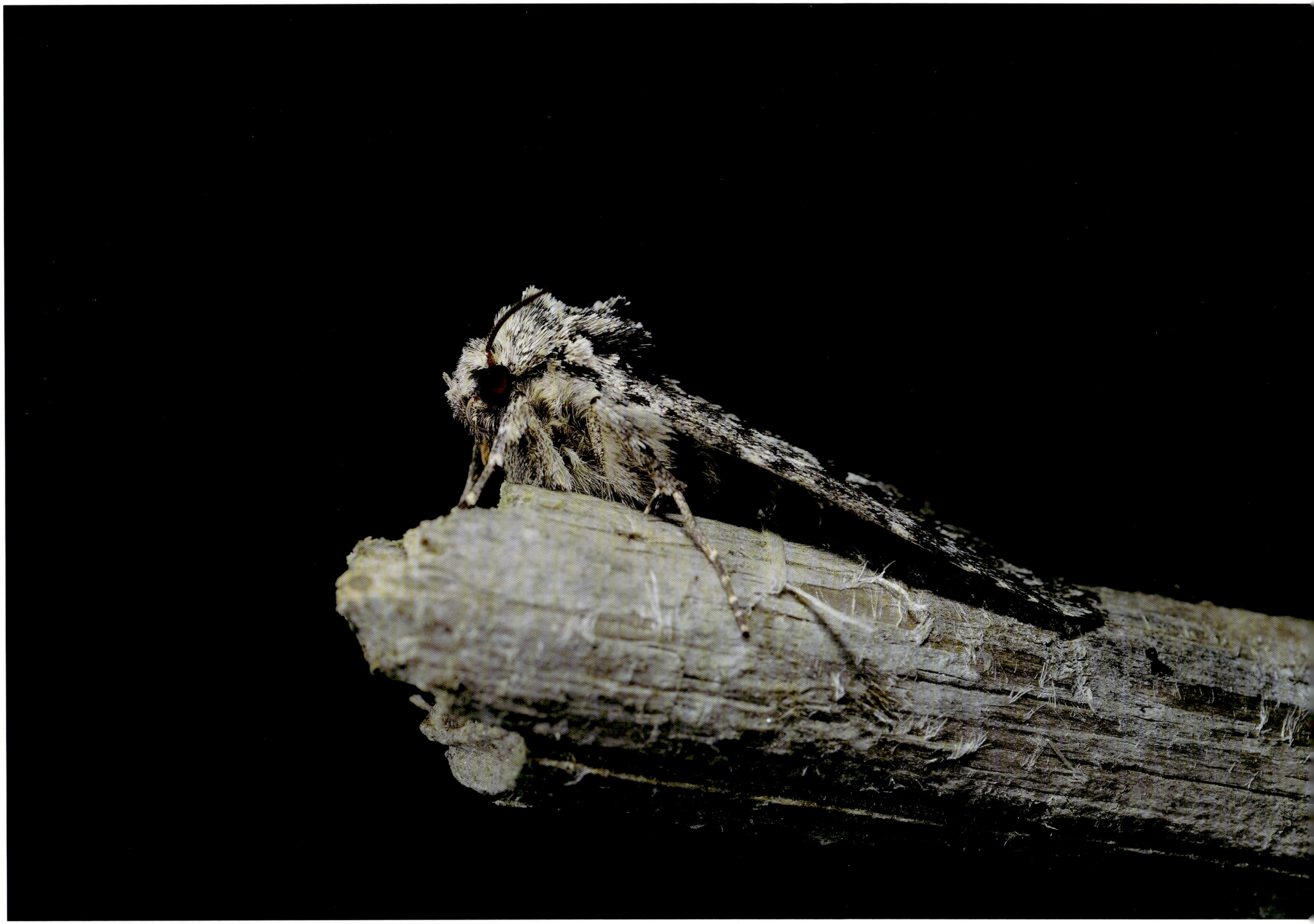

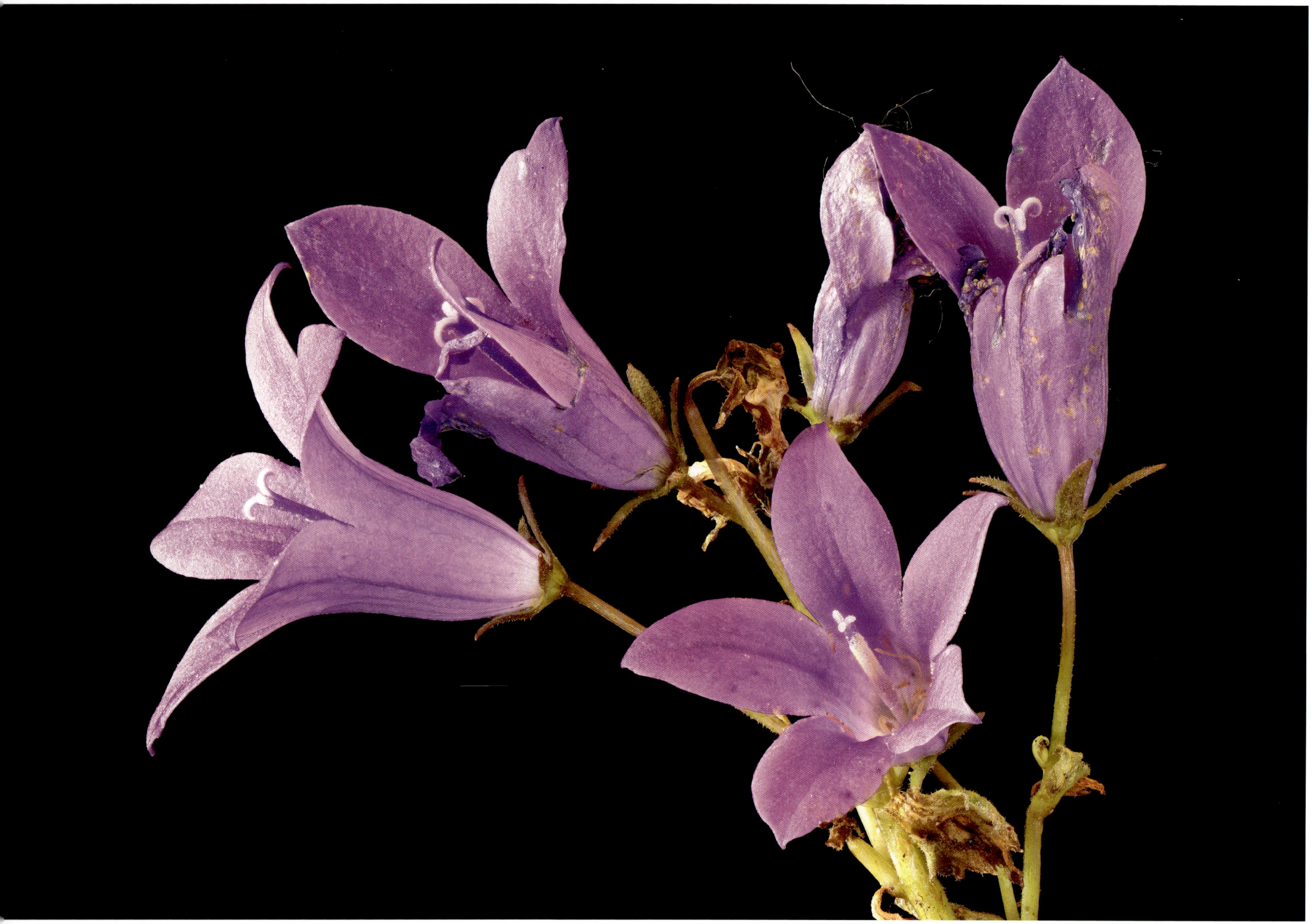

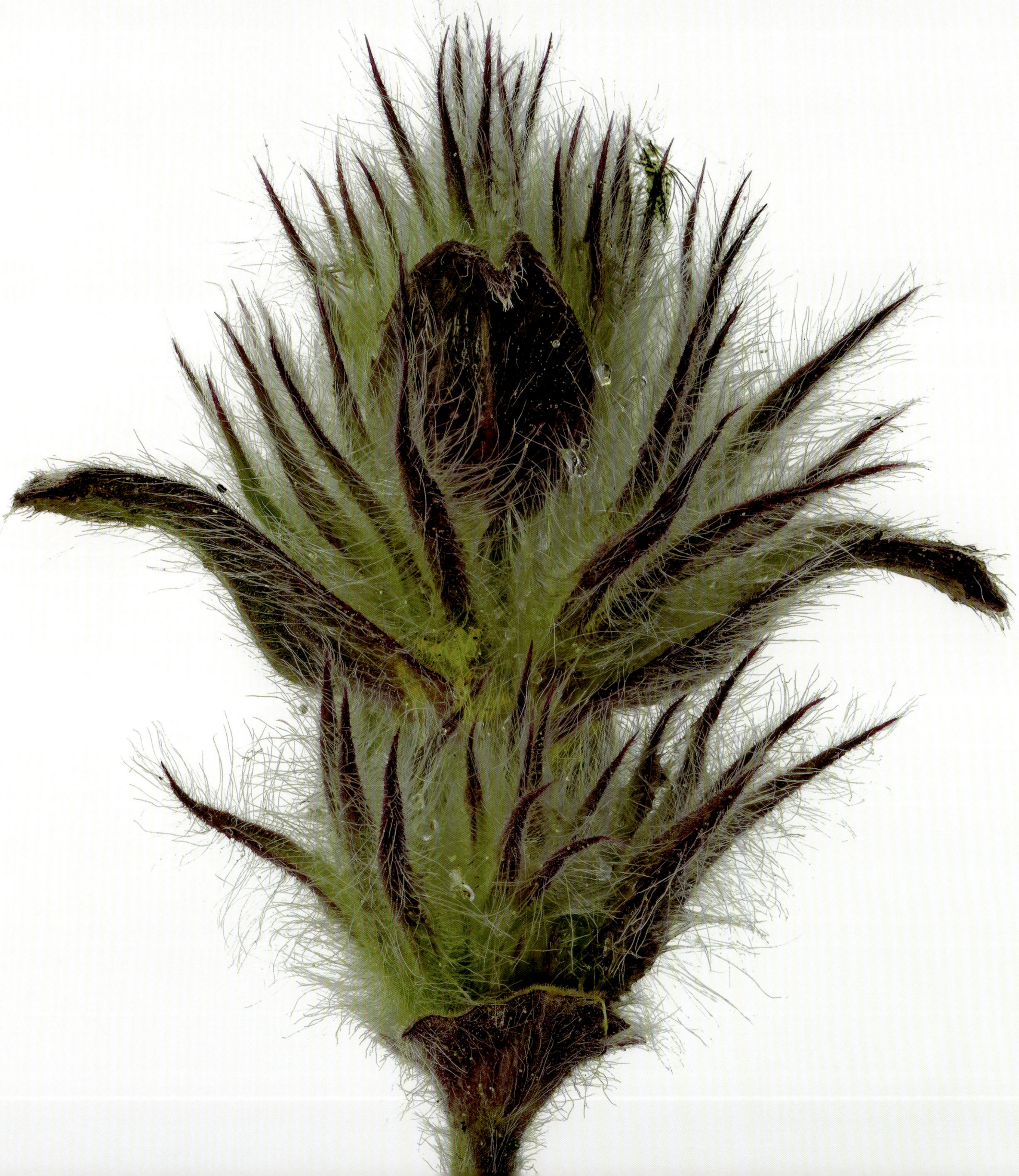

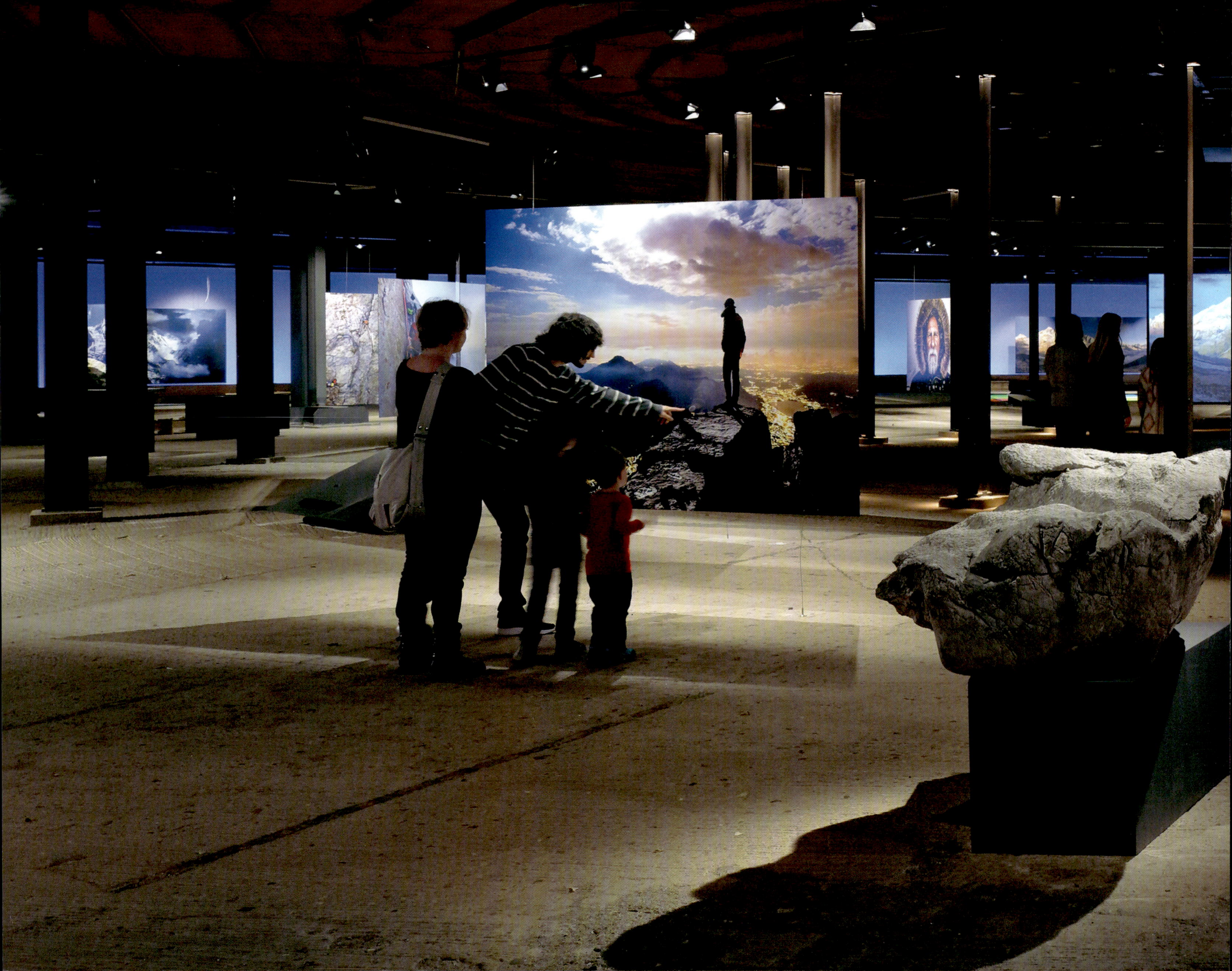

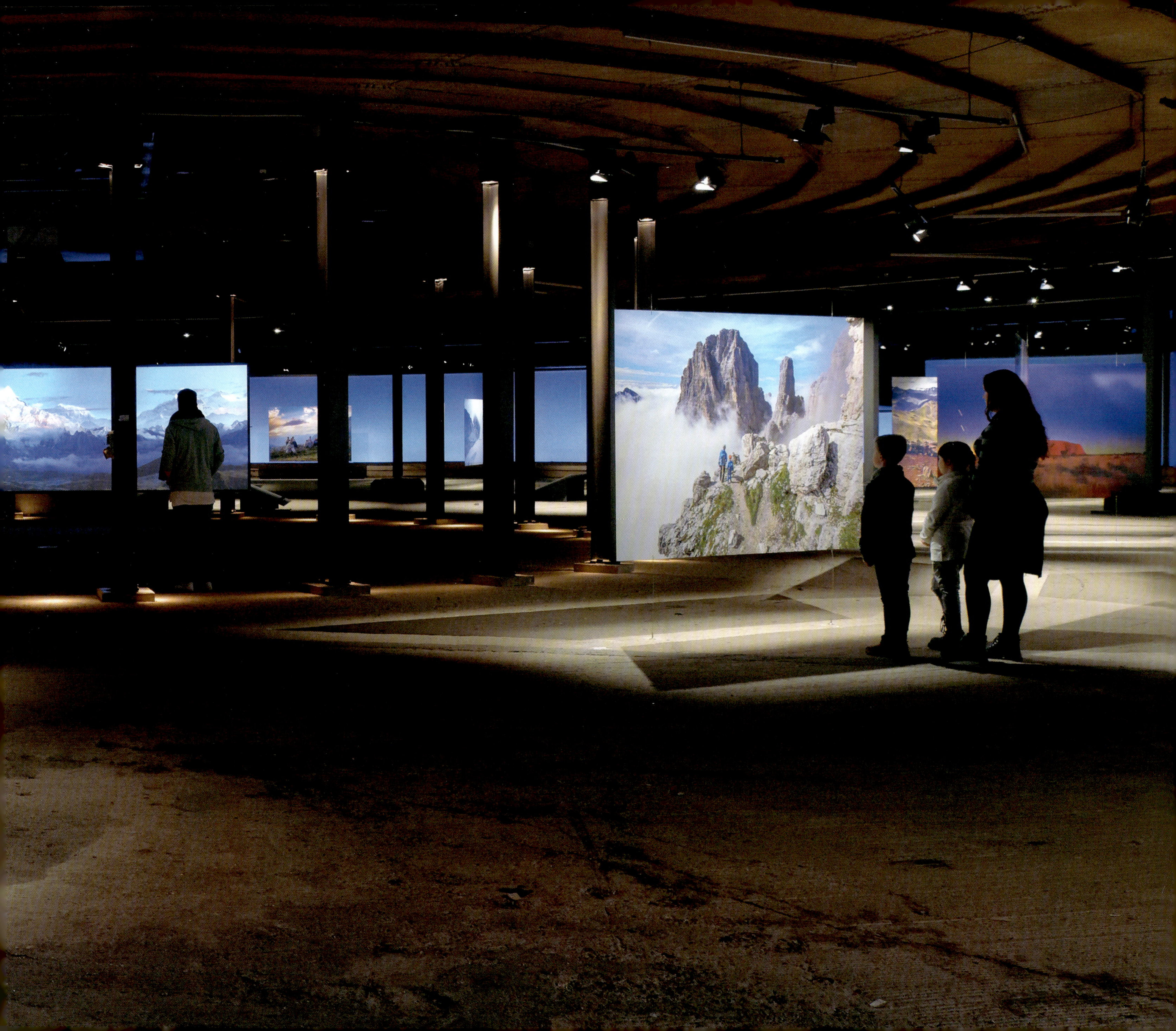

Bild links:
Der originale Eispickel von Edward Whymper von der Erstbesteigung des Matterhorns mit der Widmung „Wenn ich diesen Pickel gebrauchte, hatte ich immer Erfolg" (105 cm).
Leihgeber: Matterhorn Museum - Zermatlantis

Bild rechts:
Originaler Gesteinsbrocken vom Gipfel des Matterhorns (70 × 35 cm).
Leihgeber: Matterhorn Museum - Zermatlantis

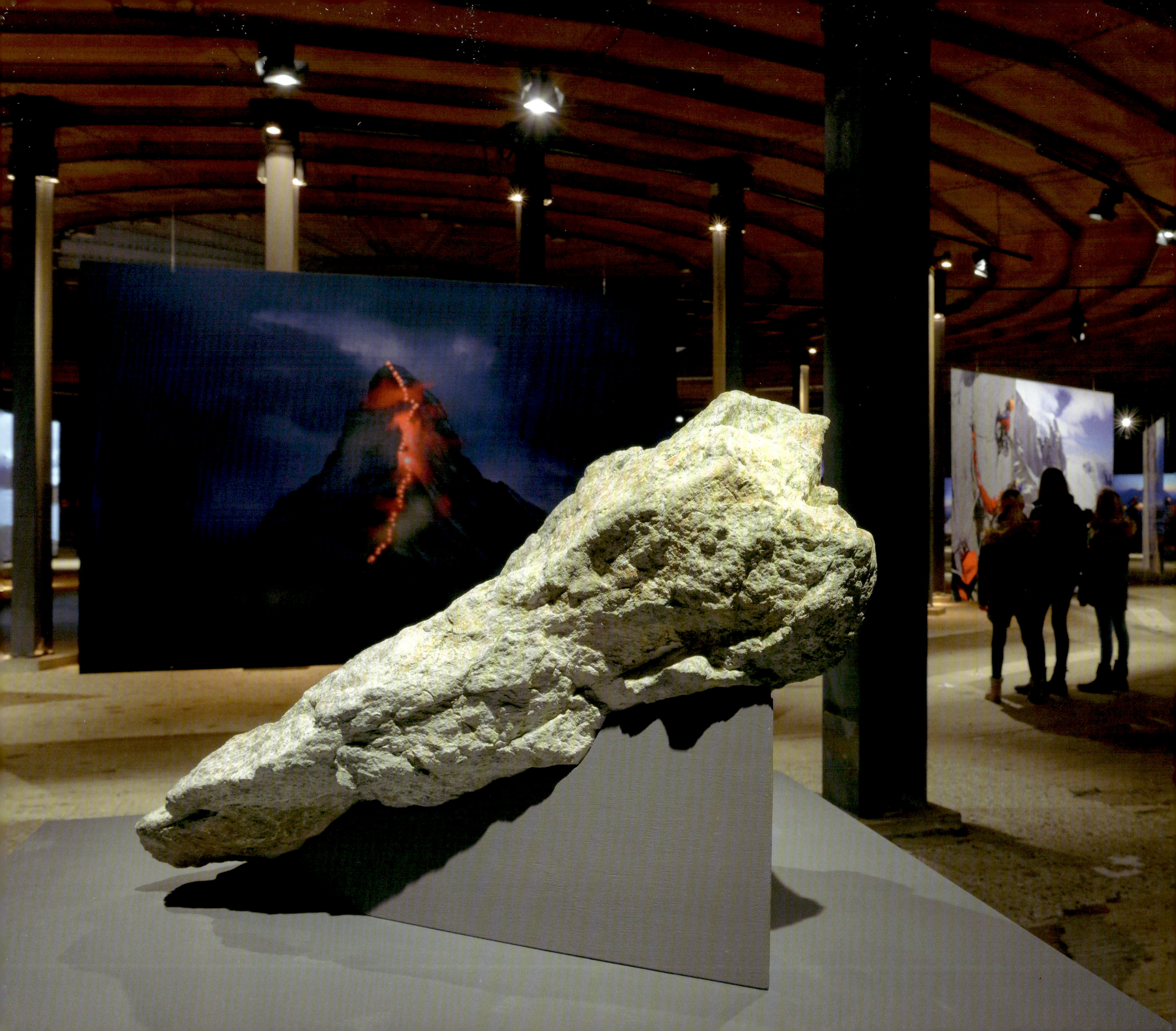

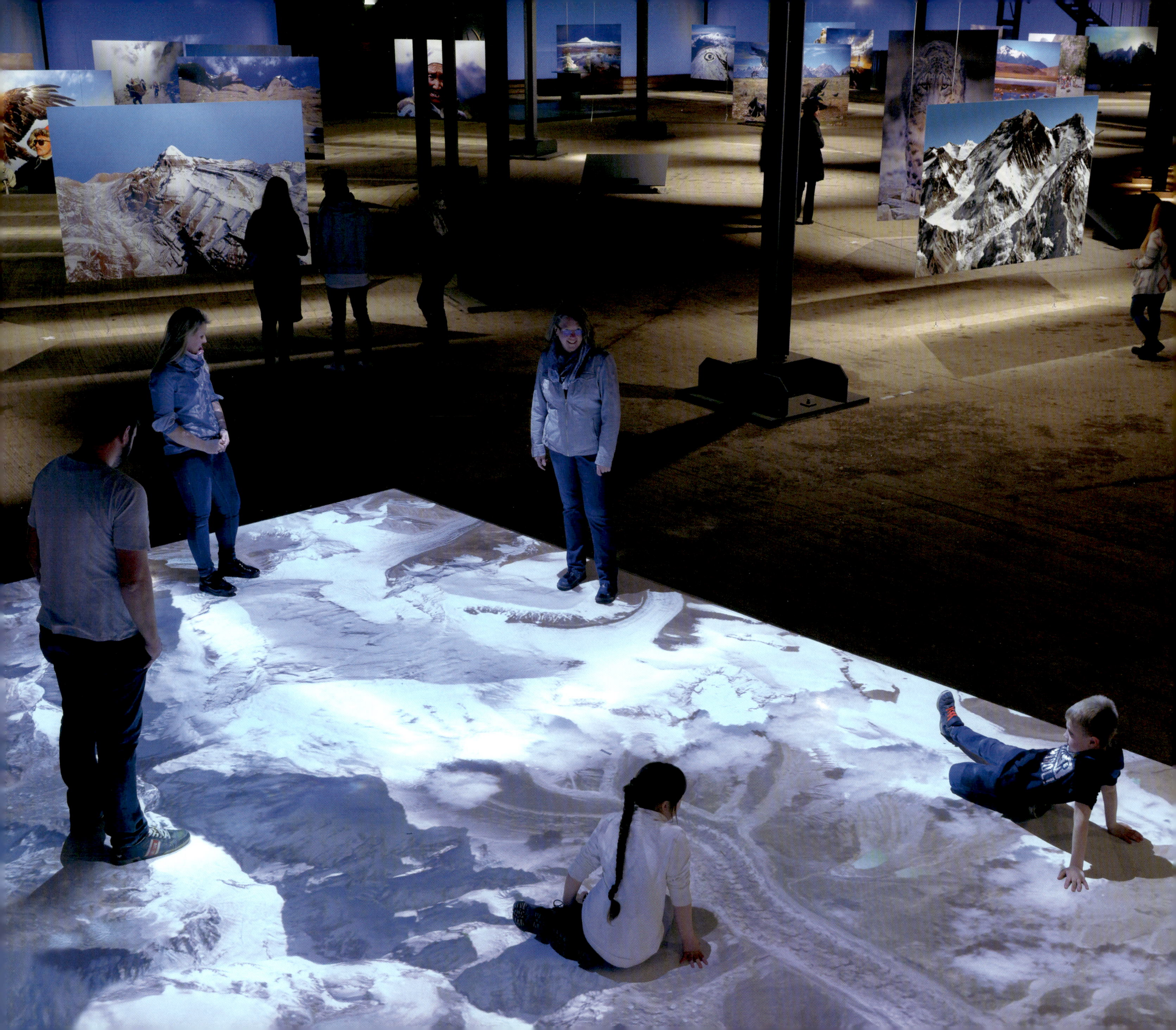

Bild links:
Bodenprojektion des Himalaya (4 × 6 m).
Earth Observation Center des DLR

Skulptur des Milarepa, vor 1900 (49 × 45 × 27 cm, Ton bemalt).
Leihgeber: Sammlung Reinhold Messner, Messner Mountain Museum

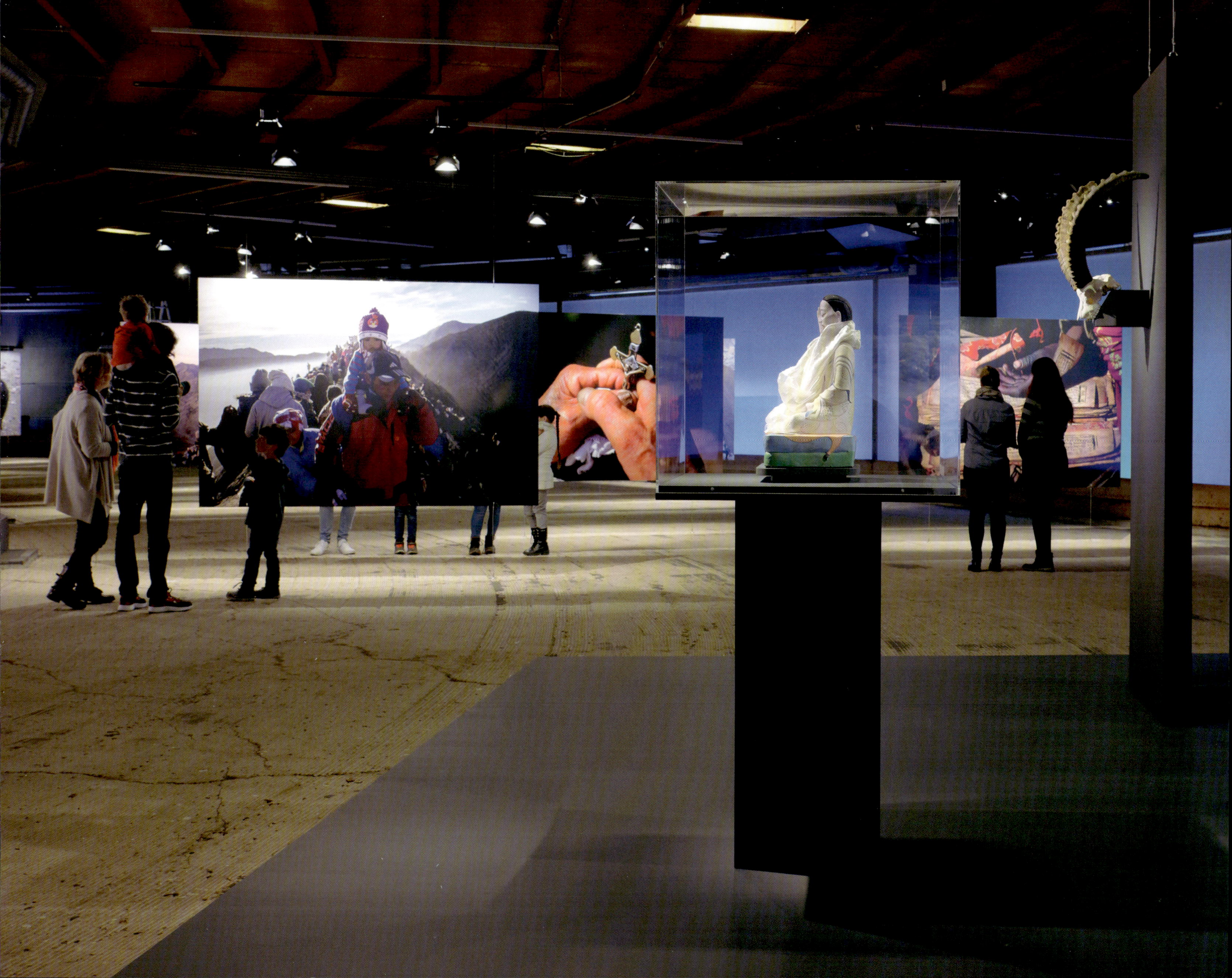

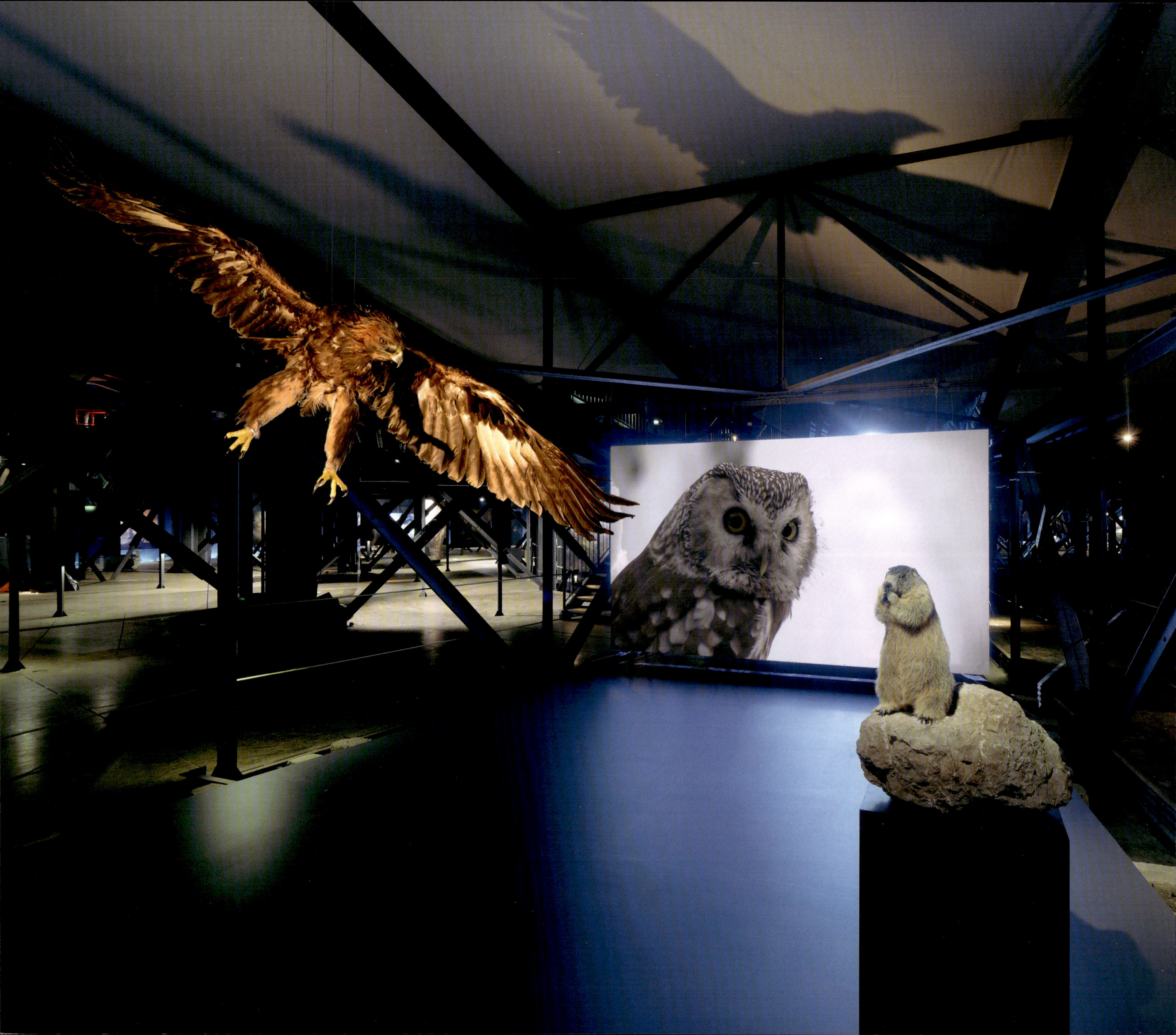

Bild links:
Watzmann-Installation, „Haus der Berge", Berchtesgaden, mit dem Film von Tamschick Media + Space GmbH

Bild rechts:
Lichtinstallation Gestängemitte

DIE MATTERHORN-SKULPTUR

Eine monumentale Skulptur des Matterhorns im 100 Meter hohen Luftraum ist der Höhepunkt der Ausstellung „Der Berg ruft". Die multimediale Skulptur hängt von der Decke des Gasometers mit der Spitze nach unten und spiegelt sich im Boden der Manege. In dem Spiegel, der einen Durchmesser von zwölf Metern hat, schaut der Betrachter von oben auf das Matterhorn.

Der Besucher erlebt den majestätischen Berg in einer 3D-Animation, die ihm in bewegten Bildern den Wandel der Tages- und der Jahreszeiten vor Augen führt. Von der Tribüne aus ist das Matterhorn aus Richtung Zermatt zu sehen. Von hier kann der Besucher auch die computeranimierte Route verfolgen, auf der Edward Whymper und seine Seilschaft am 14. Juli 1865 zum ersten Mal den Gipfel bestiegen haben. Bewegt sich der Besucher auf dem Umlauf um die Matterhorn-Skulptur herum, kann er den Berg aus allen Himmelsrichtungen betrachten und dabei auch die anderen Aufstiegsrouten sehen, die Bergsteiger in den vergangenen 150 Jahren erschlossen haben.

Die faszinierende Wirkung der Projektion wurde dadurch erreicht, dass wissenschaftliche Messwerte und daraus abgeleitete Daten des Berges spannungsvoll miteinander verbunden wurden. Diese schöpferische Arbeit wurde durch die Mitarbeiter des Earth Observation Centers des DLR geleistet. Projiziert wird die 3D-Animation durch 17 Hochleistungsprojektoren, welche die 17 Projektionsfelder passgenau zu einem Gesamtbild zusammenfügen. Diese komplexe medientechnische Arbeit bewältigte Intermediate Engineering. Die Matterhorn-Skulptur ist 17 Meter hoch, 30 Meter breit und 43 Meter tief. Sie besteht aus einer feingliedrigen Metallkonstruktion, die mit einem Polyestergewebe überzogen ist. Das Gewicht beträgt 8000 Kilogramm. Entwickelt und gebaut wurde sie von geo – Die Luftwerker.

Die Idee für die Matterhorn-Skulptur ist an einem Nachmittag in der Ausstellung „Wunder der Natur" entstanden. Ausgehend von der Strahlkraft der Skulptur der Erde, wurde Nils Sparwasser von Jeanette Schmitz gefragt, ob das Earth Observation Center des DLR nicht auch eine außergewöhnliche Installation für die nächste Ausstellung „Der Berg ruft" entwickeln könnte. Spontan sagte Nils Sparwasser, er könnte sich eine Skulptur eines der großen Berge der Erde im Luftraum vorstellen, die man mit Satellitenbildern faszinierend inszenieren kann. Alles Weitere war eine Sache von Minuten: Entsprechend dem Titel der Ausstellung „Der Berg ruft" lag der Gedanke einer Matterhorn-Skulptur nahe. Auch eine Lösung für das Problem, wie man eine monumentale Skulptur im Gasometer präsentieren kann, war naheliegend: Man hängt sie kopfüber mit der Spitze nach unten von der Decke – und legt auf den Boden der Manege einen großen Spiegel, in dem der Besucher die überwältigende Gestalt dieses Berges von oben bewundern kann. Und auch das Folgende war uns klar: Die wissenschaftlichen Bilder der Satelliten-Erdbeobachtung müssen wieder verbunden werden mit einer kongenialen Musik – damit eine poetische Gestalt entsteht, die unser Publikum wie die Erdskulptur bewegt.

Bleibt anzumerken, dass die Realisierung dieser Idee nichts von der Leichtigkeit ihrer Entstehung hatte, sondern die schöpferischen, organisatorischen, logistischen Kräfte aller daran Beteiligten bis an die Grenzen beanspruchte. Über einige davon berichten Nils Sparwasser und Tobias Wursthorn in ihren Beiträgen in diesem Katalog.

Nun sind wir gespannt, wie unser Publikum die Matterhorn-Skulptur annimmt – denn für dieses neugierige, begeisterungsfähige Publikum machen wir unsere Ausstellungen.

Peter Pachnicke

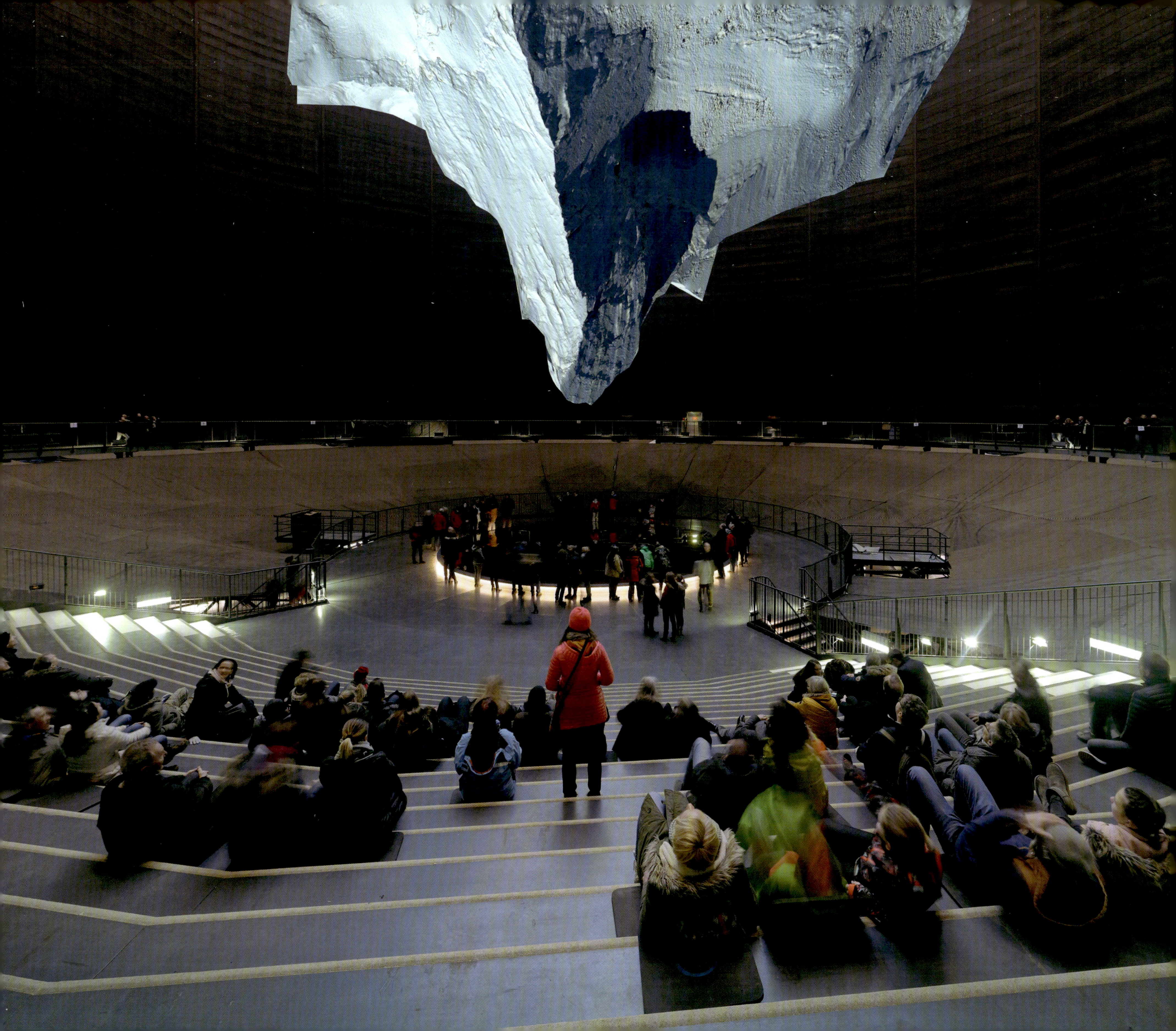

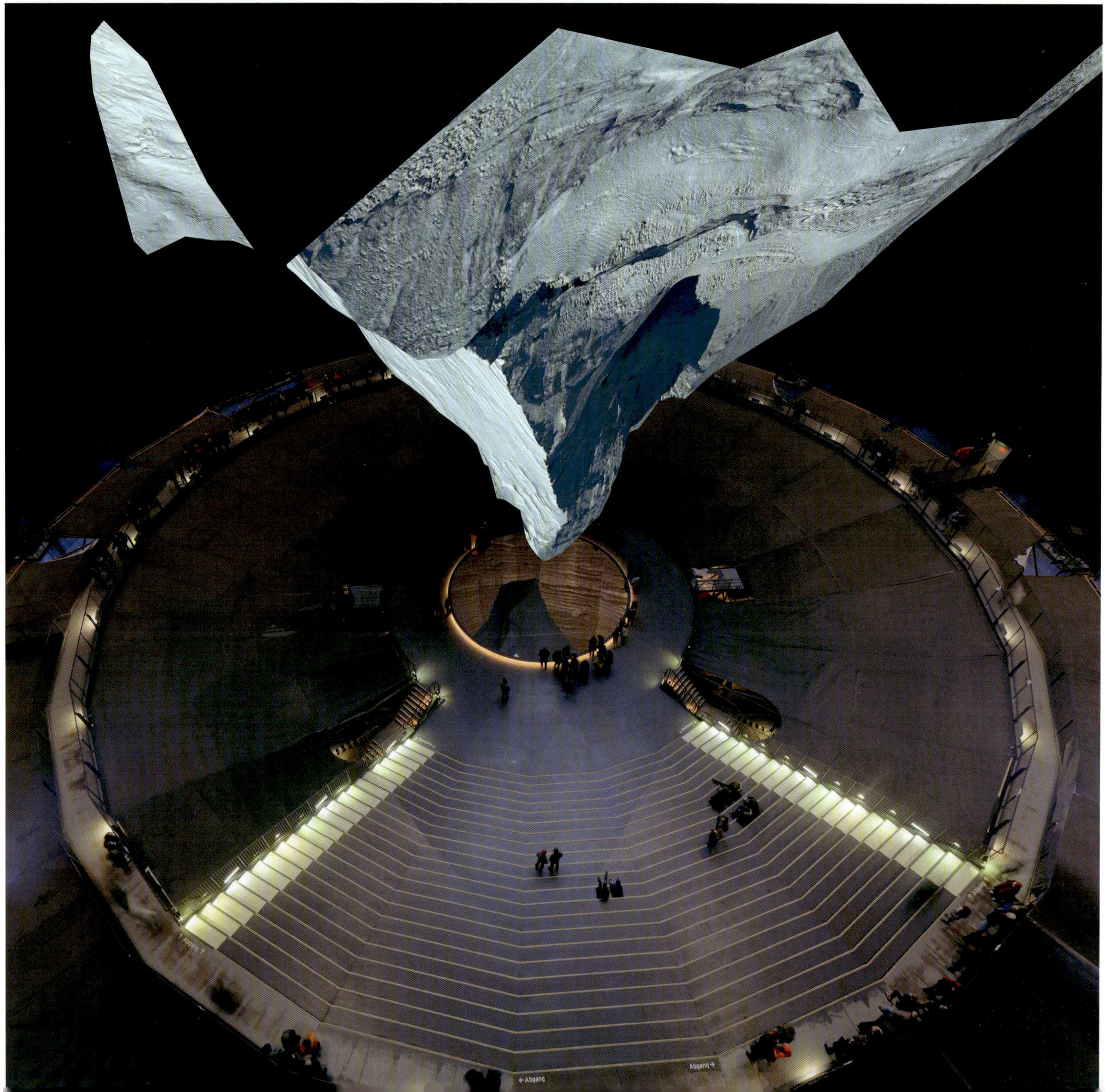
Abgang →
← Abgang

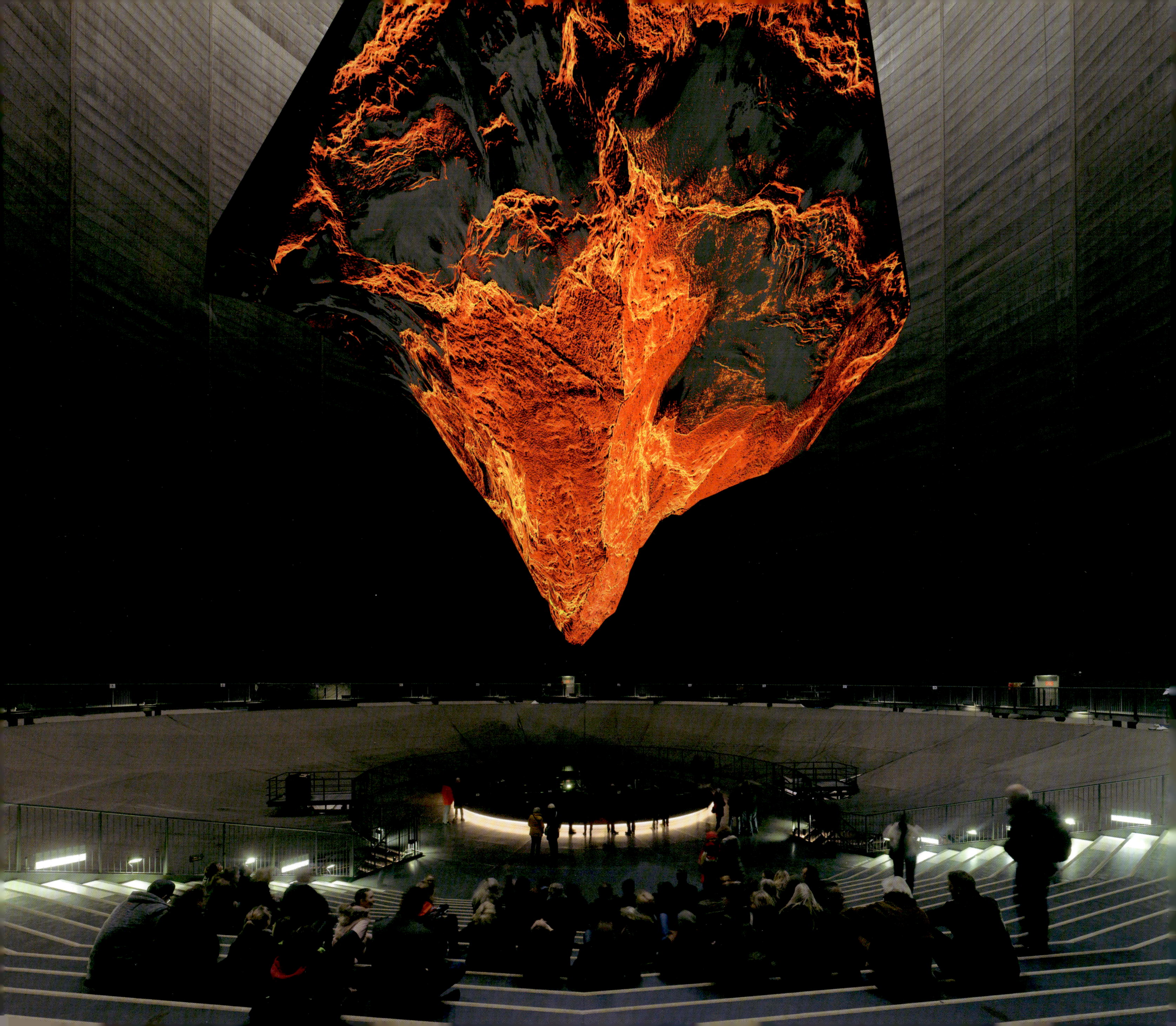

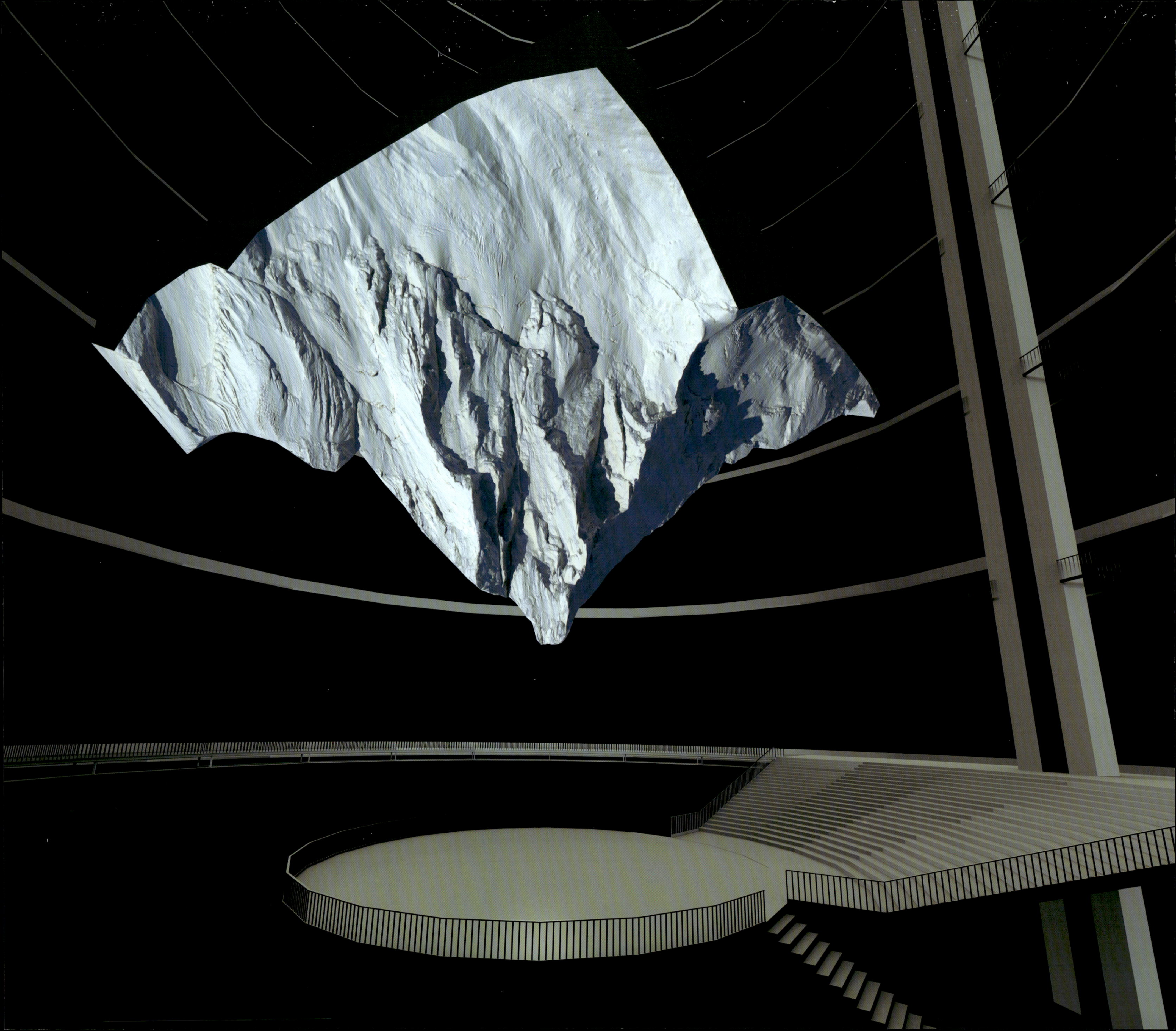

Animation der Matterhorn-Skulptur
Earth Observation Center des DLR

Matterhorn – Testkandidat für die Wissenschaft

Mit 250 Kilometern pro Stunde nähert sich die zweimotorige DO-228 dem militärischen Sperrgebiet. Das Ziel des Fluges ist schon von Weitem zu erkennen. Die schneebedeckte Pyramide des Matterhorns strahlt gleißend hell in der Sonne. Die Piloten des Deutschen Zentrums für Luft- und Raumfahrt (DLR) sinken auf die vorberechnete Überflughöhe. Nur knapp 400 Meter über dem Gipfel steuern die Piloten auf den Berg zu. Währenddessen macht ein DLR-Mitarbeiter in der Kabine des Flugzeuges die Kamera aufnahmebereit. Eine Atemmaske versorgt ihn auf knapp 5000 Metern Höhe mit Sauerstoff. Durch eine Öffnung am Boden blickt die 3K-Kamera auf das Matterhorn.

Knapp 3000 Bilder beziehungsweise 60 Milliarden Bildpunkte bringen die Kollegen zurück zum DLR nach Oberpfaffenhofen bei München. Hier berechnet Pablo d'Angelo am Earth Observation Center des DLR aus den Bildpaaren ein hochgenaues Geländemodell. Für den Wissenschaftler ist das Matterhorn ein Extremtest. Über 2000 Meter steilabfallende Flanken und maximale Belichtungsunterschiede zwischen Schneeflächen und Schatten stellen hohe Anforderungen an Luftbildkamera und Algorithmus. Beide wurden am DLR entwickelt.

Die Luftbildkamera basiert auf drei hochgenau vermessenen Digitalkameras aus dem Profisegment. Erheblich kostengünstiger als spezielle Luftbildsensoren lassen sie sich schnell durch aktuellere Modelle austauschen. So profitiert die 3K-Kamera des DLR von der hohen Dynamik des Digitalkameramarktes. Vor allem aber ist das System schnell. Die Bilder werden noch an Bord ausgelesen und verarbeitet. Fast verzögerungsfrei können so zum Beispiel in Katastrophenfällen direkt aus dem Flugzeug Bilder und Geländemodelle über Laser oder Mikrowellen an eine mobile Bodenstation in bis zu 70 Kilometern Entfernung übertragen werden. Das System hat den Test bestanden. Pablo d'Angelo ist zufrieden. Weniger als sieben Zentimeter kleine Details lassen sich am Gipfel erkennen. Auch Routen und den ein oder anderen Bergsteiger findet der Wissenschaftler in den Bildern.

Wenige Wochen später kommen die Daten ein zweites Mal zum Einsatz. An den Bildschirmen von Gregor Hochleitner und Alvaro Chignola schweben Hunderte virtuelle Kameras über dem Geländemodell des Berges. Sie haben ihre Visualisierungsverfahren so weiterentwickelt, dass sie eine nahtlose Textur auf das Modell projizieren. Nun besteht die Chance, aus der virtuellen Kopie des Matterhorns auch eine reale Skulptur entstehen zu lassen. Damit sich diese auch konstruieren lässt, muss der Körper stark vereinfacht werden. Details und Leben erhält die Oberfläche dann durch eine Animation, die am Earth Observation Center anhand von Flugzeug- und Satellitenaufnahmen entsteht. 67 Millionen Pixel umfasst diese schließlich, das Achtfache einer hochaufgelösten Kinoproduktion. Dank der Experten für wissenschaftliche Visualisierung am EOC sind solche Größenordnungen kein Problem mehr. Und doch sind sie froh, als schließlich alles passt. Auch für sie war das Matterhorn eine Herausforderung, an der sie wachsen konnten.

Nils Sparwasser
Earth Observation Center des Deutschen Zentrums
für Luft- und Raumfahrt (DLR)

Eine medientechnische Herausforderung

Die multimediale Matterhorn-Skulptur bildet den Höhepunkt der Ausstellung „Der Berg ruft". Mit der Spitze nach unten hängend zeigt sie in bewegten Bildern den Wandel der Tages- und Jahreszeiten an dem Alpengipfel. Die Projektion verbindet am Computer entstandene Animationen aus realen Bildern und generativen Daten des Massivs, um eine für die Besucher faszinierende Inszenierung zu erschaffen.

Grundlage für die Konstruktion der etwa 8000 Kilogramm wiegenden Skulptur bildeten die Planung im virtuellen 3D-Modell, eine Previsualisierung des Matterhorns mittels Virtual Reality sowie ein Testaufbau im Maßstab 1:8,5. Geringe Verschattung und möglichst orthogonale Projektion erforderten ein Konzept, das dem stark verwinkelten und anspruchsvollen Modell Rechnung trug.

So gut wie sich die Erdkugel der Vorgänger-Ausstellung „Wunder der Natur" in den runden Gasometer einbettete, tut es das von der Natur erschaffene Matterhorn eben nicht. Erfahrungen aus vorherigen Inszenierungen haben gezeigt: Temperatur, Luftfeuchtigkeit und -zirkulation beeinflussen die Projektion und erschweren die dauerhaft hohe Bildqualität der Gesamtinszenierung. Intermediate Engineering überwacht daher ständig alle Umweltbedingungen und die gesamte technische Infrastruktur. Eine zentrale Klimasteuerung gewährleistet die Verfügbarkeit im unbeheizten Raum. Projektoren, Servertechnik und Klimaverhältnisse unterliegen permanenter Remoteüberwachung.

Soft- und Hardware müssen höchsten Anforderungen an Bildqualität, geometrische Korrektur und dezentrale Synchron-Wiedergabe aller 17 individuellen Projektionsfelder genügen. Kein Projektionsfeld gleicht dem anderen, und an bestimmten Orten überlappen bis zu vier Projektionen zu einem Bild. Bei der vorherigen Inszenierung der Erde waren es lediglich drei unterschiedliche Projektionsfelder. Die Projektionsfläche der Matterhorn-Oberfläche beträgt 2033 Quadratmeter mit einer Auflösung von 39.168.000 Pixeln. Das Volumen beträgt etwa 3300 Kubikmeter.

Intermediate Engineering kreieren in ihrer Arbeit technisch konvergente Konzepte, welche über bestehende Standards hinaus die klassischen medientechnischen Bereiche Licht, Ton, Video, aber auch Informationstechnologie, Elektrotechnik, Mechanik und Optik miteinander verbinden.

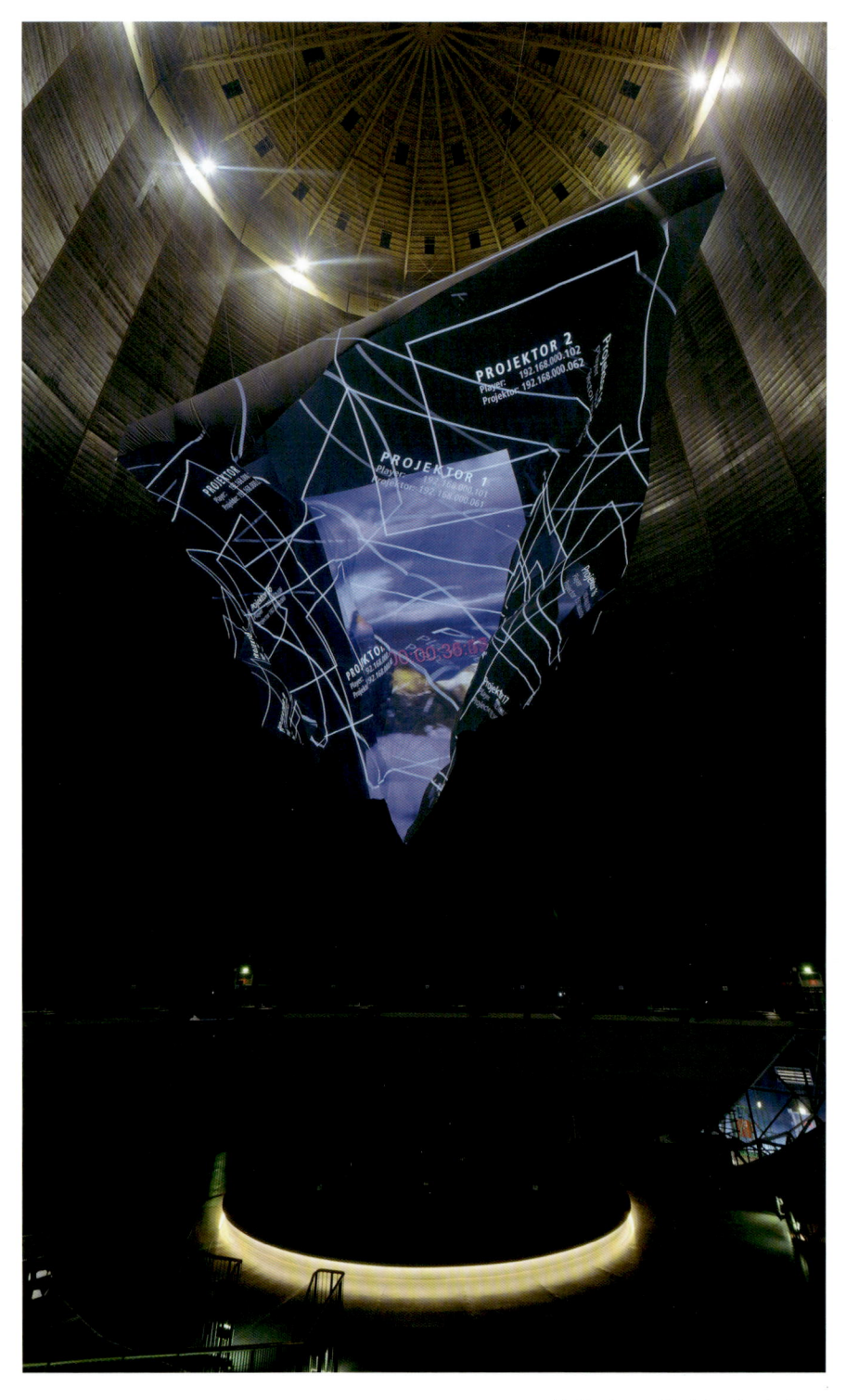

Tobias Wursthorn
Intermediate Engineering

Matterhorn-Skulptur im Aufbau

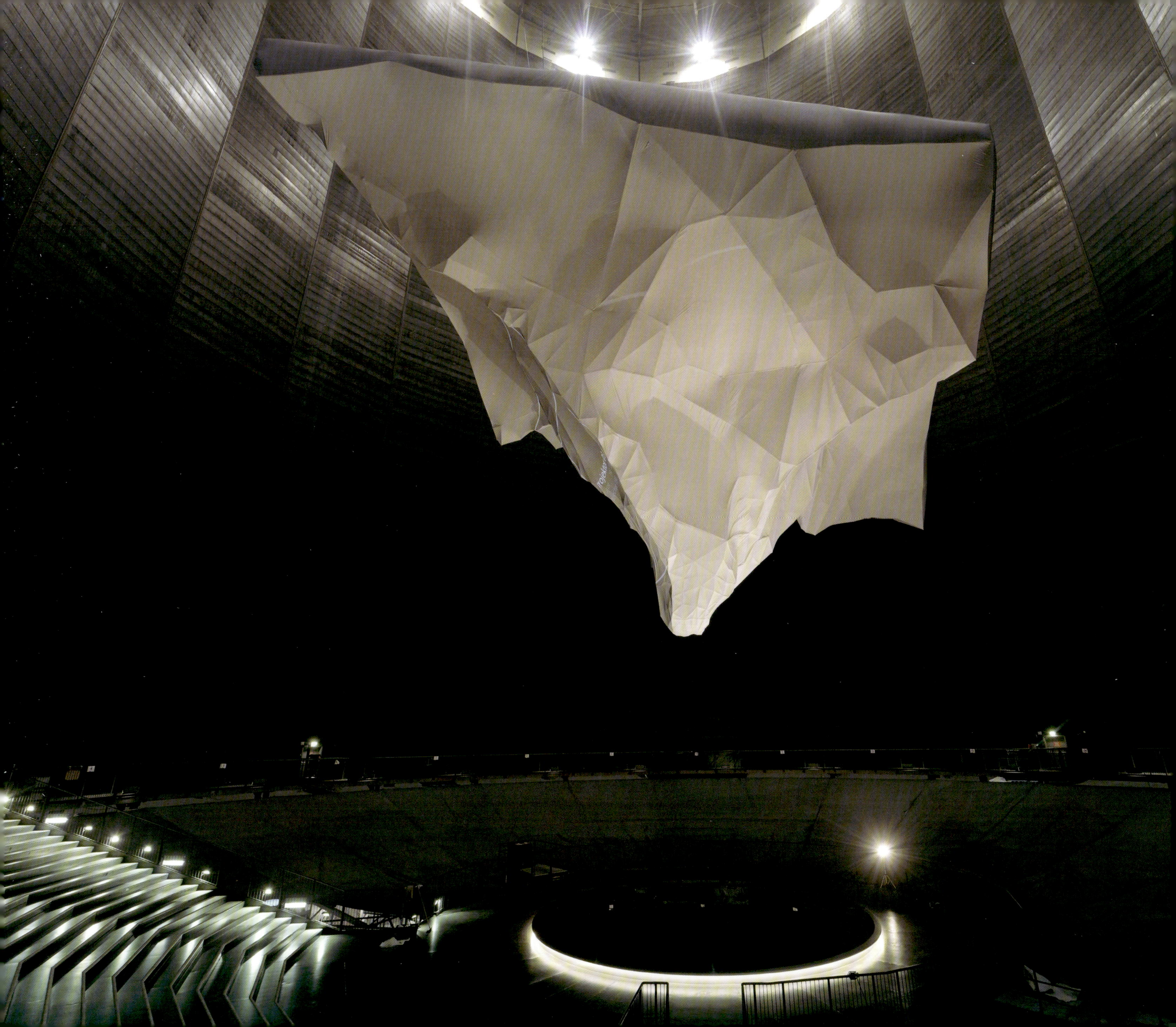

Von der Wissenschaft zur Skulptur

Erst durch den Austausch mit der Gesellschaft findet Wissenschaft in den Alltag und gelangen gesellschaftliche Fragen zu den Forschern. Gerade in der Erdbeobachtung brauchen und suchen wir diesen Kontakt. Als multidisziplinarische Wissenschaft hat die angewandte Raumfahrttechnologie viele potenzielle Nutzer: Land- und Forstwirte, Landes-, Stadt- und Umweltplaner, Biologen, Archäologen, Krisenhelfer oder auch Börsenhändler. Doch bisweilen ahnen diese nichts von den Möglichkeiten der Satellitenbeobachtung. Daher suchen wir in Projekten ganz gezielt den Kontakt zu möglichen Anwendern. Und manchmal ergeben sich ungeahnte Perspektiven. So wie bei der Begegnung mit Gerlinde Kaltenbrunner, einer der besten Bergsteigerinnen der Welt, am Rande einer Veranstaltung. Eine Begegnung von Wissenschaft und Extrembergsteigen. Weitere Treffen mit Gerlinde Kaltenbrunner, Ralf Dujmovits, Reinhold Messner und Hans Kammerlander folgten. Ihnen allen verschlug es die Sprache, als sie beim Earth Observation Center des DLR in Oberpfaffenhofen erstmals den K2 oder den Mount Everest virtuell und in 3D umrundeten – möglich gemacht durch eine spezielle Verarbeitung von Aufnahmen aus dem All. Der Kontakt zum EOC verhalf Gerlinde Kaltenbrunner schließlich zu idealen Planungsgrundlagen für ihre erfolgreiche Expedition auf den Gipfel des K2. Und uns zu einem Entwicklungsprojekt, an dem wir unsere wissenschaftlichen Methoden erproben und schärfen konnten. Und auch die Matterhorn-Skulptur und die Ausstellung „Der Berg ruft" sind Folge dieser Begegnung und ein Nebenprodukt unserer wissenschaftlichen Arbeit. So wie unsere Erdskulptur, die von weit mehr als einer Million Menschen gesehen wurde, bietet auch dieses Exponat wieder eine wertvolle Kontaktfläche zwischen Wissenschaft und Gesellschaft.

Prof. Stefan Dech
Direktor am Earth Observation Center
des Deutschen Zentrums für Luft- und Raumfahrt (DLR)

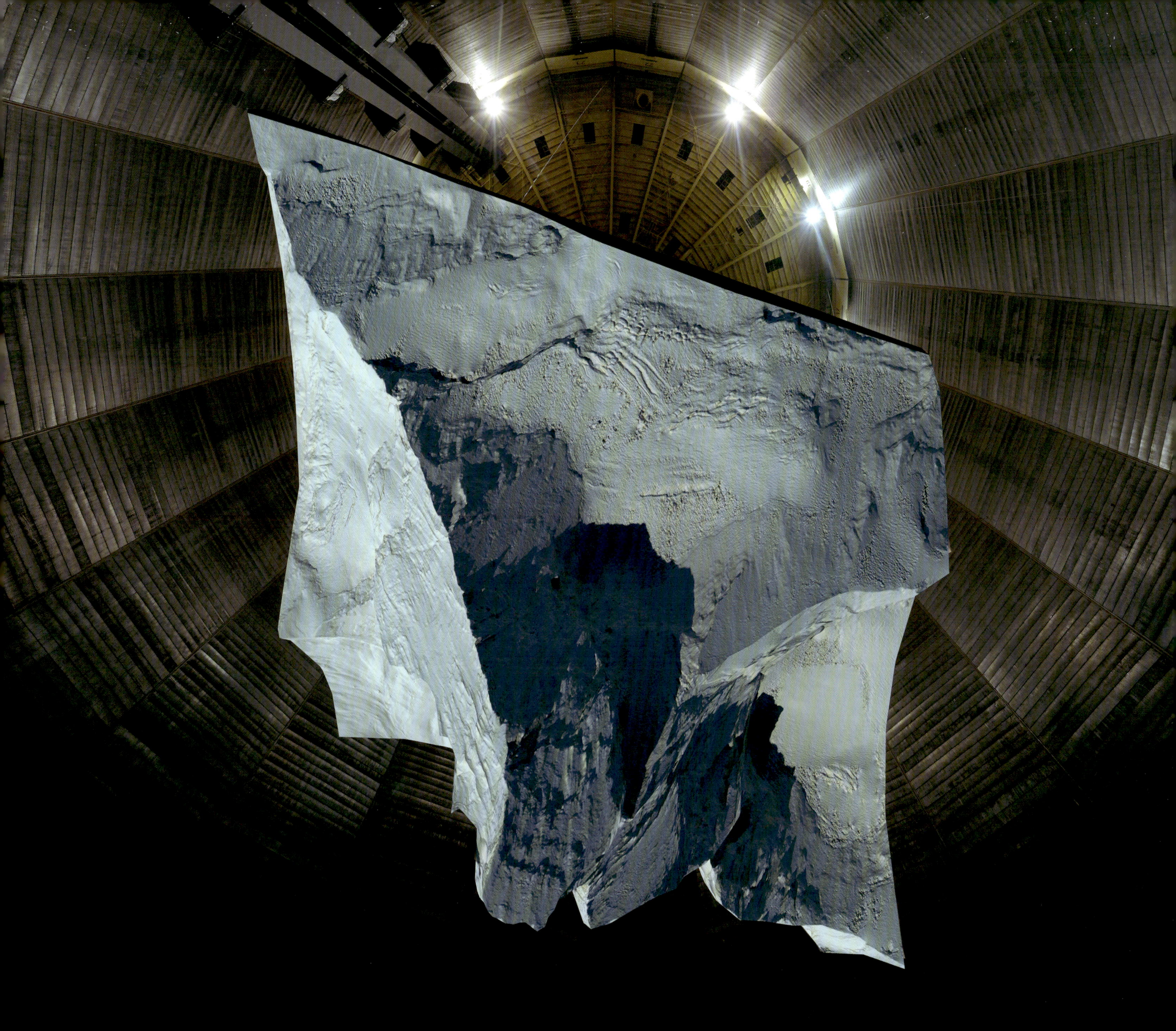

DIE MAGIE DER BERGE

Der Gasometer Oberhausen hat in den letzten beiden Jahren mit der Ausstellung „Wunder der Natur" 1,35 Millionen Besucher in seinen Bann gezogen. Großformatige Fotografien und ausgewählte Exponate zeigten den Besuchern die Schönheit und Intelligenz der Tier- und Pflanzenwelt unserer Erde. Höhepunkt der Ausstellung im 100 Meter hohen Luftraum des Gasometers war die Erde selbst als monumentale Skulptur. „Wunder der Natur", die von Prof. Peter Pachnicke kuratiert wurde, war die erfolgreichste Wechselausstellung in der Bundesrepublik 2016/2017.

Mit der neuen Ausstellung „Der Berg ruft" wird der thematische Leitfaden der letzten Jahre fortgeführt.

Den Besuchern werden in dieser besonderen Inszenierungsform die Naturwunder der Bergwelt präsentiert. Durch die Darstellungsformen, wieder in großformatigen Fotografien und erlesenen Exponaten, erlebt der Betrachter, welche unglaubliche Gestaltungskraft Natur entwickeln kann. Ein vielfältiges Spektrum von Einblicken in die faszinierende und nicht selten bedrohlich wirkende Welt der Gebirge lässt den Betrachter in den Zauber der Bergwelt eintauchen. Im konfrontativen Dialog mit dieser gewaltigen Kraft ist der Versuch des Menschen zu sehen, Berge zu bezwingen und die Naturgewalten zu überwinden, um sich dieser Welt zu bemächtigen. Die Geschichte des Bergsteigens mit seiner ganzen Dramatik ist eingebettet in die Gesamtinszenierung. Höhepunkt der Ausstellung ist eine monumentale Skulptur des markantesten Berges der Alpen – des Matterhorns. Mittels moderner Projektionstechnik erleben die Besucher die Schönheit und Dramatik des Berges in allen Facetten. So schließt sich der Kreis. Durch die von Prof. Peter Pachnicke gewählte Inszenierungsform wird die Schönheit der Natur gefeiert wie die Schönheit der Kunst in den führenden Museen der Welt. Diese Darstellungsweise lässt den Betrachter – ob jung oder alt, ob alleine, mit Freunden oder in Familien – die Natur und damit die Wunder unserer Erde mit anderen Augen sehen. Die positive Resonanz und die hohen Besucherzahlen ermutigen, dieses Konzept auch in den nächsten Jahren fortzuführen.

Jeanette Schmitz
Geschäftsführerin Gasometer Oberhausen GmbH

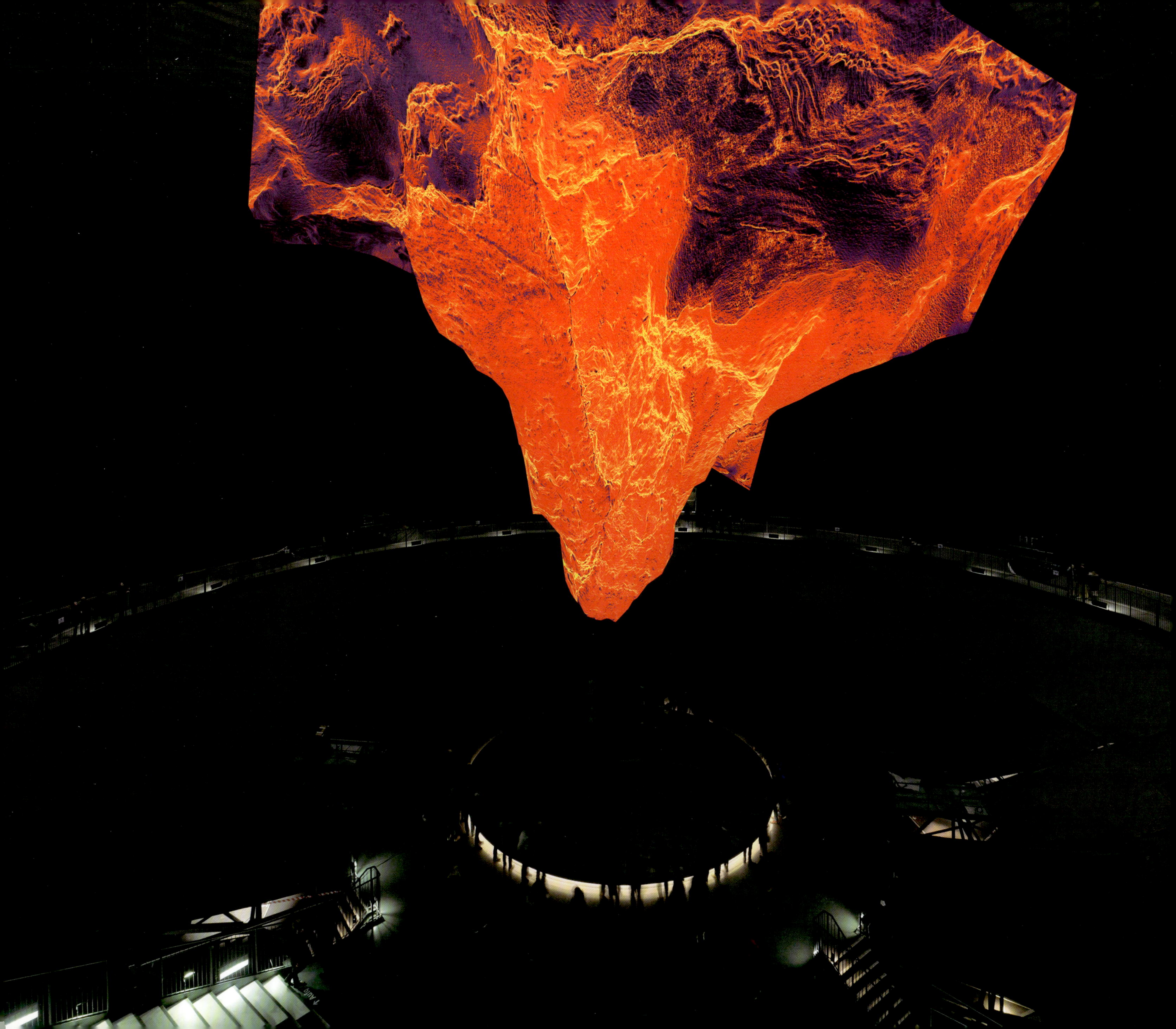

| | Seite 2/3
Punnawit Suwuttananun
Panorama Mount Everest | Seite 7
Ralf Gantzhorn
Sonnenaufgang | Seite 8/9
Yuga Kurita
Mount Fuji |

BILDBESCHREIBUNGEN

Die Bildbeschreibungen enthalten die Namen der Fotografen, die Titel, Bildlegenden sowie das Copyright.

Autoren der Bildlegenden:
Matina Schmuck, Peter Pachnicke

Weitere Texte:
DLR
Deutsches Zentrum für Luft- und Raumfahrt

A.J.-H.
Dr. Angelika Jung-Hüttl

Wir danken den Autoren und Fotografen für die Möglichkeit, aus ihren Texten zu zitieren.

Unser Dank gilt dem MALIK-Verlag. Der Bildband „m⁴ Mountains – Die Vierte Dimension" war eine wichtige Anregung für die Darstellung der Bergwelt des Himalaya. Autoren des Bildbands sind Stefan Dech, Reinhold Messner und Nils Sparwasser.

Außerdem sind wir dem Verlag Frederking & Thaler dankbar, aus deren Bildband „Berge aus dem All" mehrere Bildlegenden entnommen wurden. Autoren des Bildbandes sind Stefan Dech, Reinhold Messner, Rüdiger Glaser, Ralf-Peter Märtin.

Beide Bildbände wurden vom Deutschen Zentrum für Luft- und Raumfahrt herausgegeben.

Peter Pachnicke, Matina Schmuck

Ein nahezu unglaubliches Panorama bietet sich dem Betrachter, der vom knapp 5600 Meter hohen Kala Patthar nach Osten blickt. Eisbedeckte Gipfel erheben sich majestätisch aus den Wolken empor: Die grandiose Bergwelt um den Mount Everest (8848 m) präsentiert sich hier unter dem strahlend blauen Himmel Nepals. Der höchste Berg der Erde scheint zum Greifen nah. Doch fast wirkt es, als wolle die rechts neben der mächtigen Everest-Pyramide aufragende Spitze des Nuptse West (7745 m) ihm den Rang streitig machen. Der Lhotse (8516 m) ist zwischen diesen beiden kaum auszumachen. Links neben der Everest-Westschulter (7205 m) erhebt sich der Changtse (7543 m). Ganz im Hintergrund rechts reckt sich das „Matterhorn Nepals", die Ama Dablam (6814 m) mit ihrer markanten Form in den Himmel. Eingerahmt von Pema Dablam (6430 m) links und der Gruppe um Kangtega (6779 m) und Thamserku (6608 m) rechts.

Mount Everest
Himalaya
Nepal/China (Tibet)
8848 m

Copyright:
Punnawit Suwuttananun/
getty images

Wie in tiefer Meditation versunken, erleben zwei Bergwanderinnen den Sonnenaufgang in den Dolomiten. Sie haben eine kalte Biwaknacht auf 2400 Metern Höhe verbracht und genießen nun mit einem Becher heißen Tee in den Händen die ersten wärmenden Sonnenstrahlen auf dem Gesicht.
Inmitten der rauen Felswelt der Berge strahlt dieses Bild eine friedliche Ruhe aus: Zwei Menschen in vollkommener Harmonie mit sich und der Natur. In vielen frühen Kulturen haben die Menschen ihrer Götter nicht in gemauerten Tempeln oder Kirchen gedacht, sondern an heiligen Orten inmitten der unberührten Natur. Es ist die Sehnsucht nach einem paradiesischen Urzustand, in dem die Menschen mit der Natur verbunden sind, die aus diesem Bild zu uns spricht.

Dolomiten
Südtirol
hier: auf 2400 m

Copyright:
Ralf Gantzhorn

Einer mystischen Erscheinung gleich erhebt sich der schneebedeckte Gipfel des Mount Fuji über einem Wolkenmeer auf der japanischen Hauptinsel Honshu. Der 3776 Meter hohe Vulkan ist das Wahrzeichen Japans. Er ist aus der Kultur wie auch aus der Kunst des Landes nicht wegzudenken. Dichter und Maler haben den wohl schönsten Vulkankegel der Welt unzählige Male besungen und verewigt.
In der japanischen Kultur ist der Fuji – von den Japanern liebevoll „Fuji-san" („Berg Fuji") genannt – mehr als nur ein Berg. Seit Jahrhunderten gilt er als erhabenes, gottgleiches Wesen. Es ist ein heiliger Berg, doch anders als bei vielen heiligen Bergen ist das Besteigen des Fuji ein religiöses Ritual. Ein japanisches Sprichwort besagt: *„Ein weiser Mensch klettert einmal in seinem Leben auf den Fuji. Aber nur ein Narr versucht es ein zweites Mal."* Der Fuji ist ein bedeutendes Heiligtum des Shintoismus, der japanischen Basisreligion. Mehr als 1000 sogenannte Sengen-Schreine und Tore zur Verehrung der Götter und heiligen Stätten säumen den Aufgang zum Gipfel. Sie sind der Berggottheit Konohana Sakuya-hime („Prinzessin der aufblühenden Baumblüten") gewidmet, die sinnbildlich für vollkommene Schönheit und die Vergänglichkeit des Lebens steht. Ihr Symbol ist die Kirschblüte.

Mount Fuji
Stratovulkan/Schichtvulkan
(aktiv, letzter Ausbruch 1707)
Japan
3776 m

Copyright:
Yuga Kurita/getty images

Seite 11
Ralf Gantzhorn
Blick auf die Magellanstraße

Unter dem strahlend blauen Himmel Südamerikas stehen zwei Bergsteiger auf dem Gipfel des Monte Sarmiento und genießen den weiten Blick auf die Inselwelt Feuerlands. Rechts im Hintergrund ist die Magellanstraße zu sehen, die Verbindung vom Atlantischen zum Pazifischen Ozean. Die Besteigung des Monte Sarmiento gilt als extrem schwierig und gelang erst wenige Male – obwohl dieser stark vergletscherte Berg lediglich 2246 Meter hoch ist. Doch er ist ausschließlich vom Meer aus erreichbar und meist von Stürmen umtost.
Im Jahre 1520 entdeckte der portugiesische Seefahrer Fernando Magellan die Durchfahrt zwischen der Südspitze des südamerikanischen Kontinents und den vorgelagerten Inseln Feuerlands.
Der Fotograf Ralf Gantzhorn berichtet über seine Expedition: *„28 Tage hatte Fernando Magellan benötigt, bis er im November 1520 einen schiffbaren Durchschlupf zwischen dem Atlantik und dem Pazifik fand. 39 Stunden dauerte die Erstdurchsteigung der Nordwand des Monte Sarmiento durch Robert Jasper, Jörn Heller und Ralf Gantzhorn."*

Monte Sarmiento
Feuerland
Chile
2246 m

Copyright:
Ralf Gantzhorn

Seite 12
Robbie Shone
Sommernachtsfeuer in den Alpen

Eine Gruppe von Bergwanderern entzündet ein Sonnwendfeuer auf der Nordkette in den Tiroler Alpen bei Innsbruck. Das Entzünden von Bergfeuern zur Sommersonnenwende ist ein uralter Brauch im Alpenraum, mit dem die Dämonen des Winters vertrieben und der Sommer begrüßt werden. Wenn der längste Tag auf die kürzeste Nacht des Jahres trifft, erhellen überall in den Alpen Tausende Feuer die Dunkelheit und verwandeln die Landschaft in eine mystische Kulisse. Ursprünglich eine heidnische Tradition, wurden die Bergfeuer ab dem Mittelalter in den christlichen Festtagskalender einbezogen. In den letzten Jahrzehnten hat der Brauch erneut an Bedeutung gewonnen. Mit spektakulären Lichtinstallationen feiern die Menschen die Natur. Heute führen die Festlichkeiten Jahr für Jahr Zehntausende Besucher über alle Grenzen von Kulturen und Religionen hinweg zusammen.

Nordkette (Inntalkette)
Teil des Karwendelgebirges
Österreich
bis zu 2637 m

Copyright:
Robbie Shone

Seite 13
Ralf Gantzhorn
Ein Sehnsuchtsziel der Bergsteiger

In fast 4000 Metern Höhe hat ein Bergsteiger beinahe sein Ziel erreicht. Er steht auf den zerklüfteten Spitzen der Meije in den französischen Westalpen. Von Gletschern umlagerte steile Grate und spitze Felsnadeln machen die Überschreitung der Meije zu einer Herausforderung. Unter Bergsteigern gilt sie als einer der anspruchsvollsten Berge der Alpen, und die Überschreitung ihrer Grate zählt zu den Highlights der Kletterrouten in Europa. Das erlebte auch der Fotograf Ralf Gantzhorn, als er in den Dauphiné-Alpen unterwegs war: *„Die bergsteigerische Krone und das Sehnsuchtsziel schlechthin in der Dauphiné ist die Meije. Der leichteste Weg auf den Gipfel gilt als schwerster Normalweg der Alpen."*

La Meije
Dauphiné-Alpen
Frankreich
3983 m

Copyright:
Ralf Gantzhorn

Seite 14
Ralf Gantzhorn
Seilschaft am Innominatagrat am Mont Blanc

Eine kleine Seilschaft klettert über den eisbedeckten Innominatagrat – „Der namenlose Grat" – an der Südwand des Mont Blanc. Atemberaubende Ausblicke vom höchsten Berg der EU entschädigen für die Strapazen des Aufstiegs. Für den Fotografen Ralf Gantzhorn, der 2015 über den Grat gestiegen ist, übt der Ort eine besondere Faszination aus: *„Innominata – so heißt die vielleicht schönste Liebeserklärung am Mont Blanc. Der Grat, der häufig eher eine Wandkletterei ist, überrascht dabei immer wieder mit messerscharfen Firnrippen. Passagen wie diese lassen eigentlich nur zwei Reaktionen zu: ‚Da mochte ich auch hin' oder: ‚Nee, echt nicht'."*

Mont Blanc
Frankreich
4810 m

Copyright:
Ralf Gantzhorn

Seite 15
Jona Salcher
Klettern in einem Meer aus Stein

Kaum zu erkennen sind die Bergsteiger dieser Seilschaft, die an der über 600 Meter hoch steil aufragenden Nordwand der Westlichen Zinne winzig klein und verloren zu kleben scheinen. Es sind atemberaubende Dimensionen, die uns die Einsamkeit der Menschen inmitten eines senkrechten Meeres aus Stein zeigen. Die Bergsteiger befinden sich in der sogenannten Cassin-Führe, die seit ihrer Erstbegehung 1935 durch Riccardo Cassin und Vittorio Ratti zu den schwierigsten Kletterrouten im Alpenraum gehört.
Über die Faszination des Felskletterns sagte Riccardo Cassin: *„Während ich handle, ist jede auch noch so versteckte Faser von mir an der Anstrengung beteiligt. Und oft empfinde ich einen seltsamen Genuss, verursacht durch die Lust, meinen Körper frei im Leeren schwebend zu spüren, durch die Befriedigung, dass die Muskeln ganz meinem Willen gehorchen, und auch durch das physische Vergnügen, die Hindernisse anzugehen, ihre Schwachstelle zu finden und sie zu überwinden."*

Drei Zinnen
Dolomiten
Südtirol
2857-2999 m

Copyright:
Jona Salcher

Seite 16
Harald Wisthaler
Seilakt in den Dolomiten

Seite 17
Mario Eder
Paraglider in Tirol

Seite 18
Per Breiehagen
Trail Running in Norwegen

Seite 19
Jakob Helbig
Biking in den Walliser Alpen

Seite 20
Claude-Olivier Marti
Der meistfotografierte Berg

Der Österreicher Reinhard Kleindl und der Südtiroler Armin Holzer haben im August 2011 in den Dolomiten die Erstbegehung aller drei Gipfel der Drei Zinnen auf dem Hochseil gewagt. Sie spannten dazu drei Highlines von 31, 37 und 53 Metern Länge. *„Wohlgemerkt auf, nicht zwischen den Gipfeln"*, betont Reinhard Kleindl. *„Mit 500 Metern Luft unter deinen Füßen wird das Band noch schmaler, der Raum um dich noch weiter und haltloser. Eine Ausgesetztheit, wie ich sie vom Klettern her nicht kenne."*
Die Sehnsucht, Grenzen zu überschreiten und immer neue Herausforderungen zu suchen, ist in unserer Zeit die Motivation vieler Extremsportler. Sie sind sich bewusst, dass sie dabei ihr Leben riskieren. Armin Holzer stürzte im Dezember 2015 beim Speedriding am Monte Piano in Südtirol tödlich ab.

Drei Zinnen
Dolomiten
Südtirol
2857-2999 m

Ein Paraglider schwebt mit seinem Gleitschirm über einem Meer aus Wolken über den Achensee in Tirol zwischen Karwendelgebirge und Brandenberger Alpen. Der Fotograf Mario Eder – selbst ein passionierter Gleitschirm-Flieger – beschreibt das Gefühl grenzenloser Freiheit, das man schwebend über den Wolken erlebt: *„Wenn ich über die Berge fliege, verändert sich die Perspektive. Ich genieße die grenzenlose Freiheit. Es ist geradezu berauschend, die engen Grenzen des Erdbodens hinter sich zu lassen und weit über den Horizont zu blicken. Meine größte Leidenschaft ist es, diese Momente mit meiner Kamera einzufangen. Denn ich habe das Bedürfnis, die Wunder, die ich sehe, mit anderen zu teilen. Für mich ist ein Foto mehr als ein Bild, es ist ein Gefühl."*

Achensee
Karwendel und
Brandenberger Alpen
Österreich
bis 2749 bzw. 2299 m

Ein Sportler läuft in der eisigen Bergwelt Norwegens an einem Gletschersee entlang. Der Läufer lässt sich vollkommen auf seine Umgebung und das Gelände ein. Jeder Schritt ist genau platziert, jede Unebenheit im Terrain gleicht der Körper aus. Es ist eine völlig andere, naturverbundene Art des Laufens. Trail Running wird diese Form des Langstreckenlaufs abseits asphaltierter Straßen genannt – eine Trendsportart, die immer mehr Anhänger findet.
Wenn wir der Enge des Alltags entfliehen wollen, sehnen wir uns nach der Freiheit und der Weite, die wir in den Bergen fühlen. Dabei werden die Berge neu entdeckt: Nicht die Gipfel sind das Ziel, sondern sich in der Bergwelt zu bewegen und dabei den eigenen Körper in der Natur zu erleben.

Umgeben von den wolkenverhangenen Bergen der Walliser Alpen fahren drei Mountainbiker durch unebenes Gelände. So wie sie kombinieren immer mehr Menschen in ihrer Freizeit die Lust an der Bewegung mit dem sportlichen Ehrgeiz, um abseits von Städten und Straßen den „Kick" des Abenteuers zu spüren. Die Sinnes- und Erlebniswahrnehmung in freier Natur wird als wohltuender Kontrast zum modernen Leben empfunden. Berge werden heute nicht mehr nur bestiegen oder erwandert.

Das Matterhorn ist heute der meistfotografierte Berg. Unter den gefährlichsten Bergen der Erde ist er der am häufigsten bestiegene und der, an dem die meisten Bergsteiger tödlich verunglückt sind – über 500. Einige davon sind auf dem Friedhof von Zermatt begraben. Die Inschriften auf den anrührenden Grabsteinen erzählen uns, dass es vor allem junge Männer aus den großen Städten waren, die ihren Ehrgeiz und ihre Leidenschaft, auf die Gipfel der gefährlichsten Berge zu steigen, mit ihrem Leben bezahlt haben. Auch zeigen die Inschriften, dass das alpine Bergsteigen erst eine 200 Jahre alte Geschichte hat.
In den Jahrhunderten zuvor waren nur Hirten, Jäger und Kristallsammler bis in die Gipfelregionen der Berge aufgestiegen – unbedingt auf einem Gipfel stehen zu wollen war hingegen nicht ihr Ziel. Kaum vorstellbar, das Matterhorn ohne Bergsteiger, Skifahrer, Skilifte, Gornergratbahn und das babylonische Sprachgewirr der Touristen aus aller Welt mit ihren Kameras.
In den prä-touristischen Zeiten war das Matterhorn aber kein unbekannter Berg, denn für die Händler, Lastenträger, Handwerksburschen und Pilger, die in den Sommermonaten aus der Schweiz kamen, um über den Theodulpass nach Italien zu gelangen, war es eine wichtige Landmarke, die ihnen zeigte, dass sie auf dem richtigen Weg sind.

Matterhorn
Schweiz
4478 m

Copyright:
Harald Wisthaler

Copyright:
Mario Eder/getty images

Copyright:
Per Breiehagen/getty images

Copyright:
Jakob Helbig/getty images

Copyright:
Claude-Olivier Marti/getty images

Seite 21
Ralf Gantzhorn
Bergwanderung mit Kind

Seite 23
Robert Bösch
Matterhorn – Illumination
150 Jahre Erstbesteigung

Seite 24
Gustave Doré
Triumph am Matterhorn

Seite 25
Gustave Doré
Tragödie am Matterhorn

Seite 26
Thomas Wolf
Alleingang an der
Droites-Nordwand

Ein Bergwanderer ist mit seinem Kind in den italienischen Ostalpen unterwegs. Die Dolomitengruppe westlich der Etsch ist als Brentagruppe bekannt. Felsnadeln und schroffe Steilwände ragen bis auf 3000 Meter zwischen den Wolken heraus. Es ist eine wilde, raue Landschaft, mit einer der berühmtesten alpinen Höhenrouten. Die „Via delle Bocchette" ist ein gut ausgebautes Netz aus Klettersteigen mit gesicherten Bändern, Klammern und Leitern durch steile Wände und über schmale Passagen. Mit ihrer Hilfe finden Bergwanderer und Kletterer aller Altersstufen geeignete Routen. Das Erklimmen der Berge muss heute kein lebensgefährliches Abenteuer mehr sein, es kann auch ein gemeinsames Erlebnis der ganzen Familie werden.

Via delle Bocchette
Brentagruppe
Ostalpen
Italien
höchste Erhebung:
Cima Brenta 3151 m

Copyright:
Ralf Gantzhorn

Eine leuchtend rote Lichterkette windet sich in der Dunkelheit hinauf zum Gipfel. Das Matterhorn steht im Mittelpunkt einer spektakulären Installation, die im Juli 2014 zur Vorbereitung des 150-jährigen Jubiläums seiner Erstbesteigung am 14. Juli 1865 realisiert wurde. Die Leuchten markieren die Route über den Hörnligrat, welche die Seilschaft um den Briten Edward Whymper genommen hatte.
Für die Anzeigenkampagne des Schweizer Bergsportausrüsters Mammut installierten unter der Anweisung von Robert Bösch 14 Zermatter Bergführer 50 Lichter in regelmäßigen Abständen auf dem Berg. Die Lichter wurden so positioniert, dass sie vom Fotografen-Standpunkt aus gut sichtbar waren. Der Fotograf stand sechs Kilometer entfernt und wartete stundenlang auf den geeigneten Moment. Eigentlich sollte das Foto am Abend gemacht werden. Aber der schneebedeckte Berg war von dichten Wolken umhüllt. Endlich, gegen drei Uhr am Morgen, klarte der Himmel auf. „*Es war ein Glücksfall, dass wir uns dazu entschlossen hatten, es am Morgen noch einmal zu versuchen*", berichtet Robert Bösch, „*da waren noch Wolken, aber nur ein paar, und sie reflektierten das Licht, so dass die Lampen rot zu leuchten schienen.*"
Das Foto entstand 2014 als Test für die Jubiläumsfeier. Es wurde eines der Kampagnenmotive für Mammut im Jubiläumsjahr der Erstbesteigung 2015.

Matterhorn
Schweiz
4478 m

Copyright: Robert Bösch

Die Erstbesteigung des Matterhorns am 14. Juli 1865 bewegte – nicht zuletzt durch ihren dramatischen Verlauf – die Menschen in ganz Europa. Selten lagen Triumph und Tragödie so dicht beieinander. Dieses bewegende Ereignis hat der französische Illustrator Gustave Doré, unter dem Eindruck der Tragödie, in zwei Grafiken in seiner ganzen Dramatik anschaulich gemacht.
Triumphierend recken Edward Whymper und seine Gefolgsleute die Arme in die Höhe, als sie endlich den Gipfel des zuvor als „unbesteigbar" geltenden Matterhorns erklommen haben. Sie sind über den Hörnligrat von der schweizerischen Seite aufgestiegen. Ihre Begeisterung ist nicht nur dem Erfolg der Erstbesteigung geschuldet, sondern auch dem Gefühl des Sieges im Wettrennen gegen eine zweite Gruppe, die von italienischer Seite aufgebrochen war.

Matterhorn
Schweiz
4478 m

Copyright:
Thomas Wolf/Stiftung Alpines Museum Zermatt

Eine Stunde nach dem Gipfel-Triumph ereignet sich die Katastrophe: Durch einen Fehltritt rutscht der Brite Douglas R. Hadow ab und reißt drei weitere Bergsteiger, die durch ein Seil mit ihm verbunden sind, mit sich. Der Zermatter Bergführer Peter Taugwalder Senior versucht noch, sie zu halten – aber das Seil reißt und vier Alpinisten stürzen in den Tod.
Bis heute wird sensationsheischend darüber spekuliert, ob das Seil tatsächlich riss, oder ob es von einem der drei Überlebenden durchgeschnitten wurde, um sich selbst zu retten.
Die zu Tode gestürzten Erstbesteiger waren: Michel Croz, Charles Hudson, Francis Douglas und Douglas R. Hadow.

Matterhorn
Schweiz
4478 m

Copyright:
Thomas Wolf/Stiftung Alpines Museum Zermatt

Als Reinhold Messner am 17. Juli 1969 die Nordwand der Droites im Mont Blanc-Massiv bestieg, war das eine Revolution des alpinen Bergsteigens – nicht, weil es der erste Alleingang an der 2800 Meter hohen Steilwand war, sondern durch den völlig neuen Stil, sich frei im Fels zu bewegen.
„*Zum ersten Mal*", erinnert sich ein Augenzeuge „*haben wir damals jemanden so klettern gesehen, in dieser fließenden Bewegung, mit diesem Eisstichel, diesem seltsamen Eispickel. Es war unglaublich.*" Reinhold Messner erzählt über diese Form des freien Kletterns: „*Im Alleingang darf ich wirklich keinen Fehler machen, weil jeder Fehler tödlich sein kann. Wenn ich losklettere, dann muss ich Ängste ausgeschaltet haben. Das passiert automatisch, weil ich mich ganz konzentrieren muss: auf Griff und Tritt. Vor allem, weil ich mich nicht sichere. Ich selber werde Griff und Tritt. Wenn ich nicht alles, was draußen ist, auch moralische Fragen vergesse ..., kann ich das nicht machen. Und so ist das ein ununterbrochenes, sich absolut auf diese Haltepunkte einlassen. Und so entsteht ein Float-Zustand. Es klettert sich in diesem Fließzustand viel leichter, weil ich immer in Bewegung bin und in absoluter Konzentration.*" (Zitiert aus Andreas Nickels Film „Messner")

Droites
Mont Blanc-Massiv
Frankreich
4000 m

Copyright:
Thomas Wolf

Seite 27
Tim Graham
Eiger-Nordwand

Es sind nicht nur die Gipfel der höchsten Berge, die Bergsteiger immer wieder herausforderten, sondern auch die gefährlichsten Steilwände der Bergwelt. Eine dieser „Todeswände" ist die legendäre Eiger-Nordwand: Sie ragt 1800 Meter steil in die Höhe. Um nach oben zu gelangen, müssen die Bergsteiger eine Wand bewältigen, die nicht nur senkrecht ist, sondern voller Eisplatten, Felsüberhänge und Spalten. Diese Wand, die kein Sonnenstrahl erreicht, ist den Gewalten der Natur im besonderen Maße ausgesetzt. Wetterwechsel führen dazu, dass sie schnell vereist und Schneefall beständig zu Lawinenabgängen führt. Taut das gefrorene Gestein, kommt es zu Steinschlag und Felsabstürzen. Zudem toben hier oben auch Stürme, die zu gefühlten Temperaturen von -40 °C führen. Von einer sensationshungrigen Öffentlichkeit wurden vor allem jene Besteigungen begierig verfolgt, in deren dramatischem Verlauf die Helden der Berge scheiterten. So wird bis heute immer wieder neu das tragische Schicksal der Bergsteiger Toni Kurz und Andreas Hinterstoißer, Willy Angerer und Edi Rainer erzählt, die 1936 tödlich verunglückten. Einer deutsch-österreichischen Seilschaft gelang 1938 die Erstbesteigung. Sie wurde von der nationalsozialistischen Propaganda als Ausdruck germanischen Heldentums gefeiert. Insgesamt sind an der Eiger-Nordwand über 50 Bergsteiger tödlich verunglückt.

Eiger
Berner Alpen
Schweiz
3967 m

Seite 28/29
Yasir Nisar
Der Schicksalsberg der Deutschen

Der Nanga Parbat im Westhimalaya ist mit 8125 Metern Höhe der neunthöchste Berg und die gewaltigste freistehende Massenerhebung der Erde. Diese gibt dem Berg seine majestätische Gestalt, die in seinem zweiten Namen Diamar zum Ausdruck kommt: „König der Berge". Für die Bergsteiger ist er einer der gefährlichsten Berge der Erde. Eine besondere Herausforderung bildet die 4500 Meter hohe Rupalwand. Die erste alpine Besteigung wagte 1895 der Engländer Albert F. Mummery. Wie viele andere Bergsteiger am Nanga Parbat verunglückte er tödlich.
Man nennt den Nanga Parbat auch den „Schicksalsberg der Deutschen", weil hier in den 1930er Jahren mehrere deutsch-österreichische Expeditionen erfolglos blieben und über 26 Bergsteiger und Sherpas starben.
In den 1930er Jahren wurde aus dem Wettstreit der besten Bergsteiger ein verbissen geführter Kampf darum, welche Nation als erste ihre Fahne auf dem Gipfel aufrichtet. So wurden die Bergsteiger der deutsch-österreichischen Nanga Parbat Expeditionen der 1930er Jahre solange sie erfolgreich waren, als „Helden mit deutschen Tugenden" gefeiert, und als sie tragisch scheiterten, als „heroische Opfer" verklärt.

Nanga Parbat
Pakistan
8125 m

Seite 30
Bettmann Archive
Ich wollte tanzen

Die Mount Everest Expedition 1953 war der achte britische Versuch, den Berg zu bezwingen. In dieser von John Hunt, einem erfahrenen Militäroffizier, stabsmäßig geplanten und geleiteten Expedition, waren es der Neuseeländer Edmund Hillary und der Sherpa Tenzing Norgay, die für den Gipfelaufstieg am 29. Mai 1953 bestimmt wurden. Sie brachen an diesem Tag um 6.30 Uhr vom letzten Lager in 8504 Metern Höhe auf, durchstiegen um 10.30 Uhr die letzte schwierige Felspassage, die seitdem Hillary Step genannt wird, und erreichten um 11.30 Uhr den Gipfel. Tenzing Norgay erzählt über diesen Augenblick: „Ich wollte springen, tanzen, es waren die besten Gefühle in meinem Leben."
Als Hillary und Norgay als erste Menschen auf dem höchsten Berg der Erde standen, war das ein Ereignis, das die Menschen in der ganzen Welt bewegte. In Großbritannien traf die Nachricht am 2. Juni ein, dem Tag der Krönung von Königin Elisabeth II., und löste unbeschreiblichen Jubel aus.
Was Edmund Hillary betrifft, so sagte er nach seiner Rückkehr ins Basislager zu seinem Freund George Lowe: *„Well George, we finally knocked the Bastard off – George, wir haben den Bastard letztlich doch bezwungen."*

Seite 31
Fritz Aumann
Jeder Schritt eine Überwindung

Am 3. Juli 1953 steht Hermann Buhl auf dem Gipfel des Nanga Parbat. Die heute 70-Jährigen werden sich daran erinnern, dass sie damals diesen Aufstieg von Tag zu Tag aufgeregt am Radio verfolgt haben, in der bangen Hoffnung, dass Buhl den Gipfel erreichen wird.
Er selbst hat diesen historischen Moment ganz unpathetisch beschrieben: *„Jeder Schritt eine Überwindung, auf allen vieren krieche ich aufwärts, halte mich an den höchsten Punkt zu … Ich bin auf dem höchsten Punkt, auf dem Nanga Parbat, 8125 Meter. Ich bin mir der Bedeutung dieses Augenblicks nicht bewusst, fühle auch nichts von Siegerfreude, komme mir gar nicht als ein Sieger vor, ich bin nur froh, dass ich heroben bin und all die Strapazen vorläufig ein Ende haben."*
Aufgebrochen war er – gegen die Anweisung des Expeditionsleiters – an diesem Tag um 2.30 Uhr, im Alleingang und ohne Sauerstoffgerät. Um 19.00 Uhr stand er auf dem Gipfel. Auf dem beschwerlichen Rückweg zog er sich nicht nur schwere Erfrierungen zu, sondern wurde oben in der Todeszone auch von zeitweiliger Apathie und Wahrnehmungstäuschungen heimgesucht. Am 7. Juli erreichte er wieder das Hauptlager. Die Fotografie von Fritz Aumann zeigt ihn am 5. Juli 1953 beim Abstieg zwischen Lager 3 und 2.

Seite 33
DLR
Mount Everest

Das Satellitenbild zeigt uns den Mount Everest von der Südseite. Hier sind 1953 Edmund Hillary und Tenzing Norgay aufgestiegen, um am 29. Mai als erste Menschen auf dem höchsten Gipfel der Erde zu stehen. *„Ich wollte springen und tanzen"*, erinnert sich Norgay, *„es waren die besten Gefühle in meinem Leben."* Es war seit 1921 der zehnte Versuch, das Dach der Welt zu besteigen, alle zuvor waren gescheitert, immer wieder hatten dabei Bergsteiger und Sherpas ihr Leben gelassen.
Seitdem ist der Mount Everest auf 18 Routen von über 4000 Bergsteigern bestiegen worden. Die erste Frau auf dem Gipfel des Berges war die Japanerin Junko Tabei, der älteste Mensch der 80-jährige Japaner Yuichiro Miura, der jüngste der 13-jährige amerikanische Schüler Jordan Romero. 21-mal standen die Sherpas Phurba Tashi und Apa Sherpa auf der Spitze des Mount Everest.
Gestorben sind am Mount Everest über 200 Bergsteiger. Die Leichen der meisten von ihnen sind bis heute von den Schnee- und Eismassen des Berges eingeschlossen. Die Todesursachen waren Schneestürme, Lawinen, Bergschluchten, Sauerstoffmangel, Mängel in der Ausrüstung und Überschätzung der eigenen Kräfte und Fähigkeiten.

Mount Everest
Himalaya
Nepal/China (Tibet)
8848 m

Copyright:
Tim Graham/getty images

Copyright:
Yasir Nisar/getty images

Copyright:
Bettmann Archive/getty images

Copyright:
Archiv des DAV, München

Copyright:
DLR

Seite 34/35
DLR
Das Dach der Welt

Der Blick aus ca. 700 Kilometern Höhe offenbart eine der faszinierendsten Hochgebirgslandschaften der Erde im Grenzgebiet zwischen dem Königreich Nepal und der Region Tibet in China. Das Dach der Welt. Im Bildzentrum liegt der Sagarmatha-Nationalpark mit dem bekanntesten Berg der Erde, dem 8848 Meter hohen Mount Everest. Der Everest ist am linken Rand der rechten Seite an seiner charakteristischen Nordwand gut zu erkennen, die als dunkles, abgeschattetes Dreieck auszumachen ist. Im Süden (im Bild unten) liegt in unmittelbarerer Nähe der Lhotse (8516 m). Auffallend ist auch der lang gestreckte Gipfelgrat des mächtigen Cho Oyu (8201 m) (linke Seite, oben rechts). In der Bildmitte unten liegt Solu Khumbu, das Land der Sherpa, mit seinen bekannten Dörfern und Klöstern. Am Zusammenfluss von Bhote Kosi und Dudh Kosi liegt Namche Bazar (Bildmitte, unten). Viele Trekkingtouren zum Everest-Basislager führen von dort flussaufwärts (nach rechts) über Tengboche und Pheriche. Die Grate der großen Berge sind die Reste der Erosion durch Frost und Eis, die im Wettlauf mit der kontinuierlichen Hebung des Himalaya das Gebirge unaufhörlich abträgt. Die gewaltige Erosionsleistung wird an den mächtigen Gletschern sichtbar, die beidseitig des Himalaya-Hauptkamms nach Norden und Süden ausfließen.
(DLR)

Sagarmatha-Nationalpark
Nepal
bis zu 8848 m

Copyright:
DLR

Seite 36
Alun Richardson
Träger in der Everest-Region

Beladen mit schwerer Last stapft dieser Hochgebirgsträger über steinige Pfade nahe der Ortschaft Dughla in Nepal. Er ist Teil einer Karawane, die Ausrüstungsmaterial zu den Bergsteiger-Lagern in der Everest-Region transportiert. Auf einer Höhe von 4620 Metern errichtet, ist Dughla eine der weltweit höchstgelegenen menschlichen Siedlungen. Straßen im eigentlichen Sinne gibt es hier nicht, die meisten Orte sind nur zu Fuß erreichbar. Waren aller Art müssen daher von Lastenträgern und Packtieren wie den Yaks durch das unwegsame Gelände geschleppt werden.
Die Fähigkeit nepalesischer „Porter", unglaublich anmutende Mengen an Waren tragen zu können, war vor einiger Zeit Gegenstand einer anthropologischen Studie: Während ein trainierter Europäer oder Nordamerikaner nur etwa 60 Prozent seines Körpergewichts maximal eine Stunde lang tragen kann, beladen sich die Träger in Nepal mit bis zu dem Anderthalbfachen ihres Körpergewichts – und tragen diese Lasten in den Bergen oft mehrere Tage.

Dughla
Khumbu-Region
Nepal
4620 m

Copyright:
Alun Richardson/Westend61/
getty images

Seite 37
Kitti Boonnitrod
Yak-Karawane am Everest

Vor der grandiosen Kulisse des höchsten Gebirges der Welt zieht eine Karawane schwer beladener Yaks (Bos grunniens) zum Basislager des Mount Everest. Mit den extremen Lebensbedingungen in sauerstoffarmen Höhenlagen bis zu 7000 Metern kommen die Tiere problemlos zurecht. Dies macht sie zu einem unersetzlichen Partner der Menschen des zentralasiatischen Hochlands. Denn weder Pferde noch andere Packtiere, geschweige denn motorisierte Fahrzeuge, könnten die schmalen und steinigen Wege und Pfade passieren. Expeditionen im Himalaya wären ohne das ausdauernde Rind nicht möglich. Mit stoischer Ruhe trägt es 80 Kilogramm Last bis zu 20 Kilometer weit am Tag. Trittsicher bewältigt es Steigungen bis 75 Prozent.
In der westlichen Wahrnehmung beschränkt sich die Rolle des Yaks auf den Transport von Ausrüstungsmaterial der Bergsteiger. Für die Bewohner der Everest-Region ist der Yak die Grundlage ihres ursprünglich bäuerlichen Lebens. Nicht nur als Last-, Reit- oder Zugtier, mit dem sie Waren von einer Ortschaft zur nächsten über eisige Pässe befördern. Sondern auch als Lieferant für Milch, Fleisch, Wolle und Leder. Sogar der Dung des Yaks findet seine Verwendung: In hohen Lagen ist er häufig der einzige verfügbare Brennstoff.

Everest-Region
Nepal
hier: auf ca. 5400 m

Copyright:
Kitti Boonnitrod/getty images

Seite 38
Deepesh Shrestha
Stau am Gipfel
des Mount Everest

Der Mount Everest ist zu einem Ort des Extremtourismus geworden. Wer gesund ist und reich, kann sich für Geld eine professionell organisierte Reise leisten, die ihn auf präparierten Pisten, begleitet von Sherpas und Ärzten, auf – wenn man es aus der Sicht des alpinen Bergsteigers betrachtet – „bequeme Weise" auf den Gipfel bringt. Das Bild entstand 2009 und zeigt einen „Stau" am Mount Everest, am Hillary Step – 60 Meter unterhalb des Berggipfels. Der Ansturm ist an diesem Tag so groß, dass die Bergsteiger einander im Wege stehen.
Ohne die Männer vom Bergvolk der Sherpas gäbe es keine Expeditionen auf den höchsten Punkt der Erde. Die Bergsteigersaison im Himalaya ist kurz, sie reicht von April bis Ende Mai. Vor und nach jeder Saison kümmern sich die Sherpas um „ihren" Berg: Sie präparieren die Aufstiegsrouten, sichern die Wege und räumen hinter den Touristen auf. Der Bergführer Namgyal Sherpa, der siebenmal auf dem Gipfel stand, sagt: *„Der Everest verliert seine Schönheit. Die Bergspitze ist übersät mit Sauerstoffflaschen, alten Gebetsfahnen, Seilen und alten Zelten."*

Mount Everest
Himalaya
Nepal/China (Tibet)
8848 m
hier: Hillary Step 8790 m

Copyright:
STR/AFP/getty images

Seite 39
Sankar Sridhar
Bergbauer, Indien

Ein Hirte vom Stamm der Gaddi treibt seine Herde während eines Schneesturms über den 4800 Meter hohen Thamsarpass in Nordindien. Im Bundesstaat Himachal Pradesh, an der Grenze zu Tibet, können entlegene Dörfer nur über jahrhundertealte Pfade erreicht werden. Der Thamsarpass ist einer der höchstgelegenen Übergänge in der Region und wird von den einheimischen Nomaden ebenso wie von Trekkingtouristen genutzt.
Dabei könnten die Gegensätze nicht größer sein. Während Reiseagenturen die romantische Seite der Passstraße betonen und Touristen in Blogs und Reportagen von der ursprünglichen Natur der Region schwärmen, leben die Gaddi als Halbnomaden ein hartes Leben im Rhythmus mit der Natur. Entsprechend dem Jahreszyklus ziehen sie mit ihren Tieren umher. Doch ihr Lebensraum verändert sich durch Straßenbau und zunehmende Verstädterung und lässt immer mehr Familien dauerhaft sesshaft werden. Mit diesem Wandel einer geht der allmähliche Verlust der kulturellen Identität ihres Volkes.

Thamsarpass
Südrand des Himalaya
Region Himachal Pradesh
Indien
4800 m

Copyright:
Sankar Sridhar

Seite 40
Kazuyoshi Nomachi
Nomadin in Tibet

Die tibetische Nomadin lässt sich von der Kamera des Fotografen nicht bei ihrer Arbeit stören. Das Gesicht der jungen Frau ist mit Tocha bedeckt – einer Substanz, die aus konzentrierter Buttermilch oder aus Wurzeln besteht. Sie schützt die Haut vor ultravioletter Strahlung und Austrocknung. Dieser Schutz ist wichtig im auf knapp 5000 Metern Höhe gelegenen Hochland von Tibet. Denn hier herrscht ein extrem trockenes und dabei eiskaltes Wüstenklima. Die jährlichen Durchschnittstemperaturen liegen um den Gefrierpunkt.
Die Yaks sind das Kapital der tibetischen Nomaden. Ohne ihr Vieh könnten die Menschen in dieser Umwelt der Extreme nicht überleben. Das gesamte Dasein der Hirten ist auf ihre Herden ausgelegt. „Norbu" – Schatz – nennen sie die Yaks, die ihnen Milch, Fleisch, Wolle, Leder und Dung als Brennstoff liefern. Dem Lauf der Jahreszeiten folgend, ziehen die Nomaden mit ihren Tieren über die kargen Steppen. Eine sesshafte Landwirtschaft ist in diesen Höhen nicht möglich. In den Sommermonaten nutzen die Nomaden die spärlichen Weiden der Hochtäler für ihre Herden. Im Oktober siedeln sie mit ihren Zelten in die tiefer gelegenen Gebirgsausläufer um. Den harten Winter verbringen sie in Häusern.

Himalaya
Hochland von Tibet
hier: auf ca. 5000 m

Copyright:
Kazuyoshi Nomachi

Seite 41
Kazuyoshi Nomachi
Nomadenkind auf Yak

Ein Nomadenkind reist im tibetischen Hochland in 4500 Metern Höhe komfortabel in einem Korb auf dem Rücken eines Yaks (*Bos grunniens*). Die tibetischen Nomaden sind im wahrsten Sinne des Wortes aufs Engste mit dem Yak verbunden. Ohne dieses genügsame und ausdauernde Rind wäre die Besiedelung vieler Regionen des Himalaya nicht möglich gewesen. Bis heute sind die Yaks als Last- und Reittier unentbehrlich in dieser lebensfeindlichen Gebirgslandschaft, in der es keine befestigten Straßen gibt und in der die abgelegenen Siedlungen oft nur mittels Yak-Karawanen versorgt werden können. Vermutlich begann die Domestizierung des Wildyaks (*Bos mutus*) in Tibet vor ungefähr 4000 Jahren. Die Tiere sind ideal an die extremen Klimabedingungen des zentralasiatischen Hochlandes angepasst. Es sind die einzigen Tiere, die in der dünnen Höhenluft noch Lasten schleppen können. Ihre Lungenkapazität ist etwa dreimal so groß wie bei europäischen Hausrindern und ihr Blut kann sehr mehr Sauerstoff transportieren. Bei starken Minusgraden sinken Puls und Atemfrequenz. Aufgrund ihres dichten Fells können sie Temperaturen von bis zu -40 °C ertragen.

Himalaya
Hochland von Tibet
hier: auf ca. 4500 m

Copyright:
Kazuyoshi Nomachi

Seite 42
Stefan Nimmesgern
Pakistanische Hochträger am Nanga Parbat

Das Bild zeigt eine Gruppe pakistanischer Hochträger in ihren traditionellen Gewändern. Die Aufnahme entstand im August 2005 im Basislager zum Muthat-Pass am Nanga Parbat in über 4000 Metern Höhe. Expeditionen in die Hochgebirgswelt des Karakorums sind ohne die Hilfe der ortskundigen Führer und Träger nicht möglich.
Die Hochträger gehörten zu einer Expedition, die Reinhold Messner unternahm, um die sterblichen Überreste seines 1970 am Nanga Parbat tödlich verunglückten Bruders Günther zu bergen.

Nanga Parbat
Diamir-Tal
Pakistan
hier: auf ca. 4000 m

Copyright:
Stefan Nimmesgern/laif

Seite 43
Heath Holden
Kleines Sherpa-Mädchen in der Region Khumbu

Staunend schaut ein kleines Sherpa-Mädchen in die Kamera. Der Fotograf traf sie in Pheriche, einem kleinen Ort in der Region Solo-Khumbu in Nepal. Ursprünglich war Pheriche – auf 4371 Metern Höhe gelegen – ein Bauerndorf. Die Menschen züchteten Yaks und bauten Kartoffeln und Buchweizen an. Heute ist die kleine Siedlung ein bekannter Haltepunkt für Trekkingtouristen und Bergsteiger auf dem Weg zum Mount Everest Basislager. Der Tourismus wurde zur Haupteinnahmequelle der Sherpas.
Die Gebirgspfade in Solo-Khumbu winden sich auf atemberaubende Weise quer über die höchste Gebirgskette der Welt. Mehrere Tausend Touristen jährlich begehen den mittlerweile als „Solo-Khumbu-Highway" bekannten Weg, der die Dörfer der Everest-Region miteinander verbindet. Für die Einheimischen jedoch ist es die Lebensader ihrer Heimat. Entsprechend verheerend waren die Auswirkungen des schweren Erdbebens vom Frühjahr 2015, als neben dem Verlust zahlreicher Menschenleben die Zerstörung einer gesamten Infrastruktur zu beklagen war.

Pheriche
Region Solo-Khumbu
Nepal
4371 m

Copyright:
Heath Holden/getty images

Seite 44/45
Ekkachai Pholrojpanya
Machapuchare

Im Annapurna-Massiv in Nepal erhebt sich der 6997 Meter hohe Machapuchare – einer der höchsten unbestiegenen Berge der Welt. Den Bewohnern der Region ist der Machapuchare ein heiliger Berg. Er gilt Hindus und Buddhisten als Sitz der Götter und des Amithaba, des Buddhas des grenzenlosen Lichts. Aus vielen Religionen kennen wir die spirituelle Bedeutung von Bergen als heilige Orte. Ihre Erhabenheit übt eine Faszination aus, der sich der Mensch nicht entziehen kann. Verständlich, dass die Einwohner Nepals eine besondere Ehrfurcht vor der Gewaltigkeit und Schönheit der sie umgebenden Bergwelt haben und ihrer Verehrung durch respektvolles Verhalten Ausdruck verleihen. Der Machapuchare zählt zu den Berggipfeln der Erde, die aus religiösen Gründen nicht bestiegen werden. Durch den zunehmenden Tourismus im Himalaya seit den 1950er Jahren sah sich der nepalesische König 1964 genötigt, ein offizielles Besteigungsverbot zu erlassen, welches bis heute gilt.

Machapuchare
Nepal
6997 m

Copyright:
Ekkachai Pholrojpanya/ getty images

Seite 46
Frank Bienewald
Die „Windpferde" von Ladakh

Seite 48
Kazuyoshi Nomachi
Kriechende Pilgerinnen

Seite 49
Kazuyoshi Nomachi
Buddhistischer Pilgerzug am Kailash

Seite 50/51
Kazuyoshi Nomachi
Christlicher Pilgerzug in Peru

Seite 52
Clodagh Kilcoyne
Irische Pilger am heiligen Berg Croagh Patrick

Die Kloster- und Tempelanlage Namgyal Tsemo Gompa oberhalb der indischen Stadt Leh ist mit einer langen Reihe von bunten Gebetsfahnen geschmückt. Diese sind ein wichtiger Bestandteil des buddhistischen Glaubens. Überall wehen die bunten, mit Gebeten und Wünschen bedruckten Stoffe. Die fünf verschiedenen Farben symbolisieren unter anderem die Elemente: Himmel, Luft, Feuer, Wasser, Erde. Die dem Wind ausgesetzten Gebirgspässe des Himalaya gelten als besonders wirkungsvolle Orte zum Aufhängen der Gebetsfahnen. Übersetzt bedeutet der tibetische Name für die Gebetsfahnen „Windpferde" – wie ein Pferd sollen sie die Gebete und Wünsche in die Welt hinaustragen. Die Gebetsfahnen bleiben bis zur Verwitterung den Elementen ausgesetzt. Erst dann haben sie ihren Dienst zum Wohl der Gläubigen erfüllt und werden in einer feierlichen Zeremonie verbrannt.

Region Ladakh
Jammu und Kashmir
Indien
hier: auf 3700 m

Es gibt Buddhisten, die ihr ganzes Leben einer Pilgerfahrt zu den heiligen Stätten Tibets widmen. Sie brauchen Jahrzehnte, um von einem entlegenen Winkel ihrer Heimat aus, kriechend, robbend, betend das Ziel ihrer Sehnsüchte zu erreichen.
So wie diese Pilgerinnen in Osttibet nehmen sie schier unmenschliche Strapazen auf sich, um Hunderte oder gar Tausende Kilometer lange Strecken zum Kailash oder zur heiligen Stadt Lhasa in tiefer Demut zurückzulegen. Über Staub und Kies, Felsbrocken und gefrorene Erde, durch verschneite Schluchten oder über Gebirgspässe in fast 6000 Metern Höhe – nichts kann diese Pilger von dem Weg abbringen, der ihnen Seelenheil verspricht.

Tibet
hier: auf ca. 6000 m

„Juwel des Schnees" – so nennen die Menschen in Tibet den 6638 Meter hohen Kailash im Westen des Landes. Der pyramidenförmige Berg ist eine der bedeutendsten heiligen Stätten Asiens. Buddhisten und Hindus verehren ihn gleichermaßen. Er gilt als Thron des Shiva – einer der ranghöchsten Götter im Hinduismus –, als Verkörperung des Weltenberges Meru und als Zentrum des Universums. Hier entspringen die vier großen Flüsse des indischen Subkontinents: Indus, Ganges, Satlui und Brahmaputra.
Den Kailash in einer rituellen Pilgerfahrt zu umrunden, ist das Ziel für Millionen von Menschen. Die meisten Pilger bewältigen den 52 Kilometer langen Rundweg in über 5600 Metern Höhe in weniger als zwölf Stunden. Manche wählen die besonders beschwerliche, aus fortwährenden Niederwerfungen bestehende Pilgerreise und sind bis zu drei Wochen unterwegs. Wer den heiligen Berg gar 108-mal umrundet, erreicht nach buddhistischem Glauben die höchste Stufe der Vollendung, das Nirwana, den Austritt aus dem Kreislauf der Wiedergeburt.
Wie viele andere heilige Berge darf auch der Kailash nicht bestiegen werden. Reinhold Messner bekam 1985 eine Ausnahmegenehmigung zur Erstbesteigung. Er verzichtete jedoch aus Respekt vor dem jahrhundertealten Glauben der Menschen.

Kailash
Tibet
6638 m

In einer langen Schlange zieht eine Prozession katholischer Pilger über eisige, schneebedeckte Pfade in den peruanischen Anden. Sie feiern Qoyllur Rit'i: das „Fest des Schneesterns". Die Wallfahrt führt sie entlang den Hängen des Ausangate zu einer Kirche. Von dort machen sich viele der Gläubigen bei Temperaturen von bis zu -20 °C auf den Weg zum unteren Rand des Gletschers in 5000 Metern Höhe, um Kruzifixe aufzustellen und zu beten.
Das traditionelle Fest findet jedes Jahr kurz vor Fronleichnam bei Vollmond statt und vereint uraltes indigenes Brauchtum mit christlichen Traditionen. Denn für die Quechua-Völker in der Region Cusco ist der 6384 Meter hohe Ausangate ein „Apu", eine heilige Berggottheit, den schon ihre Vorfahren verehrten. Die Inkas feierten das „Fest des Schneesterns" anlässlich einer besonderen Sternenkonstellation zu dieser Jahreszeit, die mit dem Kreislauf der Natur und der Hoffnung auf ertragreiche Ernte verbunden ist.
Die christlichen Elemente der heutigen Zeremonie basieren auf einer Legende aus dem späten 18. Jahrhundert. Der bekanntesten Überlieferung zufolge erschien hier oben dem indigenen Hirtenjungen Mariano Mayta eines Tages Jesus. Seit 1783 erinnert dort eine Kirche an die wundersame Begegnung.

Ausangate
Peru
6384 m

Irische Pilger auf ihrer Wallfahrt zum Gipfel des heiligen Berges Croagh Patrick im Westen des Landes. Der kegelförmige Berg ist zwar nur 764 Meter hoch, aber der Aufstieg dauert mehrere Stunden, denn die Flanken des Berges sind holprig, bedeckt mit losem Geröll. Ein rutschiger Weg, der fast schnurgerade hinauf zum Gipfel führt. Bis zu 25.000 Gläubige quälen sich jedes Jahr am letzten Sonntag im Juli bei Wind und Wetter den Büßerweg hinauf zur Kapelle des Heiligen Patrick. Viele von ihnen barfuß oder auf den Knien kriechend.
Der Berg Croagh Patrick ist ein bedeutender Wallfahrtsort und Beleg für die lange christliche Tradition Irlands. Dabei war er bereits in vorchristlicher Zeit eine keltische Kultstätte, wie Ausgrabungen um den Berg herum bezeugen.
Im 5. Jahrhundert kam der irische Schutzpatron Patrick als Missionar auf die grüne Insel und bekehrte viele Kelten zum Christentum. Der Überlieferung nach soll er auf dem Gipfel des Croagh Patrick 40 Tage lang gefastet und gebetet haben. Mit seiner Glocke vertrieb er die ihn peinigenden Schlangen, die als Verkörperung des Bösen symbolisch für die alten keltischen Traditionen standen.

Croagh Patrick
Irland
764 m

Copyright:
Frank Bienewald/Light Rocket via getty images

Copyright:
Kazuyoshi Nomachi

Copyright:
Kazuyoshi Nomachi

Copyright:
Kazuyoshi Nomachi

Copyright:
Clodagh Kilcoyne/getty images

Seite 53
Dinodia Photo
Pilger zum „See des Schnees"

Mühsam schleppen diese Träger ihre zerbrechliche menschliche Fracht in Körben auf dem Rücken einen steilen Wanderweg im Himalaya hinauf. Es sind Pilger auf dem Weg zum Hemkund Sahib, einem heiligen See der Sikhs, im nordindischen Bundesstaat Uttarakhand. Nur an wenigen Monaten im Jahr ist der Weg eisfrei und für Besucher zugänglich. Zu Tausenden machen sie sich dann auf zu der in 4632 Metern Höhe gelegenen Pilgerstätte. Der Überlieferung nach hat im 17. Jahrhundert der zehnte und letzte Guru Gobind Singh hier am „See des Schnees" - so der deutsche Name des Hemkund Sahib - meditiert.
Schon lange vor der Ankunft der Sikhs war der von sieben schneebedeckten Gipfeln umsäumte See ein Heiligtum für die Bewohner der Region. Die südlichen Ausläufer des Himalaya sind durchzogen von Pilgerpfaden zu den Quellen des Ganges und umgeben von heiligen Bergmassiven.

Hemkund Sahib
Uttarakhand
Indien
hier: auf ca. 4632 m

Copyright:
Dinodia Photo/getty images

Seite 54
Alexandre Sattler
Ovoo in der Mongolei

Ein prächtiges Farbenspiel bietet dieser geschmückte Steinhügel im „Land des blauen Himmels", wie die Mongolei genannt wird. Der Hügel ist ein Ovoo - eine heilige Stätte, die als Wohnsitz örtlicher Gottheiten und Naturgeister angesehen wird. Ovoos werden bevorzugt auf Gebirgspässen und an Wegkreuzungen errichtet und dienen Reisenden zur Orientierung. Es ist Brauch, einen Ovoo dreimal im Uhrzeigersinn zu umrunden und kleine Opfergaben zu hinterlassen. Diese Zeremonie soll dem Besucher eine sichere Weiterfahrt und eine gute Heimkehr bescheren.
Das Leben der Menschen in der Mongolei ist von tiefer Naturverbundenheit geprägt. Die neben dem Ovoo abgelegten Tierschädel weisen auf den schamanischen Ursprung dieser Schreine hin.
Der Buddhismus ist die Weltreligion, die am innigsten mit dem Geist der Naturreligionen verbunden ist. Götter haben nicht nur ein menschliches Gesicht, sondern erscheinen auch in allen Lebewesen: in jedem Tier und jeder Pflanze.

Mongolei

Copyright:
Alexandre Sattler/getty images

Seite 55
Hong Wu
Katholischer Pilger auf dem „Kreuzeshügel"

Ein katholischer Pilger in dem Bergdorf Paowo im Qin-Ling-Gebirge in der nordwestchinesischen Provinz Shaanxi hält ein Kruzifix in der Hand. Er ist am Ende einer Wallfahrt angekommen, an der alljährlich Tausende gläubige Landbewohner aus der ganzen Region teilnehmen. Ihr Ziel ist eine Kirche oberhalb des Dorfes. Der chinesische Missionar Liu Jialu baute sie 1776 mit Erlaubnis von Papst Pius VI. als Endpunkt eines Kreuzweges. Jedes Jahr am 3. Mai pilgern die Menschen zum „Kreuzeshügel" von Paowo, um den Leidensweg Christi hinauf zum Hügel Golgatha nachzugehen.
Der Katholizismus ist in vielen Provinzen Chinas gerade bei der ärmeren Landbevölkerung in einer sehr traditionellen Form tief verwurzelt. Über die antike Seidenstraße, die seit dem Altertum Europa mit China verband, kamen nicht nur Kaufleute und Abenteurer hierher, sondern fanden auch die christlichen Missionare ihren Weg in die entlegenen Berge der Region.

Qin-Ling-Gebirge
Provinz Shaanxi
China
höchste Erhebung: Mount Taibai
3767 m

Copyright:
Hong Wu/getty images

Seite 56
Kazuyoshi Nomachi
Kilimandscharo - Der Weiße Berg

„Weißer Berg" - so nennen ihn die an den Hängen des Kilimandscharo lebenden Völker der Chagga und der Massai. Es ist einer von vielen Namen, mit denen die hier lebenden Stämme und Völker die große natürliche Kraft der Berge und ihre spirituelle Bedeutung ausdrücken. Die besondere Stellung des Kilimandscharo in den lokalen Mythen spiegelt sich in weiteren Namen wie „Berg des bösen Geistes" oder „Haus Gottes". Der Kilimandscharo ist ein heiliger Berg. Daran ändert auch nichts, dass die Chagga schon lange zum Christentum übergetreten sind. Sie haben sich ihre ureigenen religiösen Wurzeln bewahrt und richten die Altäre in ihren Kirchen, wie auch ihre Grabstätten zum Kibo hin aus.
Heutzutage unvorstellbar, dass der Kibo bis 1961 noch „Kaiser-Wilhelm-Spitze" hieß. Das Gebiet des heutigen Tansania gehörte von 1885 bis 1918 zur Kolonie Deutsch-Ostafrika, und der Kilimandscharo war somit der höchste Berg des Deutschen Reiches. Nach der Unabhängigkeit Tansanias erhielt der Gipfel einen neuen Namen: „Uhuru-Peak" - „Freiheitsspitze".

Kilimandscharo
Stratovulkan/Schichtvulkan
(schlafend)
Tansania
5895 m

Copyright:
Kazuyoshi Nomachi

Seite 57
Goran Jovic
Hirten des Hamarstammes im Omo Valley

Die untergehende Sonne im Omo-Tal im Südwesten Äthiopiens verwandelt die Landschaft in ein prächtiges Farbenspiel. Unbeeindruckt von dem Naturspektakel halten zwei Hirten vom Stamm der Hamar Wacht. Die Hamar sind eines der weltweit letzten indigenen Völker, die sich ihre Tradition und Kultur nahezu unbeeindruckt von fremden Einflüssen bis heute bewahren konnten. Sie leben wie vor Tausenden von Jahren nach uralten Riten im Einklang mit der Natur. Das Omo-Tal gilt als „Wiege der Menschheit". Prähistorische Fossilfunde belegen, dass hier bereits vor vier Millionen Jahren menschenähnliche Primaten der Gattung Australopithecus gelebt haben. Anthropologen bezeichnen das Omo-Tal als „Museum der Völker". Kaum sonst irgendwo auf der Welt leben so viele verschiedene Völker mit unterschiedlichen Kulturen und Sprachen auf so engem Raum zusammen. Einige von ihnen bekennen sich zum Christentum oder Islam. Doch die weitaus meisten praktizieren die traditionellen religiösen Riten. Neben Ahnenverehrung und Fruchtbarkeitskult werden hier die Kräfte der Natur als Götter verehrt: Der Himmelsgott schickt Regen und macht das Land fruchtbar, Mutter Erde lässt die Pflanzen gedeihen, ein Herr über die Tiere führt das Jagdwild zu, ein heiliger Fluss spendet Leben, ein heiliger Berg wacht über die Region …

Omo-Tal
Äthiopien

Copyright:
Goran Jovic

Seite 59
Ahmed Ismail
Auf dem Gipfel des Mosesberges

Seite 60
Lee Frost
Nemrut Dağı – Thron der Götter

Seite 61
Brent Clark
Mount Rushmore

Seite 62
Robert Nickelsberg
Amerikanische Soldatin über den Bergen Afghanistans

Seite 63
Raimund Franken
Bizarre Tuffsteinfelsen in Göreme

Menschen verschiedener Religionen genießen in den frühen Morgenstunden eines kalten Januartages den Sonnenaufgang über dem Sinai. Sie stehen in 2285 Metern Höhe bei der Kapelle der Heiligen Dreifaltigkeit auf dem Gipfel des Mosesberges.
Nicht nur wegen der spektakulären Aussicht ist der Gabal Mūsā, wie der Mosesberg auf Arabisch heißt, Ziel von Gläubigen aus aller Welt. Genau hier oben, so heißt es, sei Gott Moses in einem brennenden Dornbusch erschienen und habe ihm die Gesetzestafeln mit den Zehn Geboten übergeben. Einer muslimischen Legende zufolge habe das Pferd des Propheten Mohammed vor seinem Himmelsritt aus Jerusalem seine Hufspuren an der Stelle hinterlassen. Die Kapelle und eine kleine Moschee in der Nähe erinnern daran, dass hier die Ursprünge des jüdischen, christlichen und muslimischen Glaubens liegen.
Der Sinai ist für mehrere Milliarden Menschen ein heiliger Ort. Hier sind Menschen der verschiedenen Religionen in Ehrfurcht und Andacht vereint, die sich andernorts wegen ihres Glaubens feindlich gegenüberstehen und Kriege gegeneinander führen.

Berg Sinai
Ägypten
2285 m

Steinerne Hüter einer längst vergangenen Kultur blicken vom Gipfel des Nemrut Dağı in 2150 Metern Höhe über das Taurusgebirge im Südosten der Türkei. Die monumentalen Köpfe gehören zu einer gewaltigen Grab- und Kultstätte, die Antiochos I. von Kommagene vor über 2000 Jahren dort oben errichten ließ. Wie einst die ägyptischen Pharaonen galt Antiochos als Gott und ließ sich selbst als Gott unter Göttern in Stein gemeißelt verehren. Die Herrschaft Antiochos' währte nur kurz – doch sein Grabmal wurde zu einem Symbol der Ewigkeit.
Eine kolossale Figurengruppe des Königs inmitten der Götter und eine Ahnengalerie seiner griechischen und persischen Vorfahren – zurück bis zu Alexander dem Großen und Dareios I. – erheben sich auf künstlich angelegten Terrassen unter dem 50 Meter hohen Grabhügel. So gewaltig und Ehrfurcht einflößend war dieser „Thron der Götter", dass die Christen, die später in der Region lebten, ihn für einen Sakralbau des biblischen Königs Nimrod hielten: Wer den Turm zu Babel errichten ließ, der mochte sicher auch der Bauherr dieser Kultstätte sein. Also nannten sie den Berg „Nemrud".

Nemrut Dağı
Taurusgebirge
Türkei
2150 m

Seit 1941 blicken vier aus dem Stein gemeißelte US-Präsidenten vom Mount Rushmore über die Black Hills in South Dakota. „Shrine of Democracy" („Schrein der Demokratie") wird das amerikanische Nationaldenkmal genannt. George Washington, Thomas Jefferson, Theodore Roosevelt und Abraham Lincoln stehen symbolisch für die Ideale der Freiheit und Demokratie. Aber nicht alle Amerikaner sehen die monumentale Gedenkstätte als Wahrzeichen ihrer Kultur. Für die Lakota-Sioux sind die 20 Meter hohen Präsidentenköpfe die Entweihung ihrer heiligen Berge.
Seit jeher sind die „Paha Sapa" („Schwarze Berge") den Lakota-Sioux heilig. In dieser mystischen Landschaft dunkler Kiefernwälder liegt für sie das Zentrum der Welt und der Ursprung ihres Volkes. Fast alle Traditionen und Legenden der Lakota und anderer Ureinwohner sind eng mit der Bergkette der Black Hills verbunden. Unweit des Mount Rushmore erhebt sich mit dem „Bear Butte" („Bärenhügel") eine der meistbesuchten Kultstätten der USA.
Dass der Mensch sich an diesem heiligen Ort selbst ein Denkmal monumentalen Ausmaßes setzt und sich gottgleich über das Land erhebt, ist für die Lakota ein Sakrileg.

Black Hills
South Dakota
USA
höchste Erhebung: Harney Peak
2207 m

Im März 2009 fliegt ein US-amerikanischer Hubschrauber durch das zentralafghanische Hochland. Im Helmvisier einer Soldatin spiegeln sich ihr Bordgeschütz und die schneebedeckten Gipfel einer Gebirgskette.
Afghanistan ist ein Hochgebirgsland. Ein Großteil des Landes liegt auf einer Höhe zwischen 1000 und 3000 Metern über dem Meeresspiegel. Das Zentrum des Landes ist von einer breiten Gebirgszone geprägt, deren Rückgrat der Hindukusch ist. Seine Gipfel ragen über 7000 Meter in die Höhe, und die meisten Gebirgspässe liegen in über 4000 Metern Höhe. Sie sind nur im Sommer passierbar und machen ganze Landstriche über Monate hinweg unzugänglich.
Knapp 75 Prozent der etwa 35 Millionen Afghanen wohnen in ländlichen Regionen ohne jegliche moderne Infrastruktur. Bis heute leben die Menschen in durchweg traditionell geprägten Stammesorganisationen in abgeschiedenen Tälern und schwer zugänglichen Gebirgsausläufern. Zerklüftete Bergfestungen und ausgedehnte Höhlensysteme bieten ihnen Schutz und Zuflucht und stellen für Außenstehende ein kaum zu durchdringendes System dar. Seit Jahrhunderten werden die Menschen in dieser Region immer wieder neu von Kriegen heimgesucht, die die Großmächte um die Vorherrschaft in diesem geopolitisch wichtigen Teil der Welt führen.

Afghanistan
höchste Erhebung: Noshak 7485 m

Im anatolischen Hochland von Kappadokien, nahe der Kleinstadt Göreme, erhebt sich eine bizarre Felsenlandschaft in den blauen Himmel. Vulkanausbrüche und Erosion schufen im Verlauf von Millionen Jahren diese faszinierende Kulisse aus hartem Basalt und weichem Tuffstein.
Schon in der Bronzezeit begannen die Menschen damit, Gänge, Treppen und Höhlen in den Stein zu graben und Zuflucht in unterirdischen Räumen zu suchen. Die Geschichte Kappadokiens wurde von vielfältigen Zivilisationen geprägt: Hethiter, Perser, Mazedonier und Römer hinterließen hier ihre Spuren.
Auch für die Christen Anatoliens waren die Felshöhlen von Göreme über Jahrhunderte Heimstatt und Zuflucht zugleich. Immer wieder zogen sich Menschen zum Schutz vor einfallenden Aggressoren in die Felsen zurück. In über 3000 Jahren entstand so eine der größten unterirdischen Höhlensiedlungen der Welt – ein Symbol für das Leid und die Widerstandskraft aller durch Krieg und Gewalt vertriebenen Menschen.

Erciyes Dağı
Stratovulkan/Schichtvulkan (erloschen)
Türkei
3917 m

Copyright:
Ahmed Ismail/Anadolu Agency/ getty images

Copyright:
Lee Frost/getty images

Copyright:
Brent Clark/getty images

Copyright:
Robert Nickelsberg/getty images

Copyright:
Raimund Franken/ullstein bild

Seite 64
Georg Niederkofler
Kriegerdenkmal in den Dolomiten

Seite 65
Philip Lee Harvey
Machu Picchu

Seite 66
Naris Visitsin
Tunnel View Point Yosemite

Seite 67
Tunart
Ararat – Der Berg Noahs

Seite 68/69
Ralf Gantzhorn
Panoramablick vom Besso

Das schlichte Holzkreuz auf einem Hochplateau in den Dolomiten ist ein Mahnmal an den Ersten Weltkrieg, der hier vor über 100 Jahren Tausende Soldaten das Leben kostete. Als stumme Wächter stehen im Hintergrund die Drei Zinnen rechts und der Paternkofel links des Kreuzes.
Im Ersten Weltkrieg kämpften Österreicher und Italiener in den Dolomiten in einem erbitterten Stellungskrieg gegeneinander. Die Spuren davon sind auch heute noch überall zu sehen: Zahlreiche Schützengräben und Tunnel durchziehen die Oberfläche, überall Truppenstützpunkte und Befestigungen. Damals verlief hier die Grenze zwischen Italien und dem zu Österreich-Ungarn gehörenden Südtirol. Der Nordgipfel des Plateaus (Monte Piano, 2305 m) war von den Österreichern, der südliche Hauptgipfel (Monte Piana, 2324 m) von den Italienern besetzt. Die meisten österreichischen und italienischen Soldaten, die hier gestorben sind, waren Bergsteiger, die in den Friedenszeiten vor dem Krieg als Bergkameraden die Gipfel der Dolomiten gemeinsam bestiegen haben.
In den vergangenen 150 Jahren sind bei der Besteigung der zehn gefährlichsten Berge der Erde etwa 1400 Bergsteiger tödlich verunglückt. Im Stellungskrieg am Monte Piano von 1914 bis 1916 starben über 7000 Menschen.

Dolomiten
Südtirol
Italien
Monte Piana: 2324 m
Monte Piano: 2305 m

Die Strahlen der Sonne erhellen die Ruinen der alten Inka-Festung Machu Picchu, die 2430 Meter hoch in den peruanischen Anden auf einem Bergrücken thront. Es scheint, als wäre Machu Picchu das Zentrum einer heiligen Landschaft, umgeben von den Berggottheiten der umliegenden Gipfel.
Bis heute rätseln Wissenschaftler über die Funktion dieses monumentalen Bauwerks, das im ausgehenden 15. Jahrhundert errichtet und nur wenige Jahrzehnte später wieder aufgegeben wurde. Eine Theorie besagt, Machu Picchu – knapp 75 Kilometer von der Hauptstadt Cuzco entfernt gelegen – sei eine königliche Residenz und Kultstätte gewesen, die von Priestern, Tempeljungfrauen und Astrologen bewohnt wurde.
Im Reich der Inka spielte der Sonnenkult eine zentrale Rolle. Der Inka-Herrscher wurde als „Sohn der Sonne" wie ein Gott verehrt. Eine landwirtschaftlich geprägte Gesellschaft ist abhängig vom Zyklus der Natur: Die Bestimmung des Sonnenjahres und das Wissen um den Lauf der Gestirne ist überlebenswichtig. In Machu Picchu finden sich viele Bauwerke, die zeremoniellen, heiligen Riten gewidmet waren. Darunter auch eine Sonnenuhr und eine Sternwarte, die von den Inkas vermutlich zur Berechnung des Kalenders und somit zur Festlegung der idealen Zeiten für Aussaat und Anbau genutzt wurden.

Machu Picchu
Peru
2430 m

Nähert man sich dem kalifornischen Yosemite Valley von Südwesten, bietet sich dem Reisenden ein atemberaubendes Panorama: „Tunnel View Point" heißt der erste Aussichtspunkt im Tal. Dieser Tunnelblick auf El Capitan (2307 m), Half Dome (2693 m) und Bridalveil Fall (188 m) ist eine der spektakulärsten Landschaftsszenen, die seit dem 19. Jahrhundert wieder und wieder gemalt, gezeichnet, fotografiert und beschrieben wurde. Der tief in den Bergen der Sierra Nevada liegende Yosemite Nationalpark ist bekannt für seine imposanten Granitfelsen, Wasserfälle und Mammutbäume. Dank seiner erheblichen Höhenunterschiede von 600 bis 4000 Metern bietet er viele verschiedene Lebensräume für unzählige Tier- und Pflanzenarten.
Die Geschichte dieses Nationalparks ist untrennbar verbunden mit dem schottisch-amerikanischen Forscher, Geologen und Schriftsteller John Muir (1838–1914), einem der ersten Naturschützer. Seine legendären Worte „Die Berge rufen, und ich muss gehen" („The mountains are calling and I must go") wurden zum Inbegriff der Sehnsucht der Menschen nach der Ursprünglichkeit der Natur – der Suche nach dem verlorenen Paradies.

Yosemite Nationalpark
Kalifornien
USA
ca. 600–4000 m

Im türkischen Ostanatolien, an der Grenze zu Armenien und dem Iran, ragt der schneebedeckte Gipfel des Ararat 5137 Meter hoch in den Himmel. Der mittlerweile ruhende Vulkan – sein letzter Ausbruch datiert aus der Mitte des 19. Jahrhunderts – hat die Menschen der Region seit jeher fasziniert. Das zeigt sich an den Namen, den die Völker ihm gegeben haben: „Schmerzensberg" nennen ihn die Türken, „Mutter der Erde" die Armenier, „Feuriger Berg" oder „Berg des Bösen" die Kurden. Für die Perser ist er schlicht „Der Berg Noahs".
Viele sehen in dem Berg Ararat jenes Gebirge, an dem die Arche Noah nach der Sintflut strandete. In der Bibel heißt es: „Am 17. Tag des 7. Monats setzte das Schiff auf einem Gipfel des Araratgebirges auf" (Gen. 8,4). Wiederholt wurde in der Vergangenheit am Berg nach Spuren der Landung gesucht, denn immer wieder tauchen angebliche Hinweise für die Existenz der Arche auf. Eine Legende berichtet, der Heilige Jakob von Nisibi habe sich im 4. Jahrhundert auf die Suche nach der Arche begeben, jedoch den Gipfel nicht erreichen können. Gott habe seine Mühen belohnt und ihm einen Engel gesandt, der ihm ein Stück Holz von der Arche schenkte. Die kostbare Reliquie wird heute in der Kathedrale von Etschmiadsin nahe der armenischen Hauptstadt Jerewan aufbewahrt.

Berg Ararat
Stratovulkan/Schichtvulkan
(ruhend)
Türkei
5137 m

Eingebettet in die grandiose Gebirgslandschaft der Walliser Alpen steht der schwarze Felsgipfel des Besso, ein beliebtes Tourenziel für Bergsteiger. Zwar ist der Besso nur bescheidene 3668 Meter hoch, aber dafür entschädigt er mit einem atemberaubenden Panorama. Der Fotograf Ralf Gantzhorn beschreibt es: *„Das Bild wurde auf dem Gipfel des Besso aufgenommen, einem wunderbaren Aussichtsgipfel am Ende des Zinaltals im Wallis. Von dort hat man einen guten Blick auf die sogenannte Walliser Kaiserkrone, den großen, aus Gneis aufgebauten Viertausendern im Wallis. Von links nach rechts sieht man Weisshorn (4506 m), Zinalrothorn (4221 m, Bildmitte), Obergabelhorn (4063 m), Matterhorn (4478 m, etwas im Hintergrund) und Dent Blanche (4314 m)."*

Besso
Zinaltal
Walliser Alpen
Schweiz
3668 m

Copyright:
Georg Niederkofler

Copyright:
Philip Lee Harvey/getty images

Copyright:
Naris Visitsin/getty images

Copyright:
tunart/getty images

Copyright:
Ralf Gantzhorn

Seite 71
DLR
**Mont Blanc –
Der Weiße Berg der Alpen**

Die Alpen entstanden durch den Zusammenstoß Afrikas und Europas. In diesem Jahrmillionen dauernden Prozess wurde der Meeresboden zwischen den Kontinenten zusammengestaucht und zu einer Gebirgskette emporgehoben, deren höchster Gipfel der 4810 Meter hohe Mont Blanc ist.
Den Namen „Der weiße Berg" erhielt er durch die dicke Firn- und Eisschicht, welche die Gipfelregion das ganze Jahr hindurch bedeckt. Seine Lage am westlichen Ende des Alpenbogens führt dazu, dass der Berg den Kräften der Erosion besonders stark ausgesetzt ist. Stürmische Winde, heftige Niederschläge, ständige Wetterstürze und machtvolle Gletscherbewegungen führen zu einer besonders starken Verwitterung des Berges und lassen ihn – mit seinen vielen Rissen, Spalten und Abbruchkanten – wild, zerklüftet und bedrohlich erscheinen.

Mont Blanc
Frankreich
4810 m

Copyright:
DLR

Seite 72
Bernhard Edmaier
Wenn Kontinente zusammenstoßen

Tuca del Sellán ist ein 3104 Meter hoher Bergrücken im Zentralkamm der Pyrenäen an der Grenze zwischen Frankreich und Spanien. Hier kann man deutlich sehen, welche ungeheuren Kräften Gesteinsschichten zwischen kollidierenden Kontinenten ausgesetzt sind. Unter enormem Druck wird das Gestein verschoben und gefaltet. Durch die Verbindung mit aus dem Erdinneren aufsteigenden, heißen Magmamassen entstehen verschiedenfarbige Schichten unterschiedlicher Struktur.
Die Pyrenäen sind das Ergebnis zweier Gebirgsbildungsprozesse. Seine heutige Form erhielt das Gebirge vor etwa 40 Millionen Jahren, als Afrika nach Norden driftete und die iberische Halbinsel gegen Europa drückte. Dabei wurden die knapp 260 Millionen Jahre zuvor entstandenen Schichten so hoch gehoben, dass sie heute einige der höchsten Gipfel der Pyrenäen, darunter den Tuca del Sellán und seinen Nachbarn, den 3222 Meter hohen Perdiguero, bilden.
(A.J.-H.)

Tuca del Sellán
Pyrenäen
Spanien
3104 m

Copyright:
Bernhard Edmaier

Seite 73
Bernhard Edmaier
Morclesfalte (Dent de Morcles)

Diese riesige Gesteinsfalte in der westlichen Bergflanke der Grande Dent de Morcles (2969 m) im Wallis in der Schweiz ist ein besonders imposantes Zeugnis für die Kollision von Afrika und Europa, bei der die Alpen entstanden sind. Gewaltige Kräfte haben bei der Gebirgsbildung mächtige, horizontale Gesteinsschichten eingeengt, dabei in Falten gelegt und kilometerweit verschoben. Ältere Schichten sind dabei über jüngeren Schichten zu liegen gekommen. Die dunkleren Partien der Dent de Morcles stammen aus der Tertiärzeit, sind also jünger als die grauen und gelben Schichten aus der Kreidezeit.
Die Alpen sind das Produkt der Kollision von Afrika und Europa. Dieser gewaltige Zusammenstoß war jedoch kein plötzliches Ereignis, sondern ein Millionen Jahre dauernder Prozess, bei dem der Ablagerungsraum in den Meeresbecken zwischen den beiden Kontinenten auf ein Drittel seiner ursprünglichen Breite zusammengestaucht wurde. Unzählige Sedimentschichten, die sich kilometerdick auf dem Ozeanboden abgelagert hatten, wurden ineinander verkeilt, gefaltet und zerbrochen. Auch Teile des Ozeanbodens selbst gerieten in das Gemenge. Der Druck war so groß, dass riesige Schichtpakete von ihrem Untergrund abgeschabt und kilometerweit von ihrem Ursprungsort weggeschoben wurden.
(A.J.-H.)

Waadtländer Alpen
Wallis
Schweiz
2969 m

Copyright:
Bernhard Edmaier

Seite 74
Bernhard Edmaier
Panamint Range

Das Zackenmuster aus den cremig- bis dunkelbraunen Schichten der Panamint Range – einem Bruchschollengebirge am westlichen Rand des berühmten „Tal des Todes" in Kalifornien – ist ein Werk von Tektonik und Verwitterung. Die einst in einem Meer horizontal abgelagerten Schichten wurden bei der Hebung des Gebirges schräggestellt. Dann haben Flüsse Täler eingeschnitten und dabei diese dreiseitigen Strukturen geschaffen. Weil sie an die Form von einem aufgestellten Bügeleisen erinnern, werden diese Strukturen in den USA auch „Flatirons" genannt.
Im Vergleich zu Faltengebirgen wie etwa den Alpen, die aus der Knautschzone zwischen zwei kollidierenden Kontinentalplatten emporwachsen, bilden sich Bruchschollengebirge innerhalb von Kontinentalplatten. Ursachen dafür sind tektonische Spannungen wie gewaltige Dehnungen im Untergrund. Sie lassen den Fels in gigantische Blöcke zerreißen, die schräg gestellt, kippen oder gehoben werden können.
(A.J.-H.)

Panamint Range
Death Valley
Kalifornien
USA
höchste Erhebung: Telescope Peak
3368 m

Copyright:
Bernhard Edmaier

Seite 75
Bernhard Edmaier
**Das Matterhorn –
ein Gesteinsbrocken der afrikanischen Platte**

Das 4478 Meter hohe Matterhorn ist einer der berühmtesten, höchsten und zugleich markantesten Berge in den Alpen. Dieser gewaltige Gesteinsblock war einst ein Stück des afrikanischen Kontinentalsockels. Er wurde während der Alpenauffaltung über die Meeressedimente vor der Küste Europas hinweg an seine heutige Stelle geschoben. Während der Eiszeit, als das Gebirge unter einer Tausende Meter dicken Eisdecke lag, haben Gletscher, während sie sich talwärts schoben und das Gestein abhobelten, das Horn aus einem gigantischen Felsblock herausgearbeitet.
Das Matterhorn gehört zu den 82 Viertausendern der Alpen. Es ist der zwölfthöchste Berg im gesamten 1200 Kilometer langen Gebirgsbogen, der sich von Südfrankreich im Westen bis zur ungarischen Tiefebene im Osten erstreckt.
(A.J.-H.)

Matterhorn
Walliser Alpen
Schweiz
4478 m

Copyright:
Bernhard Edmaier

Seite 76
Sigurdur Stefnisson
„Dreckiges Gewitter"

Seite 77
Bernhard Edmaier
Insel aus Feuer und Eis

Seite 78
Singhaphan Thitiratsanont
Lavaklaue

Seite 79
DLR
Hawaii - Der höchste Berg der Erde

Seite 80/81
DLR
Nordatlantik ohne Wasser

Blitze durchzucken eine mächtige Aschewolke über dem Eyjafjallajökull in Island. Der von einem bis zu 200 Meter dicken Eispanzer bedeckte Vulkan brach im Frühjahr 2010 in einer Reihe von Eruptionen mit solcher Heftigkeit aus, dass der Flugverkehr in Europa über Wochen stark beeinträchtigt war
Diese Aufnahme vom 17. April 2010 zeigt ein sogenanntes dreckiges Gewitter. Durch die Eruption gelöste Fels- und Eisbrocken werden zusammen mit dem explodierenden Magma in die Luft katapultiert. Das Schmelzwasser verstärkt die Kraft der Explosion und lässt eine gewaltige Aschewolke mehrere Kilometer hoch aufsteigen. Die Blitze entstehen durch elektrische Entladungen des Vulkanauswurfes während des Ausbruchs.

Eyjafjallajökull
Island
1651 m

Der vergletscherte Vulkan Eyjafjallajökull ist einer von mehr als 30 aktiven Feuerbergen auf Island, der Insel aus Feuer und Eis im Nordatlantik. Als er zuletzt im Frühjahr 2010 ausbrach, schossen nicht nur dunkle Aschewolken in den Himmel, die den Flugverkehr bis in den Süden Europas lahmlegten. Die Hitze ließ über einige Wochen hinweg große Mengen Eis schmelzen und verdampfen.
Ganz Island ist eigentlich ein Stück untermeerisches Vulkangebirge, genauer gesagt ein Stück des Mittelatlantischen Rückens, der sich über 20.000 Kilometer vom Arktischen Ozean bis zur Antarktis längs durch den gesamten Atlantik zieht. Dieser Gebirgsrücken unter dem Meer markiert die Grenze zwischen Kontinentalplatten, die um Zentimeterbeträge pro Jahr auseinanderdriften. Nur an neun Stellen im Atlantik taucht dieser Gebirgsrücken in Form von Inseln über dem Meeresspiegel auf. Dazu gehört auch Island. Die Ursache dafür: Unter Island liegt zusätzlich noch ein Hotspot - ein punktueller Aufstrom von Magma aus dem Innern der Erde. Er drückt die Erdkruste und damit den Mittelatlantischen Gebirgsrücken nach oben, sodass er über das Meer hinausragt.
(A.J.-H.)

Eyjafjallajökull
Island
1651 m

Wie eine in die Tiefe greifende Klaue ergießt sich ein Lavastrom des Pu'u 'O'o am 16. Juli 2013 in den pazifischen Ozean vor Hawaii. Seit nunmehr 35 Jahren ist dieser Schlot des Kilauea ununterbrochen aktiv und fördert glühende Lava aus einer Tiefe von bis zu 60 Kilometern an die Erdoberfläche. Das heiße Gestein aus dem Erdinneren hat im Verlauf der letzten 800.000 Jahre die Inselgruppe Hawaii geformt. Der Kilauea ist der jüngste Vulkan der Kette.
Wenn ein Lavastrom auf das Meer trifft, kühlt sich die glühende Masse schlagartig ab und erstarrt zu bizarren Formen.

Kilauea
Schildvulkan (aktiv)
Hawaii
USA
1651 m

Diese computergenerierte Darstellung zeigt die Vulkankette der Hawaii-Inseln inmitten des pazifischen Ozeans. Im Vordergrund die größte und südlichste der Inseln, Hawaii. Dominiert wird die Insel durch den mächtigen Kamm des Mauna Loa, einem bis heute aktiven Vulkan. An seinen Flanken sind zahlreiche Lavaströme zu erkennen, die sich in dem überlagerten Satellitenbild dunkel vom Untergrund abheben.
Im nördlichen Teil der Insel erhebt sich der Mauna Kea auf 4205 Meter. Er überragt seinen jüngeren Bruder Mauna Loa um 35 Meter; er ist seit einigen Tausend Jahren nicht mehr ausgebrochen.
Durch die Meeresoberfläche hindurch lässt sich das gewaltige Fundament der Insel erkennen, das durch die Vulkane in über 800.000 Jahren aufgebaut wurde. Die relativ flachen Hänge der Insel gehen in der Tiefe des Pazifiks in steilere Abhänge über. Während die Lava an Land langsam ausfließen und so weiche Reliefformen bilden kann, führt das schockartige Auskühlen im Wasser zu schroffen Felsformationen. Wird der gewaltige submarine Sockel Hawaiis mitgerechnet, erreicht der Mauna Kea vom Fuß bis zum Gipfel eine Höhe von etwa 9700 Metern und ist damit der höchste Berg der Erde.
(DLR)

Mauna Kea
Hawaii
USA
ca. 9700 m (vom Meeresboden aus)

Mehr als zwei Drittel der Erdoberfläche sind von Wasser bedeckt. Lange Zeit war die Welt unter der Wasseroberfläche unseren Blicken verborgen, und mit ihr die Prozesse, welche die Gestalt der Erdoberfläche entscheidend prägen. Heute können Forscher mittels Satellitentechnik das Relief des Meeresbodens und dessen Geschichte rekonstruieren.
Das Bild zeigt den Nordatlantik mit der Insel Island in der Mitte. Die vulkanische Aktivität auf der Insel ist auf ihre Lage mitten auf dem mittelozeanischen Rücken zurückzuführen. Entlang dieses unterseeischen Gebirgskamms dringt Lava an die Oberfläche und schiebt dabei die Kontinentalplatten auseinander. Im Bild ist der Verlauf des untermeerischen Gebirges vom unteren Bildrand nach Island zu sehen.
Am linken oberen Rand ist das mit Schnee und Eis bedecke Grönland zu sehen, in der rechten Bildhälfte Skandinavien, England und Irland. Daneben liegen die nördlichen Küsten von Frankreich, den Beneluxstaaten und Deutschland.
(DLR)

Nordatlantik
Mittelozeanischer Rücken

Copyright:
Sigurdur Stefnisson

Copyright:
Bernhard Edmaier

Copyright:
Singhaphan/getty images

Copyright:
DLR

Copyright:
DLR

Seite 82
Pete McBride
Kalbender Gletscher in Alaska

Seite 83
Bernhard Edmaier
Gletscher formen Täler

Seite 84
Hans Strand
Landschaft um den Mýrdalsjökull

Seite 85
Anton Petrus
Glühender Fitz Roy

Seite 86/87
Matteo Colombo
Sonnenaufgang im Monument Valley

Gewaltige Eisbrocken lösen sich von der Stirn des Mendenhall-Gletschers und stürzen in das Wasser des Mendenhall-Sees nahe der Hauptstadt Juneau. Der Gletscher kalbt. Begleitet wird dieses Naturschauspiel von einem Rumpeln und Krachen. Im Inneren des Gletschers eingeschlossene Luftbläschen werden freigesetzt und verursachen explosionsartige Geräusche.
Der Mendenhall-Gletscher ist einer der 38 großen Gletscher des Juneau-Eisfelds. Über eine Länge von 20 Kilometern erstreckt sich dieser 67 Meter hohe und über zwei Kilometer breite Gletscher durch eine Gebirgslandschaft, die er selbst mitgestaltet hat. Wie Schmirgelpapier schleifen im Eis mitgeführte Steine die Oberflächen der Berge und schaben Täler aus dem Fels. Bis zum Ende des 19. Jahrhunderts hat sich der Gletscher immer näher an die Siedlungen herangeschoben. Daher rührt sein Name, den ihm die Ureinwohner vom Volk der Tlingit gaben: „Sitaantaagu" („Der Gletscher hinter der Stadt").
Doch das Eis schmilzt. In den letzten zehn Jahren zog sich der Mendenhall-Gletscher um etwa 600 Meter zurück. Das Schmelzwasser lässt den Pegel des Sees steigen und bedroht die Stadt, erklärt der Wissenschaftler Eran Hood: *„Das hier ist wie eine gigantische Badewanne, die sich mit Schmelzwasser füllt und irgendwann überläuft."*

Mendenhall Gletscher
Juneau-Eisfeld
Alaska
USA
höchste Erhebung: Devils Paw 2616 m

Copyright:
Pete McBride/getty images

Die Syltoppene-Berge gehören zum Nationalpark Nordostgrönland. Gletscher haben tiefe Täler aus den alten Schichten heraus geschürft und dabei ihre Farbigkeit und markante Lagerung zum Vorschein gebracht. Farbgebend sind verschiedenen Eisenmineralien, die in Spuren in den Gesteinen vorhanden sind. Die braunen, gelblichen und grauen Schichten aus Sandsteinen, Kalkschiefern und Kalken wurden im frühen Erdaltertum vor etwa 620 Millionen Jahren in einem flachen warmen Meer abgelagert. Damals war Grönland ein Teil des Urkontinents Laurentia und lag auf der Südhalbkugel auf halber Strecke zwischen Südpol und Äquator. Später wurden die Gesteinsschichten im Zuge plattentektonischer Bewegungen nach Norden verschoben und während der kaledonischen Gebirgsbildung vor etwa 440 Millionen Jahren im Erdzeitalter des Silurs zusammen mit vielen anderen Gebirgszügen in Nordeuropa und Nordamerika aufgefaltet.
Heute überragen die Syltoppene-Berge das blaue Wasser des King-Oscar-Fjords, einem der längsten und tiefsten Fjorde der Welt, um etwa 1500 Meter.
(A.J.-H.)

Syltoppene-Berge
King-Oscar-Fjord
Ostgrönland
ca. 1500 m

Copyright:
Bernhard Edmaier

Der erloschene Vulkan Mælifell thront, einer moosbewachsenen Pyramide gleich, über dem Hochland von Island. Das leuchtende Grün des Kegels hebt sich markant von der schwarzen Vulkanasche des Bodens ab. Ströme von Eiswasser, die von den nahen Gletschern abfließen, durchziehen die surreal erscheinende Landschaft.
Auf dem Bild sieht man die kompakten Schnee- und Eismassen des Mýrdalsjökull-Gletschers sowie Schmelz- und Regenwasser, welches hinunter ins Tal fließt. Rinnsale und Bäche vereinigen sich zu Flüssen und Strömen. Sie tragen das Wasser durch Flusstäler, die sie in Jahrtausenden in das Gestein gegraben haben, bis zum Meer, wo es verdunstet und als Wolken wieder in die Berge zurückkehrt.

Mýrdalsjökull
Hochland von Island

Copyright:
Hans Strand

Wie eine gewaltige Bühnenkulisse erhebt sich der 3406 Meter hohe Fitz Roy im Nationalpark Los Glaciares in Patagonien über einem Wasserfall, der in Kaskaden talwärts fließt. Die aufgehende Herbstsonne verwandelt die Granitspitzen in einen glühenden Feuerberg.
Der Berg ist einst aus Feuer entstanden, als vor etwa 100 Millionen Jahren bei der Kollision zweier Erdplatten glühendes Magma aus den Tiefen des Erdinneren emporstieg und zwischen den Platten aushärtete. Die Erosion durch Wind, Regen, Schnee und Eis formt bis heute die Gestalt des Bergmassivs. Seinen eigentlichen Namen „Chaltén" („Der Rauchende") gaben ihm die Ureinwohner vom Volk der Tehuelche wegen der Wolkenberge, die häufig seine Spitze umgeben. Regen- und Gletscherwasser bilden reißende Bäche, die sich in Jahrtausenden ihr Flussbett durch das Gestein gegraben haben und - oft über mehrere Felsstufen - ins Tal gelangen.

Fitz Roy
Nationalpark Los Glaciares
Patagonien
Argentinien
3406 m

Copyright:
Anton Petrus/getty images

Eine der markantesten Landschaften der Erde präsentiert sich hier im prachtvollen Farbenspiel der aufgehenden Sonne. Die Felsformation Hunts Mesa im Monument Valley im US-Bundesstaat Arizona ist der Überrest eines Gebirges, welches sich hier einst 2100 Meter hoch erhoben hat.
Ursprünglich war die Region ein Tieflandbecken, in dem sich über Jahrmillionen Sedimentschichten ablagerten und zu Kalkstein und Sandstein verfestigten. Vor etwa 70 Millionen Jahren wurde die Ebene durch steten Druck von unten allmählich angehoben, bis sie ein gewaltiges Felsplateau bildete. Seit über 50 Millionen Jahren arbeiten die Kräfte der Erosion daran, das Gestein abzutragen. Niederschläge, Wind und Temperaturen - Frostabsprengungen durch im Fels eingeschlossenes, gefrierendes Wasser - wirken auf die abwechselnd harten und weichen Gesteinsschichten und haben so im Laufe der Zeit die charakteristischen Tafelberge, die Mesas, geformt. Ihre rötliche Farbe bekamen die Felsen durch im Gestein enthaltenes Eisenoxid.

Monument Valley
Arizona
USA

Copyright:
Matteo Colombo/getty images

Seite 88
Ratnakorn Piyasirisorost
Die „Regenbogenberge" in China

Seite 89
DeepDesertPhoto
Gewitter im „Tal der Götter"

Seite 90
Don Smith
Sonnenaufgang am Horseshoe Bend

Seite 91
Brad McGinley
Antelope Slot Canyon

Seite 92
Robbie Shone
Eine monumentale Kathedrale der Unterwelt

Die Natur ist eine Künstlerin – dieser Meinung Goethes schließt sich der Betrachter unwillkürlich an, der die „Regenbogenberge" im Zhangye-Danxia-Geopark in der Provinz Gansu in China sieht. Wie gemalt wirken diese Berglandschaften mit ihren außergewöhnlichen Formationen und ihrer prächtigen Farbenvielfalt. Entstanden sind die Danxia-Berge (chinesisch für „Rote Wolken") im Verlauf von Jahrmillionen durch plattentektonische Prozesse und die Kräfte der Erosion. Vor etwa 100 Millionen Jahren befand sich hier eine riesige Beckenlandschaft, in der sich Sandstein und eisenhaltige Sedimente ablagerten. Als vor ca. 50 Millionen Jahren die indische Kontinentalplatte auf die eurasische prallte, wurden ganze Regionen hochgehoben und aufgefaltet. Es entstand nicht nur der Himalaya. Noch Tausende Kilometer weiter nordöstlich türmten sich Gebirgslandschaften bis zu 4000 Metern Höhe auf. Während der Gebirgsbildungsprozess im Himalaya bis heute nicht abgeschlossen ist, formte die Erosion durch Wind und Wasser die Danxia-Berge in den letzten 24 Millionen Jahren zu einer farbenprächtigen Regenbogenlandschaft.

Zhangye-Danxia-Geopark
Provinz Gansu
China
2000–3800 m

Ein Gewitter geht über dem Valley of the Gods („Tal der Götter") im US-Bundesstaat Utah nieder. Aus dichten Wolkenformationen zuckende Blitze tauchen die spektakuläre Kulisse der Tafelberge in gleißendes Licht. Ähnlich wie im benachbarten Monument Valley, haben auch hier die Kräfte der Erosion im Verlauf von Millionen Jahren aus einer Hochebene des Colorado-Plateaus markante Felsformationen aus dem Sandstein herausgearbeitet. Dieser hatte sich im Zeitalter des Perm vor rund 250 Millionen Jahren als Hunderte Meter hohe Dünen an den Ufern eines urzeitlichen Meeres abgelagert. Wasser, Wind und Eis haben die mächtigen Gesteinsschichten im Laufe der Zeit abgetragen.

Valley of the Gods
Utah
USA

In der Nähe des Lake Powell in Arizona hat der Colorado River eine gigantische Schleife in Form eines Hufeisens (Horseshoe) knapp 300 Meter tief in den Sandstein gegraben. Als sich das Colorado-Plateau vor etwa 5,5 Millionen Jahren anhob, musste sich das Wasser des Flusses einen neuen Weg suchen. Die Schluchten, durch die der Colorado heute fließt, hat er selbst geschaffen. An den steil aufragenden Wänden lassen sich die verschiedenen Gesteinsschichten unterschiedlicher Erdzeitalter gut erkennen.

Horseshoe Bend
Arizona
USA

Das atemberaubende Farbenspiel des Antelope Canyons in Arizona macht sprachlos. Von oben nur als schmaler Spalt im Boden zu erkennen, öffnet sich unter der Erdoberfläche eine märchenhafte Welt. Geschaffen hat dieses Naturwunder ein unscheinbarer, kaum 30 Kilometer langer Fluss, der nur alle paar Jahre nach heftigen Regenfällen Wasser führt. Dann jedoch verwandelt er sich in einen reißenden Strom, der sich im Laufe der Zeit immer tiefer durch Fels und Sandstein frisst.
Wenn das Sonnenlicht durch Spalten dringt und bis zum Boden reicht, entstehen sogenannte Beams, die die Wände des Canyons in eine unvergleichliche Komposition aus rötlichen Farbtönen tauchen.

Antelope Slot Canyon
Arizona
USA

Nur mit dem Lichtstrahl seiner Stirnlampe beleuchtet ein Höhlenforscher einen gigantischen, kathedralenartigen Raum. Das Licht vermag kaum den Nebel zu durchdringen, der durch die riesige Halle wabert. Ein zweiter Forscher hängt – winzig klein und verloren inmitten der Monumentalität der ihn umgebenden Felsen – an einem dünnen Seil. Die sogenannte Cloud Ladder Hall ist eine der weltweit größten Höhlen und gehört zum San Wang Dong Höhlensystem in Südchina, welches sich fast 68 Kilometer lang und über 300 Meter tief durch das Karstgestein erstreckt. Die Natur hat hier etwas Einzigartiges erschaffen: Von so gewaltiger Größe sind die Höhlen, dass sie ihr eigenes, unterirdisches Wetter bilden.
„Ich habe niemals zuvor etwas Derartiges gesehen", erzählt der Fotograf Robbie Shone, der im Oktober 2013 als Teilnehmer eines internationalen Teams als einer der Ersten die Höhle erforschte. *„Dicke Wolken und Nebel hängen im oberen Teil der Höhle fest. Das Wetter findet seinen Weg hinein, aber es kann nicht wieder hinaus."*

Wulong-Karstlandschaft
Chongquing
China

Copyright:
Ratnakorn Piyasirisorost/ getty images

Copyright:
DeepDesertPhoto/getty images

Copyright:
Don Smith/getty images

Copyright:
Brad McGinley/getty images

Copyright:
Robbie Shone

Seite 93
Robbie Shone
Ein monumentaler Palast aus Stalagmiten

Drei mächtige Stalagmiten wachsen inmitten einer riesigen Höhle zur Decke hinauf. Sie überragen den Forscher um ein Vielfaches, der wie ein Zwerg unter Riesen zu ihnen emporschaut. Hinter den Stalagmiten erhebt sich eine gigantische Rampe, die zu einem weiteren Raum des San Wang Dong Höhlensystems in Südchina führt. „Crusty Duvets" heißt der Stalagmiten-Saal; und wie eine „Krustige Decke" ist auch der Boden beschaffen: schroff gezackt und uneben.
Für diese Aufnahme installierte der Fotograf Robbie Shone mehrere Lichtquellen in der dunklen Höhle: „Ich wollte, dass es den Betrachter umhaut, dass er ungläubig diese Mega-Ablagerungen ansieht und sich der überwältigenden Dimensionen bewusst wird. Die Ausleuchtung ist immer die größte Herausforderung, wenn man in unterirdischen Höhlen fotografiert. Es ist schwer, die Lampen richtig zu positionieren, um das Motiv ins beste Licht zu rücken. Dafür braucht man viel Erfahrung – und trotzdem geht es nicht ohne schlichtes Ausprobieren."

Wulong-Karstlandschaft
Chongqing
China

Copyright:
Robbie Shone

Seite 94
Egmont Strigl
Tassili n'Ajjer – Ein Gebirge wird zur Wüste

Sand, soweit das Auge reicht. Und zwischendurch immer wieder Felsen, die wie Inseln aus dem Meer aus der Wüste ragen. Das Tassili n'Ajjer im Südosten Algeriens ist eine erodierte Hochebene aus Sandstein. Wind und Wasser haben hier in Jahrmillionen ein Gebirgsmassiv weitgehend abgetragen und zu einer bizarren Wüstenlandschaft mit zerklüfteten Felsgebilden geformt.
Tassili n'Ajjer bedeutet in der Sprache der hier lebenden Tuareg „Plateau der Flüsse". Die Flüsse gibt es seit Jahrtausenden nicht mehr. Doch die Schluchten und Täler, die das Plateau durchziehen, sind die heute noch sichtbaren Zeugnisse einer wechselvollen Erdgeschichte, die aus einer fruchtbaren Savanne die größte Trockenwüste unseres Planeten gemacht hat.

Tassili n'Ajjer
Algerien
höchste Erhebung:
Adrar Afao 2158 m

Copyright:
Egmont Strigl/Westend61/ getty images

Seite 95
Sumiko Scott
Little Finland – Eine Fantasiewelt aus Sandstein

Eine Fantasiewelt aus bizarren Sandsteinformationen in der Mojave-Wüste in Nevada ist alles, was Regen und Wind im Verlauf der Zeit von einem Hochplateau übriggelassen haben. Ihren Namen, Little Finland, verdankt die Gegend den spitzen Konturen vieler Felsen, die an die Rückenflosse eines Fisches (fin) erinnern. Manche der wundersamen, rötlichen Gebilde hat die Erosion zu grotesken Gestalten modelliert, die sich wie Kobolde in der Landschaft tummeln. „Hobgoblins' Playground" („Spielplatz der Kobolde") wird das Gebiet daher auch genannt.
Auf dem Bild ist sehr gut zu erkennen, wie das Wasser und der Wind den rauen Stein an manchen Stellen rund geschliffen haben.

Little Finland/
„Hobgoblins' Playground"
Mojave-Wüste
Nevada
USA

Copyright:
Sumiko Scott/getty images

Seite 96
Heinrich Berghaus
Weltkarte der Verteilung der Vegetationsstufen

Die gewaltigen Gebirgsmassive bilden auf den verschiedenen Höhenstufen Lebensräume für ganz unterschiedliche Pflanzen und Tiere. Als Alexander von Humboldt von seinen Forschungsreisen durch Südamerika zurückkam, war sein wichtigstes Forschungsvorhaben, herauszufinden, welche einzigartigen Lebenswelten sich unter den unterschiedlichen Klimabedingungen der Erde in den anderen Gebirgsmassiven der Welt entwickelt haben – und wie diese miteinander verbunden sind.
Kein Gelehrter vor ihm verfügte wie Alexander von Humboldt über eine in alle Kontinente reichende Korrespondenz zu Forschern und Wissenschaftlern. Durch seine Neugier und Begeisterungsfähigkeit motivierte er sie, in wenigen Jahren alle wichtigen Beobachtungs- und Messdaten zu erkunden, die er benötigte, um diese „Weltkarte der Verteilung der Vegetationszonen und Pflanzenfamilien" zu schaffen, in der in Querschnitten der Anden, des Himalaya und der Alpen auch die verschiedenen Höhenstufen der vertikalen Vegetation dargestellt sind.

Copyright:
akg-images/
LIBRARYOFCONGRESS
Geography and Map Division/
SCIENCE PHOTO LIBRARY

Seite 98/99
Anton Petrus
Die Klimascheide Südamerikas

Die Gebirgskette der Anden durchzieht als gewaltige Klimascheide den gesamten südamerikanischen Kontinent und beeinflusst die Entstehung der unterschiedlichsten Klimazonen und Vegetationsgebiete. Die Berge halten die regenbringenden Luftströmungen ab und trennen die trockene Westküste Südamerikas von dem feuchten Osten. So konnten trockene Wüsten wie die Atacama auf der einen Seite und paradiesische Regenwälder auf der anderen entstehen.
Das Bild zeigt das gewaltige Massiv der Cuernos del Paine („Hörner des blauen Himmels"), das sich in Patagonien im Süden Chiles bis auf 2600 Meter Höhe erhebt. Die markanten Färbungen dieser Berge sind Zeugnis einer geologischen Besonderheit, die vor etwa zwölf Millionen Jahren mit dem Eindringen heißer Magma in ältere Sedimentschichten begann. Durch Erosionswirkung eiszeitlicher Gletscher trat das zu hellem Granit erkaltete Magma als knapp ein Kilometer dickes Band zwischen dunklem Schiefergestein zutage.

Cuernos del Paine
Nationalpark Torres del Paine
Patagonien
Chile
2600 m

Copyright:
Anton Petrus/getty images

Seite 100
Babak Tafreshi
Atacama, Chile

Seite 101
Murray Cooper
Maquipucuna –
Das „Kronjuwel der Anden"

Seite 102
András Jancsik
Flamingos in Bolivien

Seite 103
Ignatius Tan
Der König der Anden

Seite 104
Ignacio Palacios
Gletscher sind die Bildhauer der Berge

Eine sternenklare Nacht in der Atacama-Wüste in Chile. Das Kreuz des Südens und die „Kohlensack"-Dunkelwolke stehen über einem Kakteenwald.
Die Atacama-Wüste ist das trockenste Hochgebirge der Erde und die trockenste Wüste außerhalb der Polargebiete. Ihre Entstehung verdankt sie den Anden, die wie eine Barriere die Regenwolken abhalten. Feuchte und warme Luftströmungen, die die Ostseite zu einem fruchtbaren Land machen, können durch die hohen Berggipfel nicht nach Westen ziehen. So entstand im Regenschatten der Anden die Atacama.
Der wolkenlose, ungewöhnlich klare Nachthimmel der Atacama macht sie zu einem bevorzugten Territorium für die Beobachtung von Sternen. Mehrere große Observatorien mit einigen der besten Teleskope weltweit stehen hier.

Atacama-Wüste
Chile
ca. 2500 m

Auf der einen Seite trockene Wüsten, auf der anderen Seite üppige Regenwaldlandschaften – die Anden als Klimascheide Südamerikas haben die unterschiedlichsten Lebensräume geschaffen.
Einem geheimnisvollen, mystischen Märchenwald gleicht der Maquipucuna-Nebelwald von Ecuador. Hier hängen die Wolken so tief, dass sie sich wie ein Schleier über das Land legen. Ein über das ganze Jahr hindurch gleichbleibendes Klima mit hoher Luftfeuchtigkeit und Temperaturen von 20–25 °C haben zur Entwicklung einer unerreichten Artenvielfalt geführt. Unter Experten zählt die Region zu den Top 5 Hotspots der Biodiversität weltweit. Immer wieder werden neue Tier- und Pflanzenarten entdeckt, wie der Biologe Carlos Morochz weiß: *„Es wird noch Jahre dauern, alle Arten zu erfassen."*

Maquipucuna
Ecuador
900–2785 m

Eine Gruppe von Flamingos *(Phoenicopteridae)* spiegelt sich im flachen Wasser eines Salzsees in den bolivianischen Anden. In der unwirtlichen Welt des Altiplano, 4200 Meter über dem Meeresspiegel, sind sie die einzigen Vögel, die sich den extremen klimatischen Bedingungen angepasst haben. Da der Salzsee nachts gefriert, müssen sich die Flamingos morgens erst aus dem Eis befreien, um in den mineralreichen Gewässern der Lagunen nach Krebsen und anderen Kleintieren zu suchen. Wer die Paarungszeit dieser Vögel mit eigenen Augen gesehen hat, schwärmt von dem faszinierenden Ballett der Flamingos.
Das bolivianische Altiplano ist nach Tibet das zweithöchste Gebirgsplateau der Erde. Eine karge, windzerfressene Landschaft, geformt aus Vulkanriesen und fauchenden Geysiren. Es ist eine trockene Welt, kalt und windig – die Temperaturen gehen tagsüber nur selten über 15 °C hinaus. Nachts bleibt es mit Temperaturen unter dem Gefrierpunkt frostig. Entstanden sind die Salzlagunen des Altiplano, als große Seenlandschaften über Jahrmillionen langsam austrockneten.

Altiplano
Anden
Bolivien
ca. 4200 m

Zwei Andenkondore *(Vultur gryphus)* kreisen über der Colca-Schlucht im Süden Perus. Mit einer Tiefe von 3400 Metern bietet die Schlucht den riesigen Vögeln ideale thermische Bedingungen, um stundenlang majestätisch durch die Luft zu gleiten. Geschickt nutzen sie die Aufwinde und können so Hunderte von Kilometern am Tag zurücklegen. Der Lebensraum der Andenkondore sind die Hochgebirge Südamerikas. Bis zu 7000 Meter hoch kann der König der Anden fliegen.
In Folklore und Mythologie der Andenregion werden dem Kondor hohe Verehrung und großer Respekt zuteil. Man sagt, er stehe mit den Berggeistern in Verbindung und vollstrecke mit Hilfe seiner Krallen das Urteil der Götter. Denn der Kondor ist ein Aasfresser und dort, wo er kreist, ist der Tod nicht fern.

Colca Canyon
Peru
bis zu 3400 m

Faszinierend ist der Nationalpark Torres del Paine in Patagonien nicht nur durch seine atemberaubenden Felsformationen – die „Türme des blauen Himmels" –, sondern auch durch seine gewaltigen Gletscher, die in Jahrmillionen eine bizarre Bergwelt mit Tälern, Fjorden und Seen schufen.
Gletscher sind die Bildhauer der Berge, denn ihre gewaltigen Eis- und Schneemassen, die sich stetig abwärts bewegen, formen das Gestein, geben den Bergen ihre Gestalt. Der mächtige Gletscher, den wir auf dem Bild sehen, ist der Grey-Gletscher, der „Graue Gletscher". Für das menschliche Auge ist die Bewegung des Gletschers nicht wahrzunehmen, denn es sind meist nur wenige Zentimeter an einem Tag. Dann jedoch, wenn die Gletscher kalben, wenn an ihrer Spitze riesige Eisstücke ausbrechen und in die Gletscherseen stürzen, können wir mit all unseren Sinnen ein gigantisches Naturschauspiel erleben.
Im November 2017 brach vom Grey-Gletscher ein außergewöhnlich großes Stück ab. Der weggebrochene Eisberg war 380 Meter breit und 350 Meter lang.

Nationalpark Torres del Paine
Patagonien
Chile

Copyright:
Babak Tafreshi/getty images

Copyright:
Murray Cooper/Minden Pictures/getty images

Copyright:
András Jancsik/getty images

Copyright:
Ignatius Tan/getty images

Copyright:
Ignacio Palacios/getty images

Seite 105
Feng Wei
Landschaft um den Gokyo Ri

„Der schönste Aussichtspunkt Nepals" - so wird von vielen Bergwanderern der Gipfel des 5357 Meter hohen Gokyo Ri im Sagarmatha Nationalpark bezeichnet. Die Landschaft ist wahrhaft atemberaubend. Eingerahmt von etlichen 8000ern - unter ihnen der Mount Everest - kauert die winzige Siedlung Gokyo am Ufer des höchstgelegenen Süßwassersees der Welt. Hinter den Lodges wälzt sich der gewaltige Ngozumpa-Gletscher, der größte im gesamten Himalaya, langsam zu Tal.

Gokyo Ri
Region Khumbu
Nepal
5357 m

Copyright:
Feng Wei/getty images

Seite 106
Keren Su
Pelzige Kletterkünstler

Drei junge Pandabären (*Ailuropoda melanoleuca*) erproben ihre Kletterkünste an einem kahlen Baumstamm inmitten einer kargen Winterlandschaft. Sie gehören zu den knapp 200 Pandas, die im Wolong-Naturreservat in der südwestchinesischen Provinz Sichuan leben. Das Schutzgebiet liegt in einer Hochgebirgsregion auf ca. 2500 Metern Höhe. Etliche das Tal umgebende Berge ragen bis weit über 5000 Meter hinauf.
Pandabären haben eine sehr geringe Fortpflanzungsrate. Die Jungtiere werden im Sommer geboren und müssen bis zum Winter kräftig genug sein, den harten Bedingungen im Gebirge zu trotzen. Der Riesenpanda ernährt sich fast ausschließlich von Bambus. Da dieser wenig nahrhaft ist, fressen die Tiere bis zu 40 Kilogramm davon am Tag, um auf eine ausreichende Kalorienzufuhr zu kommen.
Kaum ein Tier ist so populär wie der schwarzweiße „Bambusbär". Er ist eine regelrechte Ikone des Artenschutzes und steht symbolisch für das Bemühen der Menschen, die Natur und ihre Artenvielfalt trotz aller zivilisatorischen Auswirkungen zu erhalten. Dabei wird der Lebensraum des Pandas seit Jahrzehnten durch Industrialisierung, Abholzung der Wälder, Straßen- und Siedlungsbau ständig weiter eingeschränkt und die Tiere dadurch in immer entferntere Gebirgsregionen verdrängt.

Wolong Tal
Sichuan
China
hier: auf ca. 2500 m

Copyright:
Keren Su/getty images

Seite 107
Tambako
Schneeleopard - Der Geist der Berge

Ein männlicher Schneeleopard (*Panthera uncia*) nähert sich der Kamera des Fotografen. Das beeindruckende Tier lebt in den zentralasiatischen Hochgebirgen wie dem Himalaya oder dem Hindukusch oberhalb der Waldgrenze zwischen 2700 und 6000 Metern Höhe. Temperaturen von bis zu -40 °C können Schneeleoparden nichts anhaben. Sie sind perfekt an das Leben in den steilen Felshängen angepasst. Ihre kurzen Vorderbeine, die dicken Pranken sowie die gut ausgebildete Brustmuskulatur machen sie zu geschickten Kletterern in der sauerstoffarmen Höhenluft.
Im Gegensatz zu anderen Großkatzen kann der Schneeleopard nicht brüllen. Markant jedoch ist sein Paarungsruf - ein beinahe menschlich anmutendes, durchdringendes Geheul, welches laut und weitreichend durch die Berge schallt. Diese unheimlichen Rufe sind einer der Ursprünge der Legenden um den sagenhaften Schneemenschen Yeti. Schneeleoparden gehören zu den seltensten Lebewesen im Himalaya. Die „Geister der Berge", wie sie von manchen Völkern genannt werden, sind vom Aussterben bedroht.

Himalaya
hier: auf ca. 2700-6000 m

Copyright:
Tambako/getty images

Seite 108
Timothy Allen
Nomaden in der Wüste Gobi

Eine Herde Kamele grast vor der Jurte einer Nomadenfamilie in der Wüste Gobi im Süden der Mongolei. Im Hintergrund, zu Füßen des Altaigebirges, erheben sich die schneebedeckten Dünenfelder der Khongoryn Els. Mehr als 180 Kilometer lang erstrecken sich die Wanderdünen, die auch als „Singende Dünen" bezeichnet werden - wegen der tiefen Brummtöne, die der rutschende Sand bei bestimmten Windverhältnissen erzeugt.
Diese kalte, trockene Wüstenlandschaft hat sich vor 50 Millionen Jahren gebildet, als das Gebirgsmassiv des Himalaya entstand - eine gigantische Klimascheide - sodass die feuchten, warmen und fruchtbaren Luftströmungen aus dem Süden nicht nach Norden gelangen konnten.
Diese Landschaft macht das Leben hier nicht leicht. Ackerbau ist aufgrund der Bodenverhältnisse und der Klimabedingungen nicht möglich. Ein Großteil der drei Millionen Einwohner des Landes sind Nomaden. Zu ihren Haushalten zählen 25 Millionen Nutztiere, mit denen sie von einem kargen Weideland zum anderen ziehen. Im Winter finden die Tiere Nahrung, indem sie mit ihren schwieligen Hufen Grasnaben unter dem Schnee freilegen.

Nationalpark Gobi Gurwan Saichan
Wüste Gobi
Mongolei
höchste Erhebung: 2846 m

Copyright:
Timothy Allen/getty images

Seite 109
Michael Martin
Wanderhirte mit Greifvogel

Stolz präsentiert ein mongolischer Wanderhirte im Altai seinen Steinadler (*Aquila chrysaetos*). Das mächtige Tier ist für die Kasachen im äußersten Westen des Landes Teil einer jahrtausendealten Tradition, der Adlerbeiz. Die Greifvögel dienen der Jagd auf Füchse, Schneehasen und sogar Wölfe. Die Jagdsaison dauert von Oktober bis in den April. Den Rest des Jahres sind die Berkutschi - wie die Adlerjäger in ihrer Sprache heißen - mit ihren Weidetieren als Nomaden unterwegs. Wie ein Familienmitglied lebt der Steinadler bis zu 15 Jahre lang im Haus seines Herrn. Dann wird er freigelassen.
Das Altai-Gebirge in der Mongolei ist ein typisches zentralasiatisches Hochgebirge mit weiten Steppenlandschaften, die das Jagen von Tieren sehr schwer machen. Schon vor über 3500 Jahren haben die Menschen hier eine beeindruckende Symbiose mit den dort lebenden Steinadlern entwickelt und die majestätischen Vögel für die Jagd abgerichtet. Bis heute ist die Adlerjagd tief in der Kultur der Nomaden verankert. Die sogenannten goldenen Adler sind Teil ihrer Legenden, Erzählungen und Sprichwörter. „*Schöne Pferde und furchtlose Adler sind die Flügel der Kasachen*", besagt eine Redensart.

Altai-Gebirge
Mongolei
bis zu 4374 m

Copyright:
Michael Martin/laif

Seite 111
Charlie Hamilton James
Kampf um's Dasein

Seite 112
Linc Gasking
Pinguin-Mutter verteidigt ihre Kinder

Seite 113
Jasper Doest
Japanischer Makake (Affen-Wellness)

Seite 114/115
Eric Pierre
Herde Moschusochsen

Seite 116
Cory Richards
Queen Maud Land – Das rätselhafte Gebirge unter dem Eis

Vor der imposanten Kulisse der Teton-Bergkette im US-Bundesstaat Wyoming verteidigt ein Grizzlybär (Ursus arctos horribilis) seine Beute gegen zudringliche Raben. Ranger hatten den Bison-Kadaver zuvor abseits der Straßen deponiert, um die für die Menschen gefährlichen Grizzlys von den Touristenpfaden fernzuhalten.
Das zerklüftete Profil der Tetons erhebt sich bis zu 4198 Meter hoch aus der Ebene in der Yellowstone-Region. Die spektakuläre Gebirgslandschaft mit kristallklaren Seen und dichten Wäldern ist bekannt für ihre außergewöhnliche Tierwelt. Die Grizzlybären finden hier ideale Lebensbedingungen und ihre Population hat sich in den letzten Jahrzehnten deutlich erhöht. Diese Aufnahme wurde mithilfe einer durch Bewegung aktivierten Kamera gemacht, die dort sechs Monate lang versteckt war. Der Fotograf wusste, dass die Park Ranger an dieser Stelle immer wieder Tierkadaver ablegen und hatte auf interessante Szenen gehofft. Als er später die 200.000 Bilder der Kamera auswertete, stieß er auf diese spektakuläre Aufnahme.

Grand Teton Nationalpark
Wyoming
USA
höchste Erhebung:
Grand Teton 4198 m

Todesmutig stellt sich eine Adeliepinguin-Mutter (Pygoscelis adeliae) in der Antarktis einem übermächtigen Feind entgegen: Ein Riesensturmvogel (Macronectes giganteus) hat es auf ihre hilflosen Küken abgesehen. In Panik schreiend pressen sich die Kleinen aneinander – die Situation erscheint aussichtslos, als die Mutter sich dem Räuber entgegenwirft.
Der Fotograf Linc Gasking hat das Duell staunend beobachtet: *„Es gibt viele Geschichten über Mütter, die wahre Heldentaten vollbringen, um ihre Kinder vor einer tödlichen Gefahr zu beschützen. Dies war ein solcher Moment. Als alles verloren schien, tauchte die Mutter der Kindergruppe auf. Laut kreischend und mit wuterfüllten Augen schritt sie mitten durch die Gruppe der ängstlich kauernden Babys und stellte sich dem Raubvogel entschlossen entgegen. Alle wurden gerettet."*

Antarktis

Völlig entspannt, mit geschlossenen Augen, genießt ein junger Schneemakake (Macaca fuscata) ein heißes Bad in einer Thermalquelle. Er gehört zu einer Gruppe von Affen, die in den Wäldern des Jigokudani-Tals im Norden der japanischen Insel Honshu, nordwestlich von Tokio, leben.
In dieser Vulkanregion kocht die Erde im wahrsten Sinne des Wortes. Nicht umsonst bezeichnen die Japaner sie als „Höllental". Wenn in den Wintermonaten die Temperaturen auf bis zu -15 °C sinken, nutzen nicht nur die Menschen jede Möglichkeit, sich zu wärmen und zu entspannen. Die Makaken des Jigokudani-Affenparks finden sich dann regelmäßig in ihrer Wellness-Oase ein und lassen sich von nichts und niemandem bei der Entspannung stören. Der Fotograf Jasper Doest konnte aus nächster Nähe beobachten, wie ein Jungtier vor seinen Augen langsam schläfrig wurde: *„Das warme Wasser hat eine sehr entspannende Wirkung auf die Affen, und die meisten von ihnen schliefen. Es ist eine Ehre, wenn ein Tier dir so sehr vertraut, dass es direkt vor dir einschläft. Ich habe extra eine Großaufnahme gemacht, um den Moment der Ruhe und Beschaulichkeit einzufangen und den so menschlich wirkenden behaglichen Gesichtsausdruck zu betonen."*

Jigokudani-Tal
Insel Honshu, nordwestlich von Tokio
Japan

Wie eine dunkle Wand aus Fell und Hörnern stürmt eine Herde Moschusochsen (Ovibos moschatus) durch die arktische Tundra auf Victoria Island in Kanada. Auf der zweitgrößten Insel Kanadas, nördlich des Polarkreises gelegen, gibt es eine der weltweit höchsten Konzentrationen an Moschusochsen. Die Tiere haben sich den extremen Lebensbedingungen in dieser unwirtlichen Welt angepasst. Ihre dicke Fettschicht und ihr dichtes Fell schützen sie vor den arktischen Temperaturen, die selbst im Sommer höchstens 10 °C erreichen und im Winter bis unter -40 °C gehen.
Bei Gefahr formieren sich die gewaltigen Tiere zu einer kreisförmigen Phalanx und bilden einen Schutzwall um ihre Jungen. Hier allerdings konnte der Fotograf Eric Pierre ein ungewöhnliches Verhalten beobachten. Er war Polarwölfen auf der Spur, als die Herde Moschusochsen seinen Weg kreuzte. Die Tiere waren nervös, sie spürten die Nähe der Wölfe. Und dann geschah etwas Eigenartiges: *„Ich habe Moschusochsen wegrennen sehen. Ich habe gesehen, wie sie einen Kreis zur Verteidigung aufbauen, ich habe sogar einmal ein männliches Exemplar angreifen gesehen. Aber ich habe noch nie gesehen, wie eine ganze Herde geschlossen zum Angriff überging. Ich hörte das Donnern ihrer Hufe. Es war eine dieser Situationen, in der es wirklich darauf ankam, die richtige Wahl zu treffen zwischen Zielgenauigkeit, Ästhetik und Sicherheit."*

Victoria Island
Nunavut
Kanada

„Wild wie kein anderes Land unserer Erde liegt es da, ungesehen und unbetreten." (Roald Amundsen)
Die Antarktis scheint aus der Sicht von oben ein Kontinent aus Eis und Schnee zu sein. In Wirklichkeit jedoch verbirgt sich unter dem Eispanzer der Antarktis eine gewaltige Gebirgskette. Die aus dem Eis herausragenden Felsen sind nur die Spitzen von bis zu 3000 Meter hohen Bergen.
Unser Blick richtet sich meist nur auf den knapp 5000 Meter hohen Mount Vinson. Das eigentlich geologische Wunder der Antarktis jedoch ist: unter der oft 1000 Meter dicken Eisschicht existiert eine bisher unerforschte Gebirgswelt.
Die gewaltigen Ausmaße und die Gestalt dieser Gebirgskette können wir erahnen, wenn wir die ersten wissenschaftlichen Animationen betrachten, die uns ein virtuelles Bild der Antarktis – ohne den über ihr liegenden Eispanzer – zeigen. Diese Bergwelt ist wahrlich noch „ungesehen und unbetreten".

Queen Maud Land
Antarktis

Copyright:
Charlie Hamilton James/ National Geographic Creative

Copyright:
Linc Gasking

Copyright:
Jasper Doest

Copyright:
Eric Pierre

Copyright:
Cory Richards/getty images

Seite 117
Anna Henly
Die Welt des Eisbären zerbricht

Seite 118
Tobias Ryser
Mythenzauber

Seite 119
Jérémie Villet
Alpensteinbock

Seite 120
Federica Grassi
Überlebenskünstler im Gipfelbereich

Seite 121
Solvin Zankl
Alpendohle

Das Bild, das einen Eisbären zeigt, dessen eisige Welt zerbricht, ist ein Symbol dafür, dass auch das gefährlichste, stärkste und geschickteste Raubtier des eisigen Nordens zu einem hilflosen Opfer des Klimawandels wird.
„Ich war in Spitzbergen", erinnert sich die Fotografin Anna Henly, *„als dieser Eisbär um 4:00 Uhr morgens über die Eisschollen auf unser Boot zukam. Ich schlief in meiner Koje und schaffte es gerade noch, Kontaktlinsen und Kameras zurechtzulegen, bevor er begriff, dass der Frühstücksspeck nicht für ihn war – und wieder davonschlenderte. Das Fischaugen-Objektiv lässt den Bären zierlich erscheinen."* Er macht nicht den Eindruck eines Tieres, das an der Spitze der arktischen Nahrungskette steht. Der Eisbär, der jahrtausendelang unangefochtener König des nördlichen Polarkreises war, wurde schon einmal in seiner Existenz bedroht: In den vergangenen 200 Jahren hatte der Mensch in seiner hemmungslosen Habgier den Eisbären zu einem hilflosen Opfer gemacht, das vom Aussterben bedroht war. Erst in den letzten Jahrzehnten lernte der Mensch begreifen, dass er diesem willkürlichen Töten Grenzen setzen muss. Nun ist der Eisbär von einer neuen Gefahr bedroht: dem Klimawandel, der den König des arktischen Eises dadurch als Tierart auslöscht, dass er dessen Lebensraum – die gewaltigen Eislandschaften des Nordens – zum Schmelzen bringt.

Spitzbergen
Nordatlantik
Norwegen

Copyright:
Anna Henly

Der prosaische Begriff „vertikale Vegetation" beschreibt eines der Wunder der Bergwelten: Auf jeder Höhenstufe – vom Tal bis hinauf zum Gipfel – haben sich unter den besonderen klimatischen Bedingungen eine eigene Flora und Fauna entwickelt, die sich im Kreislauf des Jahres beständig verändern und neu gestalten.
Das Bild zeigt uns die poetische Schönheit dieser Vegetationsstufen in der Stunde des Sonnenuntergangs. Wie Inseln inmitten des Ozeans erheben sich die fast 2000 Meter hohen Gipfel der Mythen in den Schwyzer Alpen aus den Nebelschwaden. Der Fotograf Tobias Ryser schreibt: *„Vor einiger Zeit kam mir die Idee zu einem Bild des berühmten Bergmassivs der Mythen inmitten winterlicher Nebelschwaden. Nach mehreren misslungenen Versuchen glückte mir schließlich die Aufnahme, wie ich es mir vorgestellt hatte. Ich wartete den ganzen Tag lang im Nebel. Dann, während der blauen Stunde, geschah, worauf ich gehofft hatte: der Nebel senkte sich. Mit Tränen in den Augen drückte ich auf den Auslöser."*

Mythen
Alpen
Schweiz
bis zu 1898 m

Copyright:
Tobias Ryser

Im Dämmerlicht des Sonnenuntergangs zeichnet sich die Silhouette eines Alpensteinbocks *(Capra ibex)* über einem Meer aus Wolken hoch oben in den französischen Alpen ab. Majestätisch steht er da, als seien die Berge nur Kulisse für ihn: Der König der Alpen blickt auf sein Reich. Alpensteinböcke sind die geborenen Kletterer. Der weiche, gespaltene Huf passt sich jeder Unebenheit an und erlaubt dem Tier, mit langen kräftigen Sprüngen selbst die steilsten Hänge zu erklimmen. So überwinden sie mühelos mehrere Hundert Höhenmeter, wenn sie auf der Suche nach Futter von den Hochlagen oberhalb der alpinen Baumgrenze hinabsteigen.
Dabei wäre der Alpensteinbock vor knapp 200 Jahren beinahe ausgestorben. Denn wie kaum ein anderes Wildtier des Hochgebirges – Alpensteinböcke leben in einer Höhe von bis zu 3500 Metern – hat er in Brauchtum, Aberglaube und Volksmedizin über Jahrhunderte eine große Rolle gespielt und wurde von den Menschen gnadenlos gejagt.

Alpen
Frankreich
höchste Erhebung:
Mont Blanc 4810 m

Copyright:
Jérémie Villet

Im felsigen Gipfelbereich der Berge können nur die Überlebenskünstler unter den Pflanzen wachsen: Flechten, Moose, Hauswurzen, Kakteengewächse und Polsterpflanzen. Hauswurzen gehören zur Gattung der Dickblattgewächse. Der botanische Name Sempervivum leitet sich von den lateinischen Worten „semper" für „immer" und „vivus" für „lebend" ab und bedeutet „immer-lebend". Was die kakteenartigen Gewächse betrifft, so leitet sich ihr lateinischer Name „Sukkulenten" von „sucus" ab, was „saftig" bedeutet. Diese Pflanzen können in ihren dicken und fleischigen Blättern und Stielen Wasser und Mineralien speichern.
Besondere Überlebenskünstler sind die sogenannten Geophyten, welche die lebenswichtigen Substrate auch in ihren Wurzeln speichern können. Dadurch können diese Pflanzen unter extremen Bedingungen überleben – weil sie sich durch ihre unterirdischen Speicherorgane im nächsten Jahr erneuern können.
„Polsterpflanzen" bezeichnet die besondere Strategie des Überlebenskampfes von Pflanzen, die miteinander kugelförmige Polster bilden, in denen Wärme und Feuchtigkeit gespeichert werden. Dadurch werden sie vor Wind und Austrocknung geschützt.

Maggiatal
Lepontinische Alpen
Tessin
Schweiz
bis zu 1500 m

Copyright:
Federica Grassi/getty images

Die Alpendohle *(Pyrrhocorax graculus)* ist ein erstaunlicher Vogel. Denn kaum einer brütet in höheren Lagen als diese gesellige Rabenart. Ihre Eier sind speziell an die dünne Atmosphäre oberhalb der Baumgrenze angepasst, um eine optimale Aufnahme von Sauerstoff zu gewährleisten und Wasserverlust zu minimieren.
Anders als der Name suggeriert, ist die Alpendohle nicht nur in Mitteleuropa heimisch. Man findet sie in nahezu allen Hochgebirgszonen Europas, Afrikas und Asiens. Im Winter pendeln die Vögel zwischen hoch gelegenen Nistplätzen und tiefer gelegenen Tälern, um dort Nahrung zu suchen. Sie überwinden dabei erstaunliche Höhenunterschiede und machen selbst vor den größten Hindernissen nicht Halt: In den 1970er Jahren haben Everest-Expeditionen die Alpendohle in über 9500 Metern Höhe beobachtet und dokumentiert.

Nationalpark Hohe Tauern
Österreich
höchste Erhebung:
Großglockner 3798 m

Copyright:
Solvin Zankl

Seite 122
Mammuth
Vegetationsstufen in den Dolomiten

Von den Drei Zinnen aus reicht der Blick bis hinunter in das Tal. Auf einer Höhe von 1756 Metern liegt dort das Dörfchen Misurina am Ufer des gleichnamigen Gletschersees. Sehr gut zu erkennen sind die verschiedenen Vegetationsstufen der Gebirgswelt. Denn mit zunehmender Höhe ändert sich das Klima und damit auch die Pflanzenwelt. Während in tiefer gelegenen Regionen noch Bäume wachsen, gedeihen ab knapp 2000 Metern Höhe nur noch kleine Sträucher und Gräser. Geht es noch weiter hinauf, kommen lediglich Flechten, Moose und Polsterstauden mit den kargen Bodenverhältnissen und dem rauer werdenden Klima zurecht. In der alpinen Zone schließlich bleibt nur das schroffe Gestein, welches in hohen Gipfellagen von ewigem Eis und Schnee bedeckt ist.

Misurinasee bei den Drei Zinnen
Dolomiten
Südtirol
Italien
hier: auf 1756 m

Copyright:
Mammuth/getty images

Seite 123
FotoFealing
Pfiffige Nager am Großglockner

Frühstückszeit bei den Murmeltieren (Marmota Marmota) am Großglockner. Die Nager haben sich einen prachtvollen Picknickplatz am höchsten Berg Österreichs ausgesucht. Alpenmurmeltiere sind hervorragend an die extremen Lebensbedingungen in den Hochlagen der Alpen angepasst. Als „Überbleibsel" der letzten Eiszeit lieben sie Kälte deutlich mehr als Hitze und siedeln niemals unterhalb von 800 Metern. Gelegentlich steigen sie sogar bis auf 3000 Meter hinauf. Dauerhaft gefroren oder allzu felsig darf ihr Lebensraum jedoch nicht sein, denn die Murmeltiere legen weitverzweigte unterirdische Bauten an.
Das markante Pfeifen der geselligen Tiere hat wohl jeder schon einmal gehört, der in den Alpen gewandert ist. Die Schreie der Murmeltiere, die wir als Pfiffe wahrnehmen, dienen der Kommunikation untereinander und der Warnung vor Gefahr.

Großglockner
Österreich
3798 m

Copyright:
FotoFealing/getty images

Seite 124
Solvin Zankl
Gefleckte Schnirkelschnecke

Geradezu neugierig wirkt diese gefleckte Schnirkelschnecke (Arianta arbustorum) - so, als ob sie aufmerksam die Wassertropfen beobachtet, die vor ihr herabfallen. Diese spezielle Schneckenart findet man in den Bergen in bis zu 2700 Metern Höhe.
Über die Entstehung dieses faszinierenden Bildes schreibt der Fotograf Solvin Zankl: „Eine selbstgemachte Vorrichtung erzeugte immer 6 Regentropfen auf einmal und machte kurz darauf automatisch ein Foto. Es war ziemlich trocken, als ich die Bilder machte, und die Schnecke reagiert auf Regen und Feuchtigkeit. Ich wollte zeigen, dass es tatsächlich Tiere gibt, die den Regen lieben."

Nationalpark Hohe Tauern
Österreich
höchste Erhebung:
Großglockner 3798 m

Copyright:
Solvin Zankl

Seite 125
Solvin Zankl
Erdhummel

Diese Weißschwanz-Erdhummel (Bombus lucorum) auf einer Blumenwiese ist auf Nektarsuche. Sie erfüllt eine lebenswichtige Aufgabe für das Ökosystem unseres Planeten, denn 70 Prozent aller Pflanzenarten sind auf Bestäubung durch Insekten angewiesen. Einen großen Anteil daran haben Hummeln, denn sie sind besonders effiziente Bestäuber. Der Volksmund spricht gerne von der „fleißigen Biene". Doch haben Hummeln ein deutlich höheres Arbeitstempo und können aufgrund ihrer Körpergröße mehr Gewicht tragen als die meisten anderen Insekten. Und wenn die kälteempfindlichen Bienen noch in ihrem warmen Stock sitzen, fliegen Hummeln schon ab Temperaturen von knapp über dem Gefrierpunkt umher. Ihre dichte Behaarung und eine besondere Form der Muskelkontraktion - das sogenannte Wärmezittern - schützen sie vor der Kälte. Für ein Leben in den Höhenlagen der Alpen sind sie gut gerüstet.

Nationalpark Hohe Tauern
Österreich
höchste Erhebung:
Großglockner 3798 m

Copyright:
Solvin Zankl

Seite 126
Solvin Zankl
Alpensalamander

Ein lackschwarzer Alpensalamander (Salamandra atra) schaut zwischen Grashalmen und Pflanzenstängeln hindurch. Im Gegensatz zu vielen anderen Amphibien hat sich der Alpensalamander vom Leben im Wasser vollkommen gelöst. Die scheuen Lurche bewohnen die feuchten Bergwälder und Almweiden der Alpen bis in Höhenlagen von 2500 Metern. Einen Großteil ihres Lebens verbringen sie versteckt in Felsspalten, unter Steinplatten, Moospolstern oder Holz. Die Hauptaktivität der Tiere fällt in die frühen Morgenstunden, wenn in den Alpenwäldern eine Luftfeuchtigkeit von um die 90 Prozent herrscht und die Temperaturen nicht über 15 °C hinausgehen. Aber auch bei Regen werden sie munter und kommen aus ihren Schlupfwinkeln hervor.
Zur Überwinterung ziehen sich die Tiere für ein knappes halbes Jahr in Höhlen oder Felsspalten unter die Erde zurück. Bei der sogenannten Winterstarre reduzieren sie ihren Stoffwechsel fast vollständig und passen ihre Körpertemperatur der Umgebungstemperatur an.

Nationalpark Hohe Tauern
Umbaltal
Österreich
ca. 2000 m

Copyright:
Solvin Zankl

Seite 127
Solvin Zankl
Wasserfall Hohe Tauern

Seite 128
Solvin Zankl
Zirbelkiefer

Seite 129
Solvin Zankl
Bergwald-Bodeneule

Seite 130
Thomas Wolf/Bernd Seydel
In die Tiefe der Natur sehen

Seite 131
Thomas Wolf/Bernd Seydel
Der mikroskopische Blick

Gischtsprühend stürzt das Wasser des Großbachfalls zwischen schroffen Felswänden und über Felsstufen in die Tiefe. Eingebettet in die wunderbare Bergwelt des oberen Iseltals im Nationalpark Hohe Tauern in Österreich, ist dieser Wasserfall Teil eines der letzten freifließenden Gletscherflüsse der Alpen. Hier, im Umbaltal, zeigt sich auf spektakuläre Weise die landschaftsformende Wirkung eines Gletscherbaches, der ganz wesentlich von den Schmelzvorgängen am Gletscher geprägt ist. In den Sommermonaten transportieren große Wassermengen Gesteinsmaterial aus dem Gletscher und bahnen sich schleifend und formend ihren Weg durch die Felsmassive ins Tal. Im Verlauf der Jahrtausende entstehen so tiefe Schluchten.

Nationalpark Hohe Tauern
Umbaltal
Österreich
ca. 2000 m

Dicht an dicht gedrängt besiedeln Zirbelkiefern (Pinus cembra) die steilen Hänge des hinteren Defereggentals im Nationalpark Hohe Tauern in Österreich. Der Oberhauser Zirbenwald ist mit einer Größe von 300 Hektar einzigartig im gesamten Alpenraum. Seit der letzten Eiszeit ist die Zirbel hier heimisch und hat sich wie kein anderer Baum an das raue Klima im hochalpinen Raum angepasst. Jahresmitteltemperaturen um 0 °C und frostharte Winter bis -40 °C kann sie ohne Schaden zu nehmen ertragen. Zusammen mit Lärchen und Latschen ist sie bis auf über 2500 Metern Höhe zu finden und bildet in den Zentralalpen oftmals die Waldgrenze. Angesichts dieses unwirtlichen Lebensraums ist es erstaunlich, dass die Zirbelkiefer ein Alter von bis zu 1000 Jahren erreichen kann.
Die Zirbelkiefer steht in enger Lebensgemeinschaft mit dem Tannenhäher, dessen Hauptnahrung die Zirbelsamen sind. Im Spätsommer legt der Tannenhäher im Waldboden zahlreiche Vorratsverstecke an. Etwa 20 Prozent davon keimen im Frühjahr und ermöglichen dadurch die ständige Verjüngung des Waldes.

Nationalpark Hohe Tauern
Defereggental
Österreich
hier: auf ca. 1300 m

Startbereit sitzt ein kleiner Schmetterling auf einem Stück Holz. Es ist eine Bergwald-Bodeneule (Xestia speciosa). Dieser Nachtfalter ist auf der gesamten Nordhalbkugel der Erde verbreitet und ausgesprochen kälteresistent. Seine Raupen überwintern im Freien; sie überstehen selbst tiefste Minusgrade. Je nach Höhenlage - in den Alpen findet man ihn zwischen 1900 und 2300 Metern - erscheint der Falter im Zeitraum von Juli bis August.
Xestia speciosa ist auch unter dem Namen Heidelbeer-Moorheiden-Erdeule bekannt, da ihr Lebensraum Feuchtwälder und Hochmoore sind und sich die Raupen bevorzugt von Heidelbeersträuchern und Zwerg-Birken ernähren.

Nationalpark Hohe Tauern
Österreich
höchste Erhebung:
Großglockner 3798 m

Erfinder, Optiker und Feinmechaniker entwickeln seit Jahrhunderten beständig neue Mikroskope, damit der Mensch immer tiefer in das Leben eindringen kann. Beobachtungsgeräte wie das Mikroskop, schwärmte Alexander von Humboldt, ermöglichen uns nicht nur die Gesetze des Mikrokosmos zu erkennen, sondern auch, diese Welt mit unseren Augen zu betrachten und zu bewundern.
Mit der Technik der Makrofotografie versuchen Thomas Wolf und Bernd Seydel, diese unseren Augen bisher verschlossene Welt in Bildern festzuhalten.
Die Zwerg-Glockenblume aus der Alpenregion, die wir auf dem Bild in 70-facher Vergrößerung sehen, wird nur fünf bis 15 Zentimeter groß. Man findet sie an Berghängen bis in den 3000 Meter hohen felsigen Gipfelbereich, wo sie in Felsspalten gedeihen.
Die Zwerg-Glockenblume, die wir in der Natur als zierliches und zerbrechliches Gewächs wahrnehmen, erscheint uns in der 70-fachen Vergrößerung als ein faszinierendes Bauwerk der Natur, in dem Eleganz und Kraft, Bewegung und Stabilität organisch verbunden sind.

Zwerg-Glockenblume
(Campanula cochleariifolia)

Der lavendelartige Ziest gehört zur Pflanzenfamilie der Lippenblütler. 300 Arten dieser Pflanzen gibt es, und sie gedeihen auf fast allen Erdteilen. Der lavendelartige Ziest, der auf dem Bild zu sehen ist, wächst vor allem an den steilen Berghängen der Kaukasusregion.
In 50-facher Vergrößerung erscheint uns diese nur 20 Zentimeter hohe Pflanze als ein kraftvolles Gewächs, das die Größe und Gestalt eines Baumes hat.
„Man darf beim Wandern in den Bergen", sagt der Naturphilosoph John Muir, „nicht nur in die Ferne sehen, sondern sich die Zeit nehmen, nach unten zu schauen" - um nicht die Wunder zu verpassen, die uns auf dem Waldboden, auf den Bergwiesen und im felsigen Gipfelbereich zu Füßen liegen.
„Das große Rasenstück" von Albrecht Dürer, Ernst Haeckels „Wunderstrahlinge", Paul Klees mikroskopische Entdeckungen, Karl Blossfeldts Planzenfotografien zeigen, dass man die Wunder der Natur nicht nur im Großen, sondern auch im Kleinen findet. Man wird dann entdecken, wie groß, kraftvoll und vielgestaltig die kleinen Dinge aus mikroskopischer Sicht sind.

Lavendelartiger Ziest
(Stachys Lavandulifolia)

Copyright:
Solvin Zankl

Copyright:
Solvin Zankl

Copyright:
Solvin Zankl

Copyright:
Thomas Wolf/Bernd Seydel

Copyright:
Thomas Wolf/Bernd Seydel

IMPRESSUM

AUSSTELLUNG
Gesamtleitung: Jeanette Schmitz
Konzeption und Ausstellungsgestaltung: Prof. Peter Pachnicke

Kuratorische Mitarbeit: Thomas Wolf
Kuratorische Mitarbeit: Fotografie und Film: Judith Schüller
Kuratorische Mitarbeit: Texte/Museumspädagogik: Matina Schmuck
Wissenschaftliche Beratung: Ulrike Stottrop, Ulrich Brendel, Hans Maltan, Dr. Agathe Fischnaller, Edy Schmid
Presse- und Öffentlichkeitsarbeit: Thomas Machoczek
Poster- und Flyerdesign: Uwe Loesch
Design Texttafeln: Volker Pecher
Audioführung: Soundgarden Audioguidance GmbH, Matina Schmuck, Pia Linden

Restauration/Präparation: Jerome Gores
Übersetzungen: Roy Kift
Organisatorische Mitarbeit: Sascha Bast, Kirsten Galert, Karsten Stolz, Anna Chudaska, Beate Maria Apel
Ausstellungsaufbau/Koordination: Franzi Luhn
Technische Mitarbeit: Jürgen Mulsow, Mike Antoszkiewicz, Siegfried Habedank, Christian Hesse, Christoph Imiolczyk, Rainer Trojan
Fotoherstellung: PPS. Imaging GmbH, Silvia Keinowski, Achim Keinowski
Ausstellungsbauten: Tischlerei Jungelen, Matthias Jungelen, Simon Nawarecki
Metallarbeiten: Metallbau Scholten
Ausstellungstechnik: Höhnerbach Veranstaltungstechnik, Carsten Walter, Georg Kolacki, Jost Elektrotechnik
Fotohängung: HöhenHandwerk, Peter Peilert
Texttafeln: Kratz Messe- und Werbegrafik

MATTERHORN-SKULPTUR
Gesamtleitung: Jeanette Schmitz, Prof. Dr. Stefan Dech
Konzeption und Gestaltung Matterhorn-Skulptur: Nils Sparwasser, Prof. Peter Pachnicke
Musik: Samuel Aguilar, „Ascending", CD „Musica para los Jameos de Agua", 1997, Label Geo Ediciones
Animation Matterhorn-Skulptur: Earth Observation Center des Deutschen Zentrums für Luft- und Raumfahrt (DLR), Gregor Hochleitner, Pablo d'Angelo, Alvaro Chignola, Christian Gredel, Nils Sparwasser
Bau der Matterhorn-Skulptur: geo - Die Luftwerker, Robert Meyknecht, Ron Meyknecht, Frank Zinkler, Dominik Baumüller
Technische Planung und Realisierung: Intermediate Engineering, Tobias Wursthorn, Heiko Wandrey
Installation: Seilpartner GmbH, Frank Seltenheim, Matthias Pohlmann
Statik: Ingenieurgesellschaft Hoffmann mbH & Co. KG, Feldmann + Weynand GmbH

PANORAMAPROJEKTION
Idee: Prof. Peter Pachnicke
Bildbearbeitung und Schnitt: Thomas Wolf, Peter Barczewski
Technische Realisierung: Intermediate Engineering

BODENPROJEKTION SATELLITENBILDER
Idee: Nils Sparwasser
Realisierung: Earth Observation Center des Deutschen Zentrums für Luft- und Raumfahrt (DLR), Thorsten Andresen, Christian Gredel, Nils Sparwasser
Technische Planung und Realisierung: Intermediate Engineering

LICHTINSTALLATION
Gestaltung und technische Planung: Thomas Wolf
Soundbearbeitung: Thomas Offhaus
Technische Realisierung: Intermediate Engineering

WATZMANN-INSTALLATION
Idee/Gestaltung: Prof. Peter Pachnicke, Ulrich Brendel
Schnitt: Thomas Wolf
Filmproduktion: TAMSCHICK MEDIA+SPACE GmbH im Auftrag des Bayerischen Staatsministeriums für Umwelt und Gesundheit
Kreativdirektion: Charlotte Tamschick
Musik und Sounddesign: Klangerfinder

KATALOG
Konzeption: Prof. Peter Pachnicke
Gestaltung: Prof. Peter Pachnicke, Volker Pecher
Bildauswahl und Bildredaktion: Judith Schüller, Thomas Wolf
Redaktion: Matina Schmuck
Übersetzung: Roy Kift
Copyright der Beiträge: Ministerpräsident Armin Laschet, Prof. Dr. Pascale Ehrenfreund, Jeanette Schmitz, Prof. Dr. Stefan Dech, Prof. Peter Pachnicke, Nils Sparwasser, Matina Schmuck, Dr. Angelika Jung-Hüttl, Heiko Wandrey, Tobias Wursthorn
Fotonachweis: Wir danken den Fotografen und Bildagenturen für die Bilddaten, die es ermöglichten, die Bilder in hoher Qualität zu drucken. Die Fotonachweise der im Katalog abgebildeten Fotografien befinden sich im Kapitel Bildbeschreibungen.
Fotografien: Thomas Wolf (S. 132 bis 153, Katalogrückseite), Ron Meyknecht (S. 136)

KLARTEXT

Produktion: Klartext Verlag, Essen
Friedrichstr. 34-38, 45128 Essen
info@klartext-verlag.de, www.klartext-verlag.de
Druck: Himmer GmbH, Steinerne Furt 95, 86167 Augsburg
ISBN: 978-3-8375-1918-1

GASOMETER OBERHAUSEN

Weitere Informationen: www.gasometer.de

KOOPERATIONSPARTNER, MEDIENPARTNER:

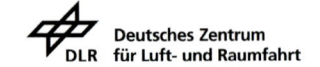